히라가나 50음도

단(段) 행(行)	あ단	い단	う단	え단	お단
あ행	あ a 아	い i 이	う u 우	え e 에	お o 오
か행	か ka 카	き ki 키	く ku 쿠	け ke 케	こ ko 코
さ행	さ sa 사	し shi 시	す su 스	せ se 세	そ so 소
た행	た ta 타	ち chi 치	つ tsu 츠	て te 테	と to 토
な행	な na 나	に ni 니	ぬ nu 누	ね ne 네	の no 노
は행	は ha 하	ひ hi 히	ふ fu 후	へ he 헤	ほ ho 호
ま행	ま ma 마	み mi 미	む mu 무	め me 메	も mo 모
や행	や ya 야		ゆ yu 유		よ yo 요
ら행	ら ra 라	り ri 리	る ru 루	れ re 레	ろ ro 로
わ행	わ wa 와				を o 오
	ん n,m,ng 응				

자판 입력시에는 wo를 사용함.

카타카나 50음도

단(段)\행(行)	ア단	イ단	ウ단	エ단	オ단
ア행	ア a 아	イ i 이	ウ u 우	エ e 에	オ o 오
カ행	カ ka 카	キ ki 키	ク ku 쿠	ケ ke 케	コ ko 코
サ행	サ sa 사	シ si 시	ス su 스	セ se 세	ソ so 소
タ행	タ ta 타	チ chi 치	ツ tsu 츠	テ te 테	ト to 토
ナ행	ナ na 나	ニ ni 니	ヌ nu 누	ネ ne 네	ノ no 노
ハ행	ハ ha 하	ヒ hi 히	フ fu 후	ヘ he 헤	ホ ho 호
マ행	マ ma 마	ミ mi 미	ム mu 무	メ me 메	モ mo 모
ヤ행	ヤ ya 야		ユ yu 유		ヨ yo 요
ラ행	ラ ra 라	リ ri 리	ル ru 루	レ re 레	ロ ro 로
ワ행	ワ wa 와				ヲ o 오
	ン n,m,ng 응				자판 입력시에는 wo를 사용함.

이화승 엮음

머리말

　이 땅에서 근대화가 시작된 이래 우리의 목표이자 롤 모델은 언제나 일본이었습니다. 불행한 역사 때문에 가장 싫어하는 나라이기도 하지만 가장 많은 일본어 학습자를 가진 나라가 바로 우리나라입니다.

　현재도 일본에서 한류가 유행하고 있지만 일본의 요리·패션·애니메이션 등의 문화는 전세계를 휩쓸고 있습니다.

　예술의 나라 프랑스(フランス)에도 일본 패션만을 다루는 월간지가 발간되고 있고, 뉴욕에선 일본 음식점이 최고의 대접을 받고 있으며, 해마다 과학 분야 노벨상에 이름을 올리고 있을 정도로 문화·예술·음식·과학 등 모든 분야에서 일본의 위세는 엄청납니다. 일의대수(一衣帯水)의 관계에 있는 한일 양국은 좋든 싫든 역사의 동반자일 수밖에 없으며 여러모로 일본을 잘 알아야 합니다.

　일본어는 우리말과 동일하게 사용되는 한자와 비슷한 문법 구조 덕분에 접근하기 쉬울 뿐 아니라 공부하면서 우리말을 이해하는 데도 도움이 됩니다. 또 수많은 단어와 문장을 두고 공부하다보면 자연스럽게 인내력(忍耐力)이 길러집니다.

　우리에게 일어는 읽을 줄 몰라도 한자(漢字)만 보면 의미를 약간은 파악할 수 있는 유리한 점이 있습니다. 하지만 천 리 길도 한 걸음부터이듯이 기초단어로 기초공사(基礎工事)가 잘 되어 있어야 높은 건물을 지을 수가 있습니다.

　그런데 단어 암기 작업을 단순한 노동(単純な労働)이라고 생각하십니까?

　일어를 정복(征服)하기 위한 공격 전략(戦略)은 다채로워야 합니다. 왜냐하면 외국어 학습이란 지루한(退屈な) 작업의 반복(繰り返し)을 요구하기 때문이죠. 단어를 한두 번 보고 바로(すぐ) 외워지는 일은 없습니다. 그래서 입으로 따라 읽고 듣기도 하고 손으로 열심히 적어보기도 합니다. 머릿속에 넣기 위한 다양한 단서를 만들기 위해서입니다.

　이 책의 특징이자 존재 이유도 그런 취지(趣旨)에서입니다. 즉, 단어 옆에 그림을 보여줌으로써 단어의 이미지가 뚜렷이(はっきり) 기억이 나게 됩니다. 단순히 단어만 나열(羅列)되어 있다면 지루하고 또 해당 단어를 찾기도 쉽지 않지요.

　그리고 이 책의 특징은 테마가 모두 우리 실생활(実生活)을 근거로 하고 있다는 점입니다. 따라서 평소에 아무 페이지나 열어보면 의외의(意外な) 단어를 발견하게 되고 이런 점을 이용하여 일어 일기(혹은 프리토킹)를 쓴다든가 하면 단어와 작문 실력을 쌓을 수 있습니다.

　이 책을 언제나(いつでも) 어디서나(どこでも) 휴대하시고 찾아보시면 값비싼 전자사전 못지않은 가치를 발휘(発揮)하게 될 것입니다. 아무쪼록 이 책이 독자님들의 일어 활용에 도움을 드린다면 이 책이 출간된 소기의 목적(目的)은 달성되는 것이며 저에겐 더없는 기쁨이 될 것입니다.

저자

이 책의 특징

이 책은 본문을 9개 테마(Theme)로 나누고, 테마별로 작은 Unit을 두어 다양한 주제별 어휘(전체 어휘 약 2,300개)를 실었다.

★ 그림 단어

재미있게 단어를 외울 수 있도록 그림을 함께 실었고, 일본어에 더욱 쉽게 접근할 수 있도록 발음을 한글로 표기하였다. 또한 각 단어 아래에는 실생활 회화에서 흔히 사용되는 짧은 문장을 실어, 그 단어가 생생하게 연상 기억될 수 있도록 하였다.

★ 관련 단어

그림 단어와 관련된 테마의 단어를 보충하여, 일본어의 어휘를 한층 더 넓힐 수 있게 하였다.

★ 회화와 짧은 문장

테마별 상황에 관련된 짧은 회화나 단어를 이용한 문장을 실어, 일본어로 읽고 익힐 수 있게 하였다.

★ 연습문제

Theme가 끝날 때마다 복습문제를 두어, 단어를 익힌 후에는 스스로 테스트 해 볼 수 있도록 하였다.

★ 한글과 일본어 색인(Index)

본문에 나온 어휘를 가나다 순의 한글 색인과 히라가나순의 일본어 색인으로 만들어, 한글과 일본어 어느 쪽으로든 찾아보기 쉽게 배려하였다.

CONTENTS

Theme 1

➜ 人間 인간 11

Unit 01 体 몸	12
Unit 02 家族 가족	20
Unit 03 人生 인생	22
Unit 04 恋愛と結婚 연애와 결혼	24
Unit 05 日常生活 일상 생활	28
Unit 06 生理現象 생리 현상	32
Unit 07 性格 성격	34
Unit 08 外見 외모	36
Unit 09 感情 감정	38
Unit 10 気持 느낌	40
복습 문제	42

Theme 2

➜ 家 집 45

Unit 01 家 집	46
Unit 02 住宅 주택	48
Unit 03 リビング 거실	50
Unit 04 キッチン 부엌	52
Unit 05 お風呂 욕실	54
Unit 06 寝室 침실	56
Unit 07 赤ちゃんの部屋 아기방	58
Unit 08 色々な道具 여러 가지 도구	60
복습 문제	62

Theme 3

➜ 数 수 65

Unit 01 数字 숫자	66
Unit 02 計算 계산	70
Unit 03 図形 도형	72

Unit 04	カレンダー 달력	74
Unit 05	時間 시간	78
복습 문제		82

Theme 4

→ 都市 도시 85

Unit 01	町 시내	86
Unit 02	郵便局 우체국	88
Unit 03	病院 병원	90
Unit 04	薬局 약국	94
Unit 05	病気 질병	96
Unit 06	銀行 은행	100
Unit 07	ファースト・フード 패스트푸드	102
Unit 08	レストラン 레스토랑	104
Unit 09	日本料理 일본요리	106
Unit 10	飲み屋 술집	108
Unit 11	ホテル 호텔	110
Unit 12	学校 학교	114
Unit 13	科目 과목	118
Unit 14	警察署 경찰서	120
Unit 15	宗教 종교	122
복습 문제		124

Theme 5

→ 交通 교통 127

Unit 01	乗り物 탈것	128
Unit 02	自転車 자전거	130
Unit 03	オートバイ 오토바이	132
Unit 04	車 자동차	134
Unit 05	道路 도로	138
Unit 06	鉄道 철도	142
Unit 07	港 항구	146
Unit 08	飛行機 비행기	148
복습 문제		153

Theme 6

➜ 仕事 업무 155

- Unit 01 職業 직업 156
- Unit 02 職位 직위 160
- Unit 03 勤務 근무 162
- Unit 04 事務室 사무실 165
- Unit 05 コンピューター 컴퓨터 168
- Unit 06 インターネット 인터넷 170
- Unit 07 人間関係 인간관계 174
- 복습 문제 176

Theme 7

➜ 買い物 쇼핑 179

- Unit 01 デパート 백화점 180
- Unit 02 食品 식품 184
- Unit 03 紳士服 남성복 186
- Unit 04 婦人服 여성복 190
- Unit 05 はき物 신발 192
- Unit 06 化粧品 화장품 194
- Unit 07 電化製品 가전제품 197
- Unit 08 貴金属 귀금속 200
- Unit 09 パン屋 빵집과 제과점 202
- 복습 문제 204

Theme 8

➜ スポーツ・趣味 스포츠·취미 207

- Unit 01 スポーツ 스포츠 208
- Unit 02 プール 수영장 212
- Unit 03 ジム 헬스클럽 214
- Unit 04 趣味 취미 216
- Unit 05 トランプ 트럼프 218
- Unit 06 旅行 여행 220
- Unit 07 日光浴 일광욕 222
- Unit 08 テレビ TV 224

Unit 09	映画 영화	226
Unit 10	コンサート 연주회	228
Unit 11	テーマパーク 놀이공원	230
복습 문제		232

Theme 9

→ 自然 자연 ········· 235

Unit 01	動物 동물	236
Unit 02	鳥 새	239
Unit 03	虫 벌레	242
Unit 04	魚 물고기	244
Unit 05	果物 과일	247
Unit 06	木 나무	250
Unit 07	花 꽃	252
Unit 08	野菜 야채	254
Unit 09	風景 풍경	256
Unit 10	天気 날씨	258
Unit 11	物質 물질	260
Unit 12	色 색	262
Unit 13	宇宙 우주	264
Unit 14	地球 지구	266
Unit 15	位置 위치	268
Unit 16	反対語 반대말	270
Unit 17	나라 이름·수도 이름 및 인구	276
복습 문제		284

索引

한글색인	290
일본어색인	323

THEMATIC JAPANESE WORDS

Theme 1

→ 人間 にんげん 인간 ingan

Unit 01 体 몸
Unit 02 家族 가족
Unit 03 人生 인생
Unit 04 恋愛と結婚 연애와 결혼
Unit 05 日常生活 일상 생활
Unit 06 生理現象 생리 현상
Unit 07 性格 성격
Unit 08 外見 외모
Unit 09 感情 감정
Unit 10 気持 느낌

Unit 01

体 からだ 카라다 **몸** mom

頭 あたま 아따마 **머리** meori

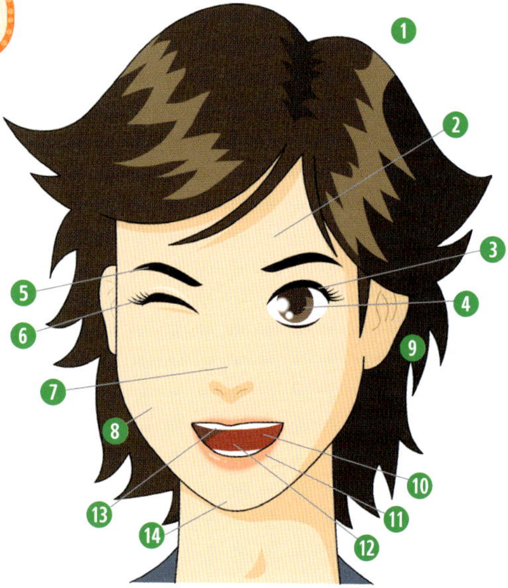

1. **髪の毛** かみのけ 카미노께 **머리카락** meorikarak
2. **額** ひたい 히따이 **이마** ima
3. **目** め 메 **눈** nun
4. **瞳** ひとみ 히또미 **눈동자** nundongja
5. **眉** まゆ 마유 **눈썹** nunsseop
6. **まつげ** 마쯔게 **속눈썹** songnunsseop
7. **鼻** はな 하나 **코** ko
8. **頬** ほお 호ー **볼(뺨)** bol (ppyam)

9. 耳 미미 귀 gwi
10. 口 쿠찌 입 ip
11. 唇 쿠찌비루 입술 ipsul
12. 舌 시따 혀 hyeo
13. 歯 하 이, 치아 i, chia
14. 顎 아고 턱 teok

관련 단어

- ひげ 히게 수염 suyeom
- もみあげ 모미아게 구레나룻 gurenarut
- まぶた 마부따 눈꺼풀 nunkkeopul
- えくぼ 에꾸보 보조개 bojogae
- ほくろ 호꾸로 점 jeom
- しわ[皺] 시와 주름 jureum
- にきび[面皰] 니끼비 여드름 yeodeureum
- 頭蓋骨(ずがいこつ) 즈가이꼬쯔 두개골 dugaegol
- 傷(きず) 키즈 상처 sangcheo

A: 彼女はきれいですか?
카노죠와 키레이데스까?
그녀는 예뻐요?

B: はい。彼女は顔がきれいです。
하이. 카노죠와 카오가 키레이데스.
네, 그녀는 얼굴이 예뻐요.

Unit 01 体 ▶▶▶

前の体 まえのからだ 앞모습 ammoseup

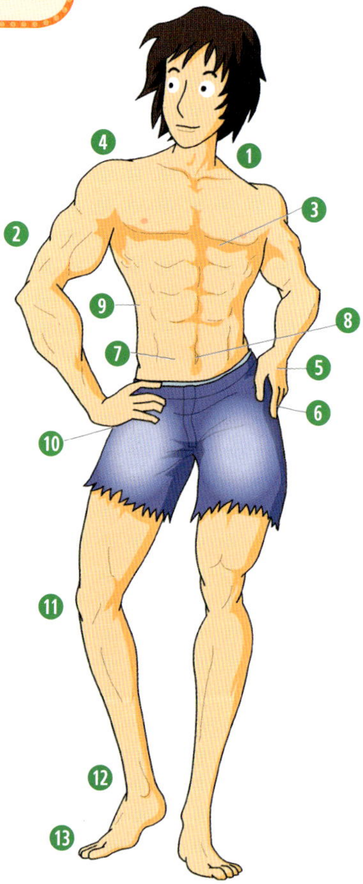

① 首 쿠비 목 mok
② 腕 우데 팔 pal
③ 胸 무네 가슴 gaseum
④ 肩 카따 어깨 eokkae
⑤ 手 테 손 son
⑥ 指 유비 손가락 songarak
⑦ お腹/腹 오나까/하라 배 bae [오나까 쪽이 부드러운 표현]
⑧ へそ 헤소 배꼽 baekkop

⑨ **肋骨** ろっこつ 록꼬쯔 갈비뼈, 늑골 galbippyeo, neukgol

⑩ **骨盤** こつばん 코쯔방 골반 golban

⑪ **膝** ひざ 히자 무릎 mureup

⑫ **足首** あしくび 아시쿠비 발목 balmok

⑬ **足・脚** あし あし 아시 발 또는 다리 bal ttoneun dari [발은 足로 표기]

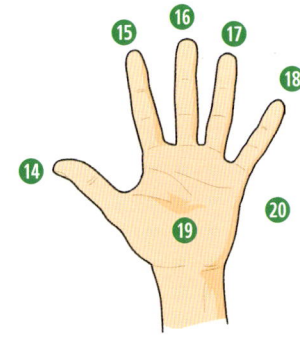

⑭ **親指** おやゆび 오야유비 엄지 eomji

⑮ **人指し指** ひとさしゆび 히또사시유비 인지, 집게손가락 inji, jipgesongarak

⑯ **中指** なかゆび 나까유비 중지, 가운뎃손가락 jungji, gaundetsongarak

⑰ **薬指** くすりゆび 쿠스리유비 약지 yakji

⑱ **小指** こゆび 코유비 소지, 새끼손가락 soji, saekkisongarak

⑲ **手の平** てのひら 테노히라 손바닥 sonbadak

⑳ **手の甲** てのこう 테노코- 손등 sondeung

会話 かいわ

A : あなた、脚が本当に長いね！
아나타, 아시가 혼또-니 나가이네.
너 다리가 참 길구나.

B : でしょ。それに指もとても長いのよ。
데쇼. 소레니 유비모 토떼모 나가이노요.
그치? 게다가 난 손가락도 무척 길어.

Unit 01 体 ▶▶▶

관련 단어

- 爪(つめ) 쯔메 손톱, 발톱 sontop, baltop
- 手首(てくび) 테쿠비 손목 sonmok
- 拳(こぶし) 코부시 주먹 jumeok
- 手相(てそう)を 見(み)る 테소-오 미루 손금을 보다 songeumeul boda
- 爪(つめ)を 切(き)る 쯔메오 키루 손톱을 깎다 sontobeul kkakda
- 爪(つめ)を 伸(の)ばす 쯔메오 노바스 손톱을 기르다 sontobeul gireuda
- 左利(ひだりき)き 히다리키키 왼손잡이 oensonjabi
- 右利(みぎき)き 미기키키 오른손잡이 oreunsonjabi
- 指紋(しもん) 시몬 지문 jimun

A : あなた、爪が長すぎるよ。
아나타, 츠메가 나가스기루요.
너 손톱이 너무 길구나.

B : わかってる。でも、切る時間がなかったんだ。
와캇떼루. 데모, 키루지깐가 나캇딴다.
알아. 그런데 깎을 시간이 없었어.

A : あれ、あなた、左利きだったの？
아레, 아나타, 히다리끼끼닷따노?
어라, 너 왼손잡이구나?

B : うん、まだ知らなかった？
응, 마다 시라나캇따?
응, 아직도 몰랐어?

後ろの体 우시로노 가라다 뒷모습 dwinmoseup

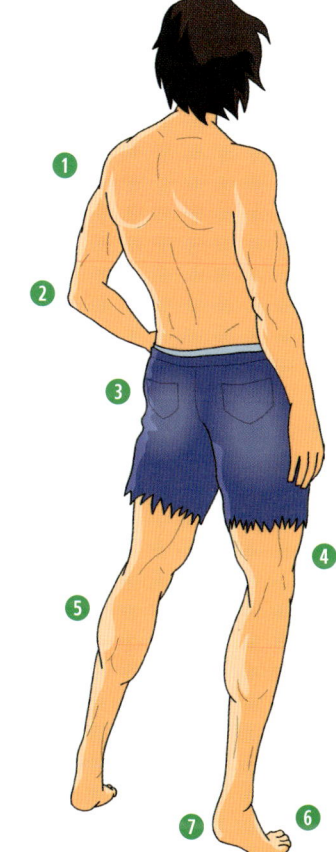

① 背中 세나까 등 deung
② 肘 히지 팔꿈치 palkkumchi
③ おしり 오시리 엉덩이 eongdeongi
④ 太股 후또모모 허벅지 heobeokji
⑤ ふくらはぎ 후꾸라하기 종아리 jongari
⑥ 足の指 아시노유비 발가락 balgarak
⑦ かかと 카까또 뒤꿈치 dwikkumchi

Unit 01 体 ▶▶▶

人体器官 (じんたいきかん) 진따이키깡 **인체 기관** inche gigwan

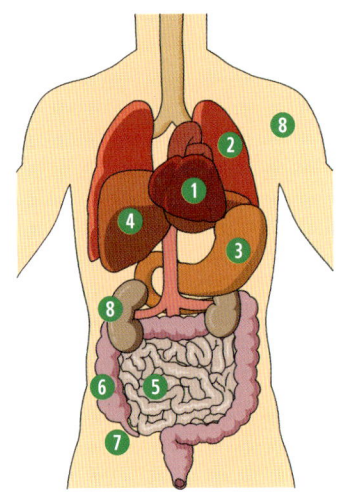

① **心臓** (しんぞう) 신조- **심장** simjang

② **肺** (はい) 하이 **폐** pye

③ **胃** (い) 이 **위** wi

④ **肝臓** (かんぞう) 칸조- **간** gan

⑤ **小腸** (しょうちょう) 쇼-쬬- **소장** sojang

⑥ **大腸** (だいちょう) 다이쬬- **대장** daejang

⑦ **盲腸** (もうちょう) 모-쬬- **맹장** maengjang

⑧ **腎臓** (じんぞう) 진조- **신장** sinjang

관련 단어

- 脳(のう) 노- 뇌 noe
- 血(ち) 치 피 pi
- 血管(けっかん) 켁깡 혈관 hyeolgwan
- 骨(ほね) 호네 뼈 ppyeo
- あばら骨(ぼね) 아바라보네 갈비뼈 galbippyeo
- 背骨(せぼね) 세보네 등뼈 deungppyeo
- 軟骨(なんこつ) 낭꼬쯔 연골(물렁뼈) yeongol(mulleongppyeo)
- 筋肉(きんにく) 킨니꾸 근육 geunnyuk
- 関節(かんせつ) 칸세쯔 관절 gwanjeol
- 肌(はだ) 하다 살, 피부 sal, pibu
- 神経(しんけい) 신께- 신경 singyeong
- 細胞(さいぼう) 사이보- 세포 sepo

A: あの人、とても神経が尖っているのかしら。
아노히또, 토떼모 싱께-가 토갓떼이루노까시라.
저 사람 신경이 무척 예민한가 봐.

B: どうして？
도-시떼?
왜?

A: 私たちが小さな声で話しているのに、何度も見るの。
와따시따찌가 치이사나 코에데 하나시떼이루노니, 난도모 미루노.
우리가 작은 소리로 말하는데도 자꾸 쳐다보잖아.

家族 카조꾸 가족 gajok

[★은 자기 가족을 남에게 말할 때]

□ **お祖父さん** 오지-상 할아버지 harabeoji

　★ **祖父** 소후

□ **お祖母さん** 오바-상 할머니 halmeoni

　★ **祖母** 소보

お祖父さんは明日お帰りになる。
오지이상와 아시타 오카에리니 나루.
할아버지는 내일 돌아오신다.

□ **お父さん** 오또-상 아버지 abeoji

　★ **父** 치찌

□ **お母さん** 오까-상 어머니 eomeoni

　★ **母** 하하

私の母はとてもきれいだ。
와따시노 하하와 토떼모 키레이다.
우리 엄마는 정말 예쁘다.

□ **おじさん** 오지상
　삼촌, 아저씨 samchon, ajeossi

　★ **おじ** 오지

□ **おばさん** 오바상
　이모(고모), 아줌마 imo(gomo), ajumma

　★ **おば** 오바

おじさんからお小遣いをいただいた。
오지상카라 오꼬즈까이오 이따다이따.
아저씨가 용돈을 주셨다.

- **お兄さん** 오니-상 형, 오빠 hyeong, oppa
- ★ **兄** 아니
- **お姉さん** 오네-상 누나, 언니 nuna, eonni
- ★ **姉** 아네

兄と姉は私のことをかわいがってくれる。
아니또 아네와 와따시노 코토오 카와이갓떼 쿠레루.
형과 누나는 나를 귀여워한다.

- **息子** 무스꼬 아들 adeul
- **娘** 무스메 딸 ttal

隣の家の息子さんはまだ幼い。
토나리노 이에노 무스꼬상와 마다 오사나이.
옆집 아들은 아직 어리다.

- **弟** 오또-또 남동생 namdongsaeng
- **妹** 이모-또 여동생 yeodongsaeng

私の妹は本当におとなしい。
와따시노 이모-또와 혼또-니 오또나시이.
내 여동생은 정말 착하다.

관련 단어

- **兄弟**(きょうだい) 쿄-다이 남자형제 namja hyeongje
- **姉妹**(しまい) 시마이 자매 jamae
- **いとこ** 이또꼬 사촌 sachon
- **婿**(むこ) 무꼬 사위 sawi
- **嫁**(よめ) 요메 며느리 myeoneuri
- **お義父**(とう)**さん** 오또-상 시아버지, 장인 siabeoji, jangin
- **お義母**(かあ)**さん** 오까-상 시어머니, 장모 sieomeoni, jangmo
- **先祖**(せんぞ) 센조 조상 josang
- **親戚**(しんせき) 신세끼 친척 chincheok

Unit 03

人生 <ruby>じんせい</ruby> 진세- **인생** insaeng

- 誕生 탄죠- **탄생** tansaeng
- 赤ちゃん 아까쨩 **아기** agi

- 子供 코도모 **아이** ai

子供が楽しく遊んでいる。
코도모가 타노시꾸 아손데이루.
아이가 재미있게 놀고 있구나.

- 少年 쇼-넹 **소년** sonyeon
- 少女 쇼-죠 **소녀** sonyeo

- 青年 세-넹 **청년** cheongnyeon

あの青年は、今どこへ行くのだろう。
아노 세-넹와 이마 도꼬에 이꾸노다로-?
저 청년은 지금 어디 가는 걸까?

- 大人 오또나 **성인** seongin

- 老人 로-진 **노인** noin

老人になっても健康じゃなきゃね。
로-진니 낫떼모 켄꼬-쟈나꺄네.
노인이 되어서도 건강해야 될 텐데.

□ **遺言** 유이공 유언 yueon
祖父の遺言は、正しく生きろ、ということだった。
소후노 유이공와 타다시꾸 이끼로,
토이우 고또닷따.
할아버지의 유언은 정직하게 살라는 것이었다.

□ **葬式** 소-시끼
장례식 jangnyesik

□ **墓** 하까 무덤 mudeom

관련 단어

- □ **人生**(じんせい) 진세- 인생 insaeng
- □ **プロポーズ**(propose) 푸로포-즈 청혼 cheonghon
- □ **婚約**(こんやく) 콩야꾸 약혼 yakhon
- □ **花嫁**(はなよめ) 하나요메 신부 sinbu [=新婦(しんぷ)]
- □ **花婿**(はなむこ) 하나무꼬 신랑 sillang [=新郎(しんろう)]
- □ **結婚**(けっこん) 켁꽁 결혼 gyeolhon
- □ **離婚**(りこん) 리꽁 이혼 ihon
- □ **育**(そだ)**つ** 소다쯔 자라다, 성장하다 jarada, seongjanghada
- □ **生**(い)**きる** 이끼루 살다 salda
- □ **死**(し)**ぬ** 시누 죽다 jukda

Unit 04

恋愛と結婚 렝아이또 켁꽁
연애와 결혼 yeonaewa gyeolhon

□ **片想い** 카따오모이 짝사랑 jjaksarang

あの女性が私の片思いの人だ。
아노 죠세-가 와따시노 카따오모이노 히또다.
저 여자가 내가 짝사랑하는 사람이야.

□ **一目惚れ** 히또메보레
첫눈에 반하다 cheonnune banhada
私は本当に一目惚れした。
와따시와 혼또-니 히또메보레시따.
난 정말 첫눈에 반했어.

□ **三角関係** 상까꾸깡께-
삼각관계 samgakgwangye

□ **告白する** 코꾸하꾸스루
고백하다 gobaekhada

□ **付き合う** 츠끼아우
사귀다 sagwida
これから私と付き合って。
코레까라 와따시또 츠끼앗떼.
우리 앞으로 사귀지 않을래?

□ **恋人** コイビто 애인 aein
[愛人이라고 하면 보통 불륜관계를 나타냄]
あの人が先輩の恋人だ。
아노 히또가 셈빠이노 코이비또다.
저 사람이 선배의 애인이다.

□ **結婚** ケッコン 결혼 gyeolhon

□ **新婚旅行** シンコンリョコー
신혼여행 sinhonnyeohaeng

□ **妊娠する** ニンシンスル
임신하다 imsinhada
彼女は妊娠して七ヶ月になった。
카노죠와 닌신시떼 나나까게쯔니 낫따.
그녀는 임신한 지 7개월이 되었다.

□ **けんか(喧嘩)する** ケンカスル
싸우다, 언쟁을 벌이다 ssauda, eonjaengeul beorida
どうして彼らは毎日けんかするのか理解できない。
도-시떼 카레라와 마이니찌 켕까스루노까 리까이 데끼나이.
그들은 왜 매일 싸우는지 모르겠어.

□ **友達** トモダチ 친구 chingu

Unit 04 恋愛と結婚 ▶▶▶

관련 단어

- **同性**(どうせい) 도-세- 동성 dongseong
- **異性**(いせい) 이세- 이성 iseong
- **初恋**(はつこい) 하쯔꼬이 첫사랑 cheotsarang
- **彼氏**(かれし) 카레시 남자친구 namja chingu
- **彼女**(かのじょ) 카노죠 여자친구 yeoja chingu
- **元**(もと)**カレ** 모또까레 예전 남자친구 yejeon namja chingu
- **元**(もと)**カノ** 모또까노 예전 여자친구 yejeon nyeoja chingu
- **魅力**(みりょく) 미료꾸 매력 maeryeok
- **招待状**(しょうたいじょう) 쇼-따이죠- 청첩장 cheongcheopjang
- **新婚夫婦**(しんこんふうふ) 싱꽁후-후 신혼부부 sinhon bubu
- **配偶者**(はいぐうしゃ) 하이구-샤 배우자 baeuja
- **子育**(こそだ)**て** 코소다떼 육아 yuga [=**育児**(いくじ)]
- **彼氏**(かれし)**に 振**(ふ)**られる** 카레시니 후라레루
  남자친구에게 차이다 namja chinguege chaida
- **婚約**(こんやく)**する** 콩야꾸스루 약혼하다 yakhonhada
- **結婚**(けっこん)**する** 켁꽁스루 결혼하다 gyeolhonhada
- **仲直**(なかなお)**りする** 나까나오리스루 화해하다 hwahaehada
- **二股**(ふたまた)**を かける** 후따마따오 카께루 양다리 걸치다 yangdari geolchida

名言名句

結婚(けっこん)は鳥(とり)かごのようなものだ。外(そと)にいる鳥たちは、いたずらにはいろうとし、中(なか)の鳥たちはいたずらに出(で)ようともがく。運命(うんめい)は、我(われ)らを幸福(こうふく)にも不幸(ふこう)にもしない、ただその材料(ざいりょう)と種子(しゅし)とを我らに提供(ていきょう)するだけである。

결혼은 새장과 같다. 밖에 있는 새들은 헛되이 들어가려고 하고 안에 있는 새들은 헛되이 나오려고 버둥거린다. 운명은 우리를 행복하게도 불행하게도 하지 않는다. 다만 그 재료와 씨앗을 우리에게 제공할 뿐이다.

－モンテーニュ 몽테뉴

会話(かいわ)

A: 私(わたし)の友達(ともだち)、今週末(こんしゅうまつ)に結婚(けっこん)するんだって。
와따시노 토모다찌, 콘슈-마쯔니 켁콩 스룬닷떼.
내 친구 이번 주말에 결혼한대.

B: どんな人(ひと)と?
돈나 히토또?
어떤 사람이랑?

A: 5年間(ごねんかん)付(つ)き合(あ)った彼氏(かれし)だって。
고넹깐 츠끼앗따 카레닷떼.
5년 동안 사귄 남자래.

B: あ、本当(ほんとう)にうらやましいな。
아, 혼또-니 우라야마시이나.
아, 정말 부럽다.

Unit 05

日常生活 니찌죠-세-카쯔
일상 생활 ilsang saenghwal

□ **目覚める** 메자메루
(잠에서) 깨다 (jameseo) kkaeda

□ **起きる** 오끼루
일어나다 ireonada

明日は、朝6時には起きなきゃいけない。
아시따와, 아사 로꾸지니와 오끼나까 이께나이.
내일 아침에는 여섯 시에 일어나야지.

□ **歯を磨く** 하오 미가꾸
이를 닦다 ireul dakda

□ **ひげを剃る** 히게오 소루
면도하다 myeondohada

ひげを剃る間にあごに傷ができてしまった。
히게오 소루 아이다니 아고니 키즈가 데끼떼시맛따.
면도하다가 턱을 베었다.

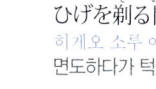

□ **顔を洗う** 카오오 아라우
얼굴을 씻다 eolgureul ssitda

□ **服を着る** 후꾸오 키루 옷 입다 ot nipda

今日は、どんな服を着るかな。
쿄-와 돈나 후꾸오 키루카나.
오늘은 무슨 옷을 입지?

□ **髪をとかす** 카미오 토카스
머리를 빗다 meorireul bitda

□ 出勤する 슈낀스루
출근하다 chulgeunhada
父は普段バスで出勤する。
치찌와 후단 바스데 슛낀스루.
아버지는 보통 버스로 출근하신다.

□ 昼ごはんを食べる
히루고항오 타베루
점심 먹다 jeomsim meokda
私は11時半に昼ごはんを食べる。
와따시와 쥬-이찌지 한니 히루고항오 타베루.
나는 열한 시 반이면 점심을 먹는다.

□ シャワーを浴びる 샤와-오 아비루
샤워하다 syawohada

□ テレビを見る 테레비오 미루
TV를 보다 TV reul boda
テレビを見ながらポテトチップを食べた。
테레비오 미나가라 포떼또 칩뿌오 타베따.
텔레비전을 보면서 감자칩을 먹었다.

□ 音楽を聞く 옹가꾸오 키꾸
음악을 듣다 eumageul deutda
たくさんの若者は電車の中で音楽を聞く。
닥산노 와까모노와 덴샤노 나까데 옹가꾸오 키꾸.
많은 젊은이들은 전철에서 음악을 듣는다.

□ 寝る 네루 자다 jada

Unit 05 日常生活 ▶▶▶

관련 단어

- 声(こえ) 코에 **목소리** moksori
- 音(おと) 오또 **소리** sori
- 聞(き)く 키꾸 **듣다, 묻다** deutda, mutda
- 見(み)る 미루 **보다** boda
- 触(さわ)る 사와루 **만지다** manjida
- 感覚(かんかく) 캉까꾸 **감각** gamgak
- 味(あじ) 아지 **맛** mat
- 着替(きが)える 키가에루 **(옷을) 갈아입다** (oseul) garaipda
- 昼寝(ひるね) 히루네 **낮잠** natjam
- 夜更(よふ)かしする 요후까시스루 **밤늦게까지 깨어 있다** bamneutgekkaji kkaeeo itda
- かたづける 카따즈께루 **정리(정돈)하다** jeongni(jeongdon)hada
- 洗濯(せんたく)をする 센따꾸오스루 **빨래하다** ppallaehada
- アイロンをかける 아이롱오 카께루 **다림질하다** darimjilhada
- 昼寝(ひるね)を する 히루네오 스루 **낮잠 자다** natjam jada
- 卓球(たっきゅう)を する 탁뀨-오 스루 **탁구 치다** takgu chida
- ゲームを する 게-무오 스루 **게임하다** geimhada
- ピアノを 弾(ひ)く 피아노오 히꾸 **피아노를 치다** pianoreul chida
- 電話(でんわ)を かける(する) 뎅와오 카께루 **전화 걸다** jeonhwageolda
- 勉強(べんきょう)する 벵꾜-스루 **공부하다** gongbuhada
- 本(ほん)を 読(よ)む 홍오 요무 **책을 읽다** chaegeul rikda

- **手紙(てがみ)を 書(か)く** 테가미오 카쿠 편지를 쓰다 pyeonjireul sseuda
- **ブランコに 乗(の)る** 부랑꼬니 노루 그네를 타다 geunereul tada
- **滑(すべ)り台(だい)で 遊(あそ)ぶ** 스베리다이데 아소부 미끄럼틀에서 놀다 mikkeureomteureseo nolda
- **木(き)に 登(のぼ)る** 키니 노보루 나무에 오르다 namue oreuda

会話 かいわ

A: 何(なに)か聞(き)こえない?
나니까 키꼬에나이?
무슨 소리 들리지 않니?

B: さあ、あなたの声(こえ)しか聞(き)こえないけど。
사ー, 아나따노 코에시까 키꼬에나이께도.
글쎄? 네 목소리밖에 안 들리는데.

A: よく聞(き)いてみてよ。こんな夜中(よなか)に誰(だれ)かがピアノを弾(ひ)いてるよ。
요꾸 키이떼미떼요, 콘나 요나까니 다레까가 피아노오 히ー떼루요.
잘 들어 봐. 이 밤중에 누가 피아노를 치고 있어.

B: あ、あれは先(さき)から聞(き)こえてたわ。
아, 아레와 삭끼까라 키꼬에떼따와.
아, 저 소리는 아까부터 들렸어.

Unit 06

生理現象
せいりげんしょう 세-리 겐쇼-
생리 현상 saengni hyeonsang

□ **咳** 세끼 기침 gichim
[=咳払い]
彼はいつも咳をしている。
카레와 이쯔모 세끼오 시떼이루.
그는 항상 기침을 달고 산다.

□ **溜息** 타메이끼
한숨 hansum

□ **くしゃみ** 쿠샤미
재채기 jaechaegi

□ **おなら** 오나라 방귀 banggwi

□ **汗** 아세 땀 ttam
どうしてこんなに汗がたくさん出るんだろう。
도-시떼 곤나니 아세가 닥상 데룬다로-.
왜 이렇게 땀이 많이 나지.

□ **涙** 나미다 눈물 nunmul
赤ちゃんの顔が涙で汚れている。
아까짱노 카오가 나미다데 요고레떼이루.
아기 얼굴이 눈물로 얼룩져 있다.

□ **小便** 쇼-벵 소변 sobyeon
(=おしっこ)

관련 단어

- 息(いき) 이끼 숨, 호흡 sum, hoheup
- あくび 아꾸비 하품 hapum
- 唾(つば) 츠바 침, 타액 chim, taaek
- 大便(だいべん) 다이벵 (=うんこ, くそ) 대변 daebyeon
- しゃっくり 샥꾸리 딸꾹질 ttalkkukjil
- げっぷ 겝뿌 트림 teurim
- 垢(あか) 아까 때 ttae
- 夢(ゆめ) 유메 꿈 kkum
- いびき 이비끼 코고는 소리 kogoneun sori
- 寝言(ねごと) 네고또 잠꼬대 jamkkodae

A: 昨日、あなたとけんかする夢をみた。
키노-, 아나따또 켕까스루 유메오 미따.
나 어젯밤에 너랑 싸우는 꿈 꿨어.

B: 普段私に悪感情でも持っていたんじゃない？
후단 와따시니 아꾸깐죠-데모 못떼이딴쟈나이?
평소에 나한테 나쁜 감정이 있었던 거 아냐?

A: さあ、もしかしたらそうかもね…。
사-, 모시까시따라 소-까모네.
글쎄, 혹시 그럴지도….

Unit 07

性格 세-카꾸 **성격** seonggyeok

□ 慎重だ 신쬬-다
신중하다 sinjunghada

□ そそっかしい 소속까시-
덜렁거리다 deolleonggeorida

□ 真面目だ 마지메다
성실하다, 착실하다
seongsilhada, chaksilhada

私の姉はとても真面目だ。
와따시노 아네와 토떼모 마지메다.
우리 언니는 무척 착실하다.

□ おしゃべりだ 오샤베리다
수다스럽다 sudaseureopda

おばさんたちは集まると本当に
おしゃべりになる。
오바산따찌와 아쯔마루또 혼또-니
오샤베리니 나루.
아줌마들이 모이면 정말 수다스럽다.

□ 無礼だ 부레-다
무례하다 muryehada

□ 恥ずかしがる 하즈까시가루
수줍어하다 sujubeohada

□ がまん強い 가만즈요이
참을성이 있다 chameulseongi itda

관련 단어

- 親切(しんせつ)だ 신세쯔다 친절하다 chinjeolhada
- 優(やさ)しい 야사시- 상냥하다 sangnyanghada
- 正直(しょうじき)だ 쇼-지끼다 정직하다 jeongjikhada
- 素直(すなお)だ 스나오다 순진하다, 순수하다 sunjinhada, sunsuhada
- 賢(かしこ)い 카시꼬이 영리하다 yeongnihada
- 愚(おろ)かだ 오로까다 어리석다 eoriseokda
- 平凡(へいぼん)だ 헤-본다 평범하다 pyeongbeomhada
- おとなしい 오또나시- 얌전하다, 점잖다 yamjeonhada, jeomjanta
- 礼儀正(れいぎただ)しい 레-기따다시- 예의바르다 yeuibareuda
- 勇気(ゆうき)がある 유-끼가 아루 용기 있다 yonggi itda
- 卑怯(ひきょう)だ 히꾜-다 비겁하다 bigeopada
- 繊細(せんさい)だ 센사이다 섬세하다 seomsehada
- わがままだ 와가마마다 제멋대로 굴다 jemeotdaero gulda
- 短気(たんき)だ 탕끼다 성질이 급하다 seongjiri geupada
- 臆病(おくびょう)だ 오꾸뵤-다 겁이 많다 geobi manta
- 立派(りっぱ)だ 립빠다 훌륭하다 hullyunghada

会話 かいわ

A: あの店の主人はとても親切だった。
아노 미세노 슈징와 토떼모 신세쯔닷따.
저 가게 주인 참 친절하더라.

B: そうね、私もそう思ったよ。
소-네, 와따시모 소- 오못따요.
그래. 나도 그렇게 생각했어.

外見 가이켕 외모 oemo

□ 体重 타이쥬-
몸무게 mommuge

□ 太っている 후톳떼이루
뚱뚱하다 ttungttunghada

□ やせている
야세떼이루
말랐다 mallatda

□ 身長 신쬬- 신장, 키 sinjang, ki

身長はどのくらいですか？
신쬬-와 도노쿠라이데쓰까?
키가 얼마나 되세요?

□ 背が 高い 세가 타까이
키가 크다 kiga keuda

↔

□ 背が 低い
세가 히꾸이
키가 작다 kiga jakda

□ 可愛い 카와이-
귀엽다 gwiyeopda
あの赤ちゃん、本当に可愛い。
아노 아까쨩, 혼또-니 카와이-.
저 아기, 무척 귀엽네.

□ きれいだ
키레-다
예쁘다 yeppeuda

□ セクシーだ 세꾸시-다
섹시하다 seksihada

□ 魅力的だ 미료꾸떼끼다
매력적이다 maeryeokjeogida

□ **はげ** 하게
대머리 daemeori

□ **おかっぱ** 오깝빠
단발머리 danbalmeori

□ <ruby>天然<rt>てんねん</rt></ruby>**パーマ** 텐넨빠—마
곱슬머리 gopseulmeori

관련 단어

□ **茶髪**(ちゃぱつ) 차빠쯔 갈색머리 galsaengmeori

□ **白髪**(しらが) 시라가 흰머리 huinmeori

□ **目付**(めつ)**き** 메쯔끼 눈빛, 눈초리 nunbit, nunchori

□ **人相**(にんそう) 닌소— 인상 insang

□ **表情**(ひょうじょう) 효—죠— 표정 pyojeong

□ **スタイルがいい** 스따이루가 이이 몸매가 좋다 mommaega jota

□ **格好**(かっこう)**いい** 칵꼬—이이 멋지다 meotjida

□ **ハンサムだ** 한사무다 잘생겼다 jalsaenggyeotda

□ **色白**(いろじろ)**だ** 이로지로다 피부색이 희다 pibusaegi huida

□ **色黒**(いろぐろ)**だ** 이로구로다 피부색이 검다 pibusaegi geomda

A: こういうスタイルのパーマが<ruby>私<rt>わたし</rt></ruby>に<ruby>似合<rt>にあ</rt></ruby>うのかしら？
코—이우 스타이루노 파—마가 와따시니 니아우노까시라?
이런 스타일의 파마머리가 나한테 어울릴까?

B: うん、<ruby>似合<rt>にあ</rt></ruby>うと<ruby>思<rt>おも</rt></ruby>うよ。
응, 니아우또 오모우요.
응, 괜찮을 거 같아.

Unit 09

感情 칸죠- 감정 gamjeong

 ↔

□ **幸せだ** 시아와세다
행복하다 haengbokhada
うちは幸せな家族です。
우찌와 시아와세나 카조쿠데스.
우리는 행복한 가족이에요.

□ **悲しい** 카나시-
슬프다 seulpeuda
彼氏と別れたことがあまりにも悲しい。
카레시또 와까레따 코또가 아마리니모 카나시이.
남자친구와 헤어져서 너무 슬프다.

□ **暑い** 아쯔이 덥다 deopda
暑くて外に出たくない。
아쯔쿠테 소토니 데타쿠나이.
더워서 밖에 나가기 싫다.

□ **寒い** 사무이
춥다 chupda

□ **疲れる** 츠카레루
지치다 jichida

□ **のどが乾く** 노도가 카와꾸
목마르다 mongmareuda

□ **怒る** 오꼬루
화내다 hwanaeda
社長は怒ると本当に怖い。
샤쵸-와 오꼬루또 혼-또니 코와이.
사장님이 화내시면 정말 무서워

□ お腹が 空く/
腹が 減る
오나까가 스꾸/하라가 헤루
배고프다 baegopeuda

□ お腹が いっぱいだ
오나까가 입빠이다
배부르다 baebureuda

□ 恥ずかしい 하즈까시-
부끄럽다 bukkeureopda

□ 驚く 오도로꾸
놀라다 nollada
(=びっくりする)

관련 단어

- □ 嬉(うれ)しい 우레시- 기쁘다 gippeuda
- □ 面白(おもしろ)い 오모시로이 재미있다 jaemiitda
- □ 楽(たの)しい 타노시- 즐겁다 jeulgeopda
- □ がっかりする 각까리스루 실망하다 silmanghada
- □ 慌(あわ)てる 아와떼루 당황하다 danghwanghada
- □ 寂(さび)しい 사비시- 쓸쓸하다 sseulsseulhada
- □ 悔(くや)しい 쿠야시- 억울하다 eogulhada
- □ 怖(こわ)い 코와이 무섭다 museopda

Unit 10

気持 키모찌 느낌 neukkim

□ 知恵 치에 지혜 jihye
彼は知恵のある人だ。
카레와 치에노 아루 히또다.
그는 지혜가 있는 사람이다.

□ 勇気 유-끼 용기 yonggi

□ 絶望 제쯔보- 절망 jeolmang

□ 恐れ 오소레 두려움 duryeoum
恐れを振り切れ。
오소레오 후리끼레.
두려움을 버려라.

□ 楽しみ 타노시미 즐거움 jeulgeoum

□ 悲しみ 카나시미 슬픔 seulpeum

□ 苦しみ 쿠루시미 고통 gotong

□ 愛 아이 사랑 sarang
※ 恋는 남녀간의 사랑만 표현
彼らの愛は美しい。
카레라노 아이와 우쯔꾸시이.
그들의 사랑은 아름답다.

□ **誘惑**(ゆうわく) 유-와꾸 유혹 yuhok

□ **自由**(じゆう) 지유- 자유 jayu

관련 단어

□ **自尊心**(じそんしん) 지손싱 자존심 jajonsim

□ **正直**(しょうじき) 쇼-지끼 정직 jeongjik

□ **平和**(へいわ) 헤-와 평화 pyeonghwa

□ **希望**(きぼう) 키보- 희망 huimang

□ **心配**(しんぱい) 심빠이 걱정 geokjeong

□ **憎**(にく)**しみ** 니꾸시미 미움 mium

□ **緊張**(きんちょう) 킨쬬- 긴장 ginjang

□ **後悔**(こうかい) 코-까이 후회 huhoe

□ **親切**(しんせつ) 신세쯔 친절 chinjeol

□ **感謝**(かんしゃ) 칸샤 감사 gamsa

□ **理想**(りそう) 리소- 이상 isang

□ **真実**(しんじつ) 신지쯔 진실 jinsil

A: あなた、後で後悔しないで、今熱心に勉強しなさい。
아나따, 아또데 코-까이 시나이데, 이마 넷신니 벵쿄- 시나사이.
너 나중에 후회하지 말고, 지금 열심히 공부해라.

B: 毎日勉強しろと言われるのも、もういやだ！
마이니찌 벵쿄-시로또 이와레루노모 모- 이야다.
매일 공부하라는 소리, 이제 지겨워!

복습문제

1 다음 한자를 히라가나로 바꿔 쓰세요.

鼻 _____   耳 _____   舌 _____

歯 _____   瞳 _____

2 다음 그림에 이름을 적어 보세요.

a) _____
b) _____
c) _____
d) _____
e) _____

3 다음 빈칸을 채우세요.

손가락 _____   다리 _____   무릎 _____

손바닥 _____   손톱 _____

4 다음 단어를 히라가나로 적어 보세요.

심장 _____   위 _____   피 _____

뼈 _____   근육 _____

5 다음 빈칸에 알맞은 단어를 넣어 보세요.

a) 私の_____は高校生です。 내 남동생은 고등학생입니다.

b) あなたの_____はおいくつですか。
   당신 누나는 나이가 몇 살입니까?

c) 私の_____が結婚します。 제 사촌이 결혼합니다.

6 다음 빈칸에 알맞은 단어를 넣으세요.

a) 読書する_____ 독서하는 소녀

b) _____と_____ 결혼과 이혼

c) _____はもういやです。 짝사랑은 이제 싫어요.

d) _____的な女性 매력적인 여성

7 다음을 일본어로 바꿔 보세요.

a) 잠에서 깨다 _____

b) 이를 닦다 _____

c) 출근하다 _____

d) 자다 _____

e) 낮잠 자다 _____

f) 재채기 _____

g) 눈물 _____

h) 땀 _____

i) 하품 _____

8 다음을 해석해 보세요.

真面目(まじめ)だ _____ 　　　恥(は)ずかしがる _____

礼儀正(れいぎただ)しい _____ 　　　わがままだ _____

立派(りっぱ)だ _____ 　　　きれいだ _____

可愛(かわい)い _____ 　　　格好(かっこう)いい _____

9 다음을 일본어로 바꾸세요.

부끄럽다 _____　　무섭다 _____　　유혹 _____

희망 _____　　감사 _____　　진실 _____

10 다음 단어에 해당하는 한자를 넣어 적어 보세요.

しあわせだ(행복하다) _____　　かなしい(슬프다) _____

あつい(덥다) _____　　ねむい(졸리다) _____

おもしろい(재미있다) _____

정답

1. はな　みみ　した　は　ひとみ
2. a)まゆ　b)め　c)くち　d)くちびる　e)あご
3. ゆび　あし　ひざ　てのひら　つめ
4. しんぞう　い　いち　ほね　きんにく
5. a)おとうと　b)おねえさん　c)いとこ
6. a)しょうじょ　b)けっこん, りこん　c)かたおもい　d)みりょく
7. a)めざめる　b)はをみがく　c)しゅっきんする　d)ねる
　　e)ひるねをする　f)くしゃみ　g)なみだ　h)あせ　i)あくび
8. 성실하다　수줍어하다　예의바르다　제멋대로 굴다
　　훌륭하다　예쁘다　귀엽다　멋지다
9. はずかしい　こわい　ゆうわく　きぼう　かんしゃ　しんじつ
10. 幸せだ　悲しい　暑い　眠い　面白い

Theme ②

→ 家 いえ 집 jip

Unit 01 家 집
Unit 02 住宅 주택
Unit 03 リビング 거실
Unit 04 キッチン 부엌
Unit 05 お風呂 욕실
Unit 06 寝室 침실
Unit 07 赤ちゃんの部屋 아기 방
Unit 08 色々な道具 여러 가지 도구

1 인간
2 집
3 수
4 도시
5 교통
6 업무
7 쇼핑
8 스포츠/취미
9 지역

家 いえ 집 jip

□ **家賃** やちん 집세 jipse

家賃はいくらですか?
야찡와 이쿠라데스까?
집세는 얼마예요?

□ **一戸建て** 익꼬다떼
단독주택 dandokjutaek

私もこんな一戸建てに住みたい。
와따시모 콘나 익꼬다떼니 스미따이.
나도 이런 단독주택에 살고 싶다.

□ **大家** おおや 집주인 jipjuin

今回は、親切な大家さんに会えてよかった。
콘카이와, 신세쯔나 오-야상니 아에떼 요캇따.
이번엔 좋은 집주인을 만나서 다행이다.

□ **店子** たなこ 세입자 seipja

□ **マンション**(mansion) 만숑
고층아파트 gocheung APT
[일본에서 アパート라고 하면 2, 3층의 연립주택]

□ **賃貸** ちんたい 친따이 임대 imdae

관련 단어

- 建物(たてもの) 타떼모노 건물 geonmul
- ビル(building) 비루 빌딩
- 寮(りょう) 료- 기숙사 gisuksa
- 不動産屋(ふどうさんや) 후도-상야 부동산업소 budongsaneopso
- 礼金(れいきん) 레-낑 사례금 saryegeum
- 保証金(ほしょうきん) 호쇼-낑 보증금 bojeunggeum
- 前払(まえばら)い家賃(やちん) 마에바라이 야찡 선불 집세 seonbul jipse
- 仲介手数料(ちゅうかい てすうりょう) 츄-까이테스-료- 중개수수료 junggaesusuryo
- リフォーム(reform) 리훠-무 리모델링 rimodelling
- 引(ひ)っ越(こ)し 힉꼬시 이사 isa
- 住所(じゅうしょ) 쥬-쇼 주소 juso
- 電気(でんき) 뎅끼 전기 jeongi
- ガス(네 gas) 가스 가스
- 水道(すいどう) 스이도- 수도 sudo
- 光熱費(こうねつひ) 코-네쯔히 광열비 gwangyeolbi

会話 かいわ

A: この家(いえ)は、いつ改築(かいちく)しましたか?
코노 이에와 이쯔 카이치꾸 시마시따까?
이 집은 언제 개축한 거예요?

B: 去年(きょねん)、大家(おおや)さんが引(ひ)っ越(こ)してからすぐに改築(かいちく)しました。
쿄넨, 오-야상가 힉꼬시떼까라 스구니 카이치꾸 시마시따.
작년에 집주인이 이사 가고 나서 바로 고쳤어요.

住宅 쥬-타꾸 주택 jutaek
_{じゅうたく}

① 屋根 야네 지붕 jibung
_{や ね}

② 窓 마도 창문 changmun
_{まど}

③ 壁 카베 벽 byeok
_{か べ}

④ 玄関 겡깡 현관 hyeongwan
_{げんかん}

⑤ ドア (door) 도아 문 mun

⑥ ベル (bell) 베루 초인종 choinjong [=呼び鈴]
_{よ りん}

⑦ 芝生 시바후 잔디밭 jandibat
_{し ば ふ}

⑧ 郵便受(ゆうびんう)け 유-빙우께 **우편함** upyeonham

⑨ 地下室(ちかしつ) 치까시쯔 **지하실** jihasil

⑩ 車庫(しゃこ) 샤꼬 **차고** chago

관련 단어

- 倉庫(そうこ) 소-꼬 **창고** changgo
- ベランダ(veranda) 베란다 **베란다** beranda
- 垣根(かきね) 카끼네 **담장, 울타리** damjang, ultari [=塀(へい)]
- 階段(かいだん) 카이당 **계단** gyedan
- 表札(ひょうさつ) 효-사쯔 **문패** munpae
- 庭園(ていえん) 테-엥 **정원** jeongwon
- 離(はな)れ 하나레 **별채** byeolchae
- 庭(にわ) 니와 **마당** madang

会話 かいわ

A: 呼(よ)び鈴(りん)が鳴(な)ってるよ、出(で)てみて。
요비링가 낫떼루요, 데떼미떼.
초인종 소리가 나는데, 좀 나가 봐.

B: いやだ、あなたが出(で)てよ。
이야다, 아나따가 데떼요.
싫어, 네가 나가 봐

A: 私(わたし)は今(いま)皿洗(さらあら)いしているのよ。
와따시와 이마 사라아라이 시떼이루노요.
난 지금 설거지하고 있잖아.

Unit 03

リビング 리빙구 **거실** geosil

① **カーテン**(curtain) 카―뗑 **커튼**

② **扇風機** 셈뿌―끼 **선풍기** seonpunggi

③ **掃除機** 소―지끼 **청소기** cheongsogi

④ **テーブル**(table) 테―부루 **테이블**

⑤ **ソファー**(sofa) 소화― **소파**

⑥ **カーペット**(carpet) 카―뼷또 **카펫**

⑦ **床** 유까 **마루** maru

⑧ **ゴミ箱** 고미바꼬 **쓰레기통** sseuregitong

□ テレビ(television) 테레비
　텔레비전

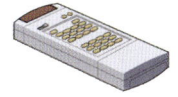

□ リモコン(remote control) 리모콩
　리모컨 rimokeon

このリモコンはうまく動作しない。
코노 리모콩와 우마꾸 도-사 시나이.
이 리모콘이 잘 작동되지 않는다.

□ 写真 샤싱
　사진 sajin

□ 時計 토께-
　시계 sigye

관련 단어

□ 天井(てんじょう) 텐죠- 천장 cheonjang

□ 電灯(でんとう) 덴또- 전등 jeondeung

□ 柱(はしら) 하시라 기둥 gidung

□ 本棚(ほんだな) 혼다나 책장 chaekjang

□ 絵(え) 에 그림 geurim

□ 座布団(ざぶとん) 자부똥 방석 bangseok

□ 家具(かぐ) 카구 가구 gagu

A: 写真の中の若い女性はだれ？
　샤신노 나까노 와까이 죠세-와 다레?
　사진 속의 이 젊은 여자분은 누구야?

B: 20年前の私の母なの。
　니쥬-넨 마에노 와따시노 하하나노.
　20년 전의 우리 엄마야.

Unit 04

キッチン 킷친 **부엌** bueok

□ **トースター**(toaster) 토-스따-
  토스터

  トースターにパンを焼いて
  コーヒーと食べよう。
  토-스타-니 빵오 야이떼 코-히-또 타베요-.
  토스터에 빵을 구워 커피랑 먹자.

□ **電子レンジ** 덴시렌지
  전자레인지 jeonjareinji

□ **炊飯器** 스이항끼
  전기밥솥 jeongibapsot

□ **流し台** 나가시다이
  싱크대 singkeudae

□ **食器棚** 쇽끼다나
  찬장 chanjang

□ **冷蔵庫** 레-조-꼬
  냉장고 naengjanggo

□ **鍋** 나베
  냄비 naembi

□ **フライパン**(frying pan) 후라이빵
  프라이팬 peuraipaen

□ **やかん** 야깡
  주전자 jujeonja

52

□ 茶碗(ちゃわん) 챠왕
밥그릇 bapgeureut

□ 皿(さら) 사라
접시 jeopsi

□ コップ(네 kop) 콥뿌 컵

私(わたし)はきれいなコップを見(み)たら、つい買(か)いたくなる。
와따시와 키레이나 콥뿌오 미따라, 츠이 카이따꾸 나루.
나는 예쁜 컵만 보면 사고 싶다.

□ 包丁(ほうちょう) 호-쬬-
부엌칼 bueokkal

□ まな板(いた) 마나이따 도마 doma

□ おたま 오따마 국자 gukja

관련 단어

□ スプーン(spoon) 스뿌-ㄴ 숟가락 sutgarak

□ フォーク(folk) 훠-꾸 포크

□ ナイフ(knife) 나이후 나이프

□ 箸(はし) 하시 젓가락 jeotgarak

□ しゃもじ 샤모지 주걱 jugeok

□ オーブン(oven) 오-붕 오븐

□ ミキサー(mixer) 믹사- 믹서

会話(かいわ)

A: 布巾(ふきん)で食卓(しょくたく)を拭(ふ)いてくれる？
후킨데 쇼꾸따꾸오 후이떼 쿠레루?
행주로 식탁 좀 닦아줄래?

B: もう拭(ふ)きました。今(いま)スプーンを置(お)いているところです。
모-후끼마시따. 이마 스푸-운오 오이떼이루 토꼬로데스.
벌써 닦았어요. 지금 숟가락 놓고 있잖아요.

お風呂 오후로 욕실 yoksil

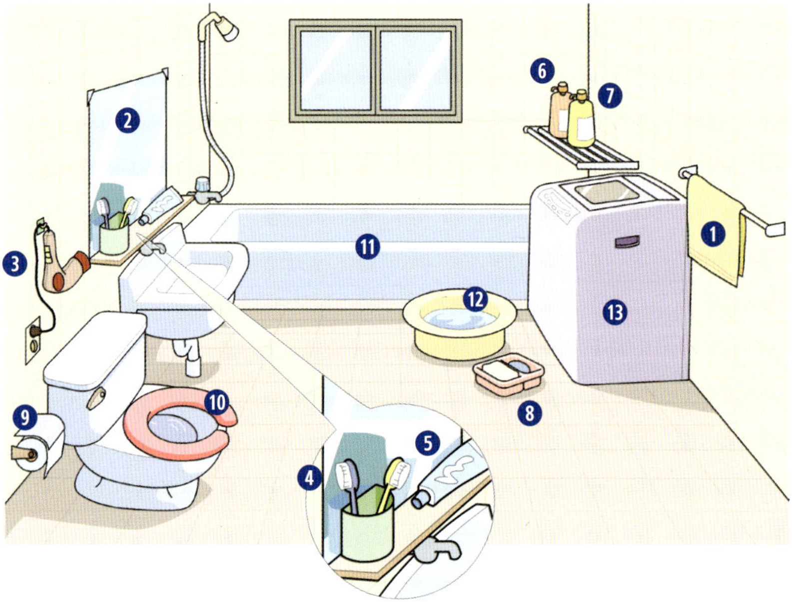

① **タオル**(towel) 타오루 **수건** sugeon

② **鏡** 카가미 **거울** geoul

③ **ヘアードライヤー**(hair dryer) 헤아-도라이야- **헤어드라이어**

④ **歯ブラシ**(brush) 하부라시 **칫솔** chitsol

⑤ **歯磨き粉** 하미가키꼬 **치약** chiyak

⑥ **シャンプー**(shampoo) 샴뿌- **샴푸**

⑦ **リンス**(rinse) 린스 **린스**

⑧ **せっけん**(石鹸) 섹껭 **비누** binu

❾ **トイレットペーパー**(toilet paper) 토이렛또빼─빠─ 화장지 hwajangji
❿ **便器** 벵끼 변기 byeongi
⓫ **湯船** 유부네 욕조 yokjo
⓬ **たらい** 타라이 세숫대야 sesutdaeya
⓭ **洗濯機** 센따꾸끼 세탁기 setakgi

관련 단어

- **トイレ**(toilet) 토이레 화장실 hwajangsil
- **シャワー**(shower) 샤와─ 샤워
- **カミソリ** 카미소리 면도칼 myeondokal
- **蛇口**(じゃぐち) 쟈구찌 수도꼭지 sudokkokji
- **排水溝**(はいすいこう) 하이스이꼬─ 배수구 baesugu
- **バスマット**(bath mat) 바스맛또 목욕 매트 mogyok maeteu
- **洗剤**(せんざい) 센자이 세제 seje
- **柔軟剤**(じゅうなんざい) 쥬─난자이 섬유 유연제 seomnyu yuyeonje
- **泡**(あわ) 아와 거품 geopum
- **洗濯物**(せんたくもの) 센따꾸모노 빨래, 세탁물 ppallae, setangmul
- **洗濯**(せんたく)**ばさみ** 센따꾸바사미 빨래집게 ppallaejipge

A: お母さん、シャンプが切れましたよ。
오까─상, 샴뿌가 키레마시따요.
엄마, 샴푸가 다 떨어졌어요.

B: そうなの？買ったばかりだと思ってたのに。
소─나노? 캇따 바카리다또 오못떼따노니.
그래? 새로 산 지 얼마 안 된 거 같은데.

Unit 06

寝室 신시쯔 **침실** chimsil

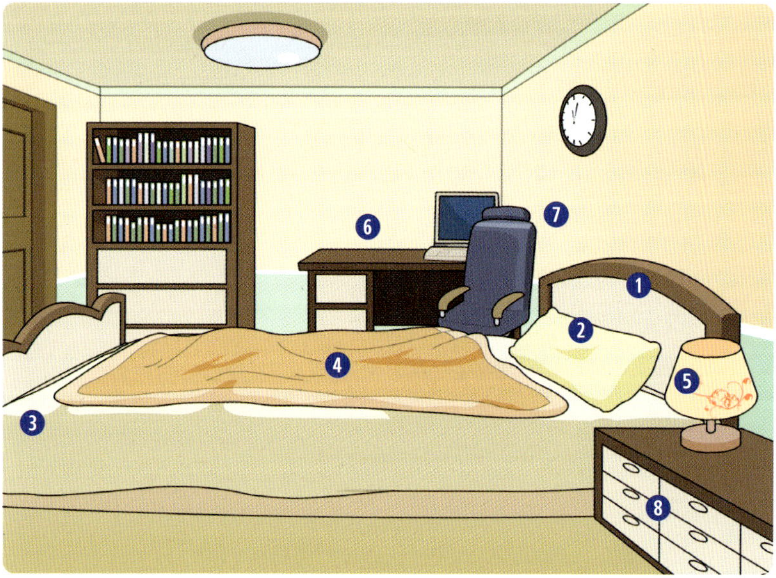

❶ ベッド(bed) 벳도 **침대** chimdae
❷ 枕 마꾸라 **베개** begae
❸ シーツ(sheet) 시-쯔 **침대보** chimdaebo
❹ 布団 후똥 **이불** ibul
❺ ランプ(lamp) 람뿌 **램프**
❻ 机 쯔꾸에 **책상** chaeksang
❼ 椅子 이스 **의자** uija
❽ 引き出し 히끼다시 **서랍** seorap

관련 단어

- **目覚**(めざ)**まし時計**(どけい) 메자마시도께- 알람시계 allamsigye
- **加湿器**(かしつき) 카시쯔끼 가습기 gaseupgi
- **除湿器**(じょしつき) 죠시쯔끼 제습기 jeseupgi
- **たんす** 탄스 옷장 otjang
- **押**(お)**し入**(い)**れ** 오시이레 붙박이장 butbagijang
- **敷**(し)**き布団**(ぶとん) 시끼부똥 요 yo
- **掛**(か)**け布団**(ぶとん) 카께부똥 덮는 이불 deomneun ibul
- **毛布**(もうふ) 모-후 담요 damnyo
- **シングルベッド**(single bed) 싱구루벳또 1인용 침대 irinnyong chimdae
- **ダブルベッド**(double bed) 다부루벳또 2인용 침대 iinnyong chimdae
- **畳**(たたみ) 타따미 다다미 dadami [속에 짚을 넣은 돗자리]
- **ぐっすり寝**(ね)**る** 굿스리 네루 푹 자다 puk jada
- **伸**(の)**びをする** 노비오 스루 기지개를 켜다 gijigaereul kyeoda

会話 かいわ

A: 部屋(へや)がものすごく汚(きたな)い。
헤야가 모노스고꾸 키따나이.
방이 엄청 더럽네!

B: 知(し)ってる。でも、片付(かたづ)ける時間(じかん)がないんだ。
싯떼루. 데모, 카따즈케루 지깡가 나인다.
알고 있어. 그런데 치울 시간이 없네

A: じゃあ、私(わたし)が手伝(てつだ)ってあげる。
쟈-, 와따시가 테쯔닷떼 아게루.
그럼 내가 도와줄게

B: ありがとう。
아리가또-.
고마워.

Unit 07

赤ちゃんの部屋
아까쨩노 헤야
아기 방 agi bang

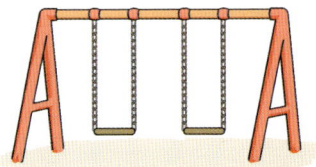

□ ブランコ 부랑꼬
그네 geune

□ 歩行器 호꼬-끼
보행기 bohaenggi

□ 幼児用便器
요-지요-뱅끼
유아용 변기 yuayong byeongi

もう、幼児用便器を使う時期になりました。
모-、요-지요-뱅끼오 츠까우 지끼니 나리마시따.
이제 유아용 변기를 사용할 때가 되었어요.

□ がらがら 가라가라
딸랑이 ttallangi

□ ぬいぐるみ 누이구루미
헝겊인형 heonggeop inhyeong

□ おもちゃ 오모쨔
장난감 jangnangam

今日は、おもちゃで楽しく遊びました。
쿄-와、오모쨔데 다노시꾸 아소비마시따.
오늘은 장난감을 가지고 잘 놀았어요.

관련 단어

- ベビーベッド (baby bed) 베비-벳도 아기 침대 agi chimdae
- 揺(ゆ)りかご 유리카고 요람 yoram
- 人形(にんぎょう) 닝교- 인형 inhyeong
- ベビーカー (baby car) 베비-까- 유모차 yumocha
- おむつ 오무쯔 기저귀 gijeogwi
- 哺乳瓶(ほにゅうびん) 호뉴-빙 젖병 jeotbyeong
- 粉(こな)ミルク 코나미루꾸 분유 bunnyu
- 離乳食(りにゅうしょく) 리뉴-쇼꾸 이유식 iyusik
- 乳首(ちくび) 치꾸비 젖꼭지 jeotkkokji
- よだれ掛(か)け 요다레까께 턱받이 teokbaji
- 子守歌(こもりうた) 코모리우따 자장가 jajangga
- だっこする 닥꼬스루 (아이를) 안다 (aireul) anda
- おんぶする 옴부스루 업다 eopda
- あやす 아야스 달래다 dallaeda

会話 かいわ

A: 乳母車が買いたいですが。
우바구루마가 카이따이데스가.
유모차를 사려고 하는데요.

B: そうですか？これなんかどうですか。
소-데스까? 코레낭까 도-데스까?
그러세요? 이거 어떠세요?

A: よさそうですね。ところでいくらですか？
요사소-데스네. 토꼬로데 이꾸라데스까?
음, 좋아 보이네요. 그런데 가격은요?

Unit 08

色々な道具
いろいろ な どうぐ

이로이로나 도-구
여러 가지 도구 yeoreo gaji dogu

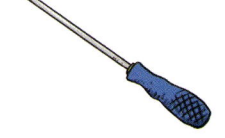

□ **ドライバー**(driver) 도라이바-
드라이버

□ **ペンチ**(pinchers) 펜찌 **펜치** penchi

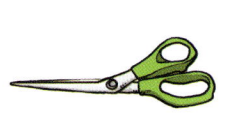

□ **はさみ** 하사미
가위 gawi

□ **のこぎり** 노코기리
톱 top

□ **でんきのこぎり**
뎅끼노코기리
전기톱 jeongitop

□ **斧** 오노 **도끼** dokki
おの

□ **釘** 쿠기
くぎ
못 mot

□ **ハンマー**(hammer) 함마-
망치 mangchi

彼は壁にハンマーで釘を打った。
かれ かべ くぎ う
카레와 카베니 함마-데 쿠기오 웃따.
그는 벽에 망치로 못을 박았다.

□ **シャベル**(shovel) 샤베루
삽 sap

□ **はしご** 하시고
사다리 sadari

□ **ほうき** 호-끼
빗자루 bitjaru

□ **ちりとり** 치리또리
쓰레받기 sseurebatgi

ちりとりにほうきでごみを掃き集めた。
치리또리니 호-끼데 고미오 하끼아쯔메따.
쓰레받기에 빗자루로 쓰레기를 쓸어 담았다.

관련 단어

□ **プラスドライバー** 푸라스도라이바- 십자드라이버 sipjadeuraibeo

□ **やすり** 야스리 줄 jul

□ **針金**(はりがね) 하리가네 철사 cheolsa

□ **つるはし** 츠루하시 곡괭이 gokgwaengi

□ **ビニール袋**(ぶくろ) 비니-루부꾸로 비닐봉지 binilbongji

□ **接着剤**(せっちゃくざい) 셋쨔꾸자이 본드, 접착제 bondeu, jeopchakje

□ **コンセント**(concentric plug) 콘센또 콘센트 konsenteu

□ **巻**(ま)**き尺**(じゃく) 마끼쟈꾸 줄자 julja

□ **糸**(いと) 이또 실 sil

□ **針**(はり) 하리 바늘 baneul

□ **雑巾**(ぞうきん) 조-낑 걸레 geolle

□ **モップ**(mop) 몹뿌 대걸레 daegeolle

□ **バケツ**(bucket) 바께쯔 양동이 yangdongi

□ **ごみ** 고미 쓰레기 sseuregi

복습문제

1 다음을 해석해 보세요.

大家(おおや) _____   一戸建て(いっこだて) _____

寮(りょう) _____   前払い(まえばらい) _____

屋根(やね) _____   芝生(しばふ) _____

2 다음 그림을 단어와 연결시키세요.

やかん　　炊飯器　　おたま　　包丁　　茶碗

3 다음 단어를 일본어 혹은 우리말로 바꾸세요.

a) 선풍기 _____　마루 _____　시계 _____

　기둥 _____　방석 _____

b) かがみ _____　욕조 _____　せんたくき _____

　베개 _____　ふとん _____　ひきだし _____

c) ぬいぐるみ _____　にんぎょう _____　기저귀 _____

　おんぶする _____　장난감 _____

d) はさみ _____   のこぎり _____   はしご _____
   빗자루 _____   つるはし _____   걸레 _____

4 다음을 한자로 적어 보세요.

つくえ(책상) _____   ふとん(이불) _____   くぎ(못) _____
いと(실) _____   はり(바늘) _____

---

1. 집주인 단독주택 기숙사 선불 지붕 잔디
2. 전기밥솥 – 炊飯器 주전자 – やかん 부엌칼 – 包丁 밥그릇 – 茶碗 국자 – おたま
3. a) せんぷうき ゆか とけい はしら ざぶとん
   b) 거울 ゆぶね 세탁기 まくら 이불 서랍
   c) 헝겊인형 인형 おむつ 업다 おもちゃ
   d) 가위 のこぎり 사다리 ほうき 곡괭이 ぞうきん
4. 机 布団 釘 糸 針

THEMATIC JAPANESE WORDS

Theme ③

→ 数 카즈 수 su

Unit 01 **数字** 숫자
Unit 02 **計算** 계산
Unit 03 **図形** 도형
Unit 04 **カレンダー** 달력
Unit 05 **時間** 시간

数字 스-지 **숫자** sutja

☐ 0 零/ゼロ 레-/제로
yeong/jero

☐ 1 一 이찌 il

☐ 2 二 니 i

☐ 3 三 상 sam

☐ 4 四 시/용 sa

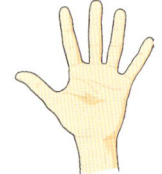

☐ 5 五 고 o

☐ 6 六 로꾸 yuk

☐ 7 七 시찌/나나 chil

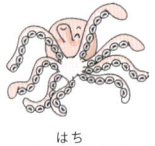

☐ 8 八 하찌 pal

☐ 9 九 큐-/쿠 gu

☐ 10 十 쥬- sip

- □ 11 十一 ^{じゅういち} 쥬-이찌 sibil
- □ 12 十二 ^{じゅうに} 쥬-니 sibi
- □ 13 十三 ^{じゅうさん} 쥬-상 sipsam
- □ 14 十四 ^{じゅうよん} 쥬-용 sipsa
- □ 15 十五 ^{じゅうご} 쥬-고 sibo
- □ 16 十六 ^{じゅうろく} 쥬-로꾸 simnyuk
- □ 17 十七 ^{じゅうしち} 쥬-시찌 sipchil
- □ 18 十八 ^{じゅうはち} 쥬-하찌 sippal
- □ 19 十九 ^{じゅうきゅう} 쥬-뀨- sipgu
- □ 20 二十 ^{にじゅう} 니쥬- isip

- □ 30 三十 ^{さんじゅう} 산쥬- samsip
- □ 40 四十 ^{よんじゅう} 욘쥬- sasip
- □ 50 五十 ^{ごじゅう} 고쥬- osip
- □ 60 六十 ^{ろくじゅう} 로꾸쥬- yuksip
- □ 70 七十 ^{ななじゅう} 나나쥬- chilsip
- □ 80 八十 ^{はちじゅう} 하찌쥬- palsip
- □ 90 九十 ^{きゅうじゅう} 큐-쥬- gusip
- □ 100 百 ^{ひゃく} 햐꾸 baek

- □ 1,000 千 ^{せん} 셍 cheon
- □ 10,000 一万 ^{いちまん} 이찌망 man, ilman
- □ 100,000 十万 ^{じゅうまん} 쥬-망 simman
- □ 1,000,000 百万 ^{ひゃくまん} 햐꾸망 baengman
- □ 10,000,000 千万 ^{せんまん} 셈망 cheonman
- □ 100,000,000 一億 ^{いちおく} 이찌오꾸 eok, ireok

Unit 01 数字 ▶▶▶

관련 단어

- □ **奇数**(きすう) 키스- 홀수 holsu
- □ **偶数**(ぐうすう) 구-스- 짝수 jjaksu
- □ **数**(かぞ)**える** 카조에루 세다, 계산하다 seda, gyesanhada
- □ **足**(た)**す** 타스 더하다 deohada
- □ **引**(ひ)**く** 히꾸 빼다 ppaeda
- □ **掛**(か)**ける** 카께루 곱하다 gopada
- □ **割**(わ)**る** 와루 나누다 nanuda

会話 かいわ

A: タコの脚は八つなの？
타꼬노 아시와 얏쯔나노?
문어 다리가 여덟 개니?

B: 急に聞かれたら私もわからないな。九つじゃない？
큐-니 키까레따라 와따시모 와까라나이나. 코꼬노쯔 쟈나이?
갑자기 물으니까 나도 헷갈리는데, 아홉 개 아니야?

A: 冗談言うなよ、八つで合ってるでしょう。
죠-당 이우나요. 얏쯔데 앗떼루데쇼-.
장난하지 마. 여덟 개인 거 맞잖아.

A: しまった、鉛筆が一本もない。貸してくれる？
시맛따, 엠삐쯔가 입뽄모 나이. 카시떼 쿠레루?
이런! 연필이 한 자루도 없네. 좀 빌려줄 수 있니?

B: いいよ。私は三本もあるんだから。じゃ、これ。
이-요. 와따시와 삼봄모 아룬다까라.
그렇게. 난 세 자루나 있거든. 자, 여기.

★ 숫자 읽기 (훈독)

하나 hana	둘 dul	셋 set	넷 net	다섯 daseot
一つ	二つ	三つ	四つ	五つ
ひとつ	ふたつ	みっつ	よっつ	いつつ
여섯 yeoseot	일곱 ilgop	여덟 yeodeol	아홉 ahop	열 yeol
六つ	七つ	八つ	九つ	十
むっつ	ななつ	やっつ	ここのつ	とお

일본에도 '일, 이, 삼…'으로 숫자를 읽는 방법 외에 '하나, 둘, 셋…(고유수사)'으로 읽는 방법이 있습니다. 주로 물건을 세는 단위로 사용합니다.

★ 전화번호 읽기

```
0  1  2  -  3  4  5  -  6   7   8   9
ゼロ いち に の さん よん ご の ろく なな はち きゅう
yeong il  i     sam sa  o      yuk chil pal  gu
```

일본의 전화번호는 한 자리씩 끊어 읽으며 -(하이픈)은 の로 읽습니다. 숫자 '0'은 원래 れい라고 하는데 전화번호로 읽을 때는 보통 ゼロ(zero)라고 읽습니다. 7은 しち이지만 いち와 혼동을 피하기 위해 なな라고 읽어야합니다. 4는 よん이라고 읽습니다.

A: あなたの電話番号、教えてくれない?
아나따노 뎅와방고-, 오시에떼 쿠레나이?
네 전화번호 좀 가르쳐 줄래?

B: いいよ、0982-250-4632だよ。
이-요, 제로큐-하찌니 - 니고제로 - 욘로꾸산니 다요.
응, 0982-250-4632이야.

Unit 02

計算 케-산 **계산** gyesan

□ 横 요꼬 **가로** garo

□ 縦 타떼 **세로** sero

□ 距離 쿄리 **거리** geori

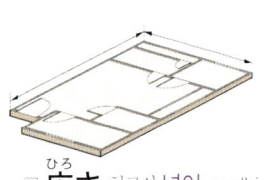
□ 広さ 히로사 **넓이** neolbi

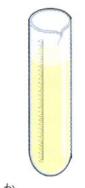
□ 深さ 후까사 **깊이** gipi

□ 高さ 타까사 **높이** nopi

□ 重さ 오모사 **무게** muge

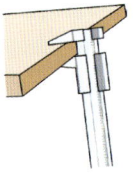
□ 厚さ 아쯔사 **두께** dukke

□ 体積 타이세끼 **부피** bupi
[=嵩]

□ 速度 소꾸도 **속도** sokdo

관련 단어

- **サイズ**(size) 사이즈 **크기** keugi
- **長**(なが)**さ** 나가사 **길이** giri
- **足**(た)**し算**(ざん) 타시상 **덧셈** deotsem
- **引**(ひ)**き算**(ざん) 히끼장 **뺄셈** ppaelsem
- **掛**(か)**け算**(ざん) 카케장 **곱셈** gopsem
- **割**(わ)**り算**(ざん) 와리장 **나눗셈** nanutsem
- **分数**(ぶんすう) 분스- **분수** bunsu
- **平均**(へいきん) 헤-낑 **평균** pyeonggyun
- **メートル**(프 mètre) 메-또루 **미터** miteo
- **平方**(へいほう)**メートル** 헤-호-메-또루 **평방미터, 제곱미터** pyeongbangmiteo, jegommiteo
- **グラム**(gram) 구라무 **그램**(g)
- **トン**(ton) 통 **톤**(t)
- **リットル**(프 litre) 릿또루 **리터**(ℓ)
- **ミリ**(프 milli) 미리 **밀리미터**(mm)
- **センチ**(프 centi) 센찌 **센티미터**(cm)
- **キロ**(kilo) 키로 **킬로미터**(km)

会話 かいわ

A: あの川(かわ)の深(ふか)さはどれくらいあるんだろう？
아노 카와노 후까사와 도레꾸라이 아룬다로-?
저 강물 깊이는 얼마나 될까?

B: 多分(たぶん)、10メートル以上(いじょう)だと思(おも)う。
타붕, 쥬-메-토루 이죠-다또 오모우.
아마 10미터는 넘을 거야.

Unit 03

図形 ズケー **도형** dohyeong

□ **円** えん
원, 동그라미 won, donggeurami
(=丸)
私の顔は、円のように丸い。
와따시노 카오와 엔노 요-니 마루이.
내 얼굴은 원처럼 동그랗다.

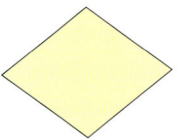

□ **菱形** ひしがた
마름모 mareummo
(=斜方形)

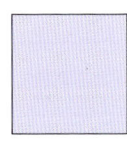

□ **正方形** セーホーケー
정사각형 jeongsagakhyeong
正方形の4辺の長さは等しい。
세-호-께-노 욘헨노 나가사와 히또시이.
정사각형은 네 변의 길이가 같다.

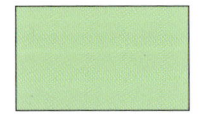

□ **三角形** サンカクケー
삼각형 samgakhyeong
三角形は、3点を結んでできる多角形だ。
상까꾸께-와 산뗑오 무슨데 데끼루 다까꾸께-다.
삼각형은 세 점을 이어 만든 도형이다.

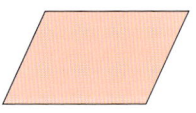

□ **平行四辺形** ヘーコーシヘンケー
평행사변형 pyeonghaengsabyeonhyeong

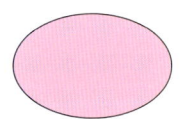

□ **長方形** チョーホーケー
직사각형 jiksagakhyeong

□ **楕円形** ダエンケー
타원형 tawonhyeong

□ **五角形** ごかくけい / 고까꾸께-
오각형 ogakhyeong

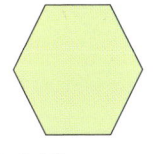
□ **六角形** ろっかくけい / 록까꾸께-
육각형 yukgakhyeong

蜂の巣は六角形だ。
하찌노 스와 록까꾸께-다.
벌집은 육각형이다.

□ **立方体** りっぽうたい / 립뽀-따이
육면체 yungmyeonche

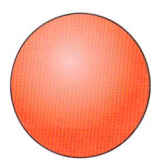
□ **球** きゅう / 큐-
구 gu

私たちが住んでいる地球は球形だ。
와따시따찌가 슨데이루 치큐-와 큐-께-다.
우리가 사는 지구는 구형이다.

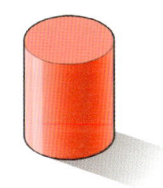
□ **円柱** えんちゅう / 엔쮸-
원기둥 wongidung

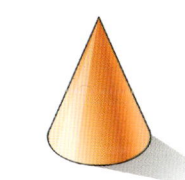
□ **円錐** えんすい / 엔스이
원추형 wonchuhyeong

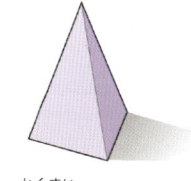
□ **角錐** かくすい / 카꾸스이
각뿔 gakppul

Unit 04

カレンダー 카렌다- **달력** dallyeok

季節(きせつ) 키세쯔 **계절** gyejeol

□ 春(はる) 하루
봄 bom

□ 夏(なつ) 나쯔
여름 yeoreum

□ 冬(ふゆ) 후유
겨울 gyeoul

□ 秋(あき) 아끼
가을 gaeul

관련 단어

□ 四季(しき) 시키 **사계절** sagyejeol

□ 春夏秋冬(しゅんかしゅうとう) 슌까슈-또- **춘하추동** chunhachudong

~月 가쯔 ~월 wol

- **一月** (いちがつ) 이찌가쯔 1월 irwol
- **二月** (にがつ) 니가쯔 2월 iwol
- **三月** (さんがつ) 상가쯔 3월 samwol
- **四月** (しがつ) 시가쯔 4월 * sawol
- **五月** (ごがつ) 고가쯔 5월 owol
- **六月** (ろくがつ) 로꾸가쯔 6월 yuwol
- **七月** (しちがつ) 시찌가쯔 7월 * chirwol
- **八月** (はちがつ) 하찌가쯔 8월 parwol
- **九月** (くがつ) 쿠가쯔 9월 * guwol
- **十月** (じゅうがつ) 쥬ー가쯔 10월 siwol
- **十一月** (じゅういちがつ) 쥬ー이찌가쯔 11월 sibirwol
- **十二月** (じゅうにがつ) 쥬ー니가쯔 12월 sibiwol

会話 かいわ

A: どの季節が好きですか？
도노 키세쯔가 스끼데스까?
어느 계절을 좋아하세요?

B: 秋が好きです。
아끼가 스끼데스.
가을을 좋아해요.

A: そうですか？私も同じです。
소ー데스까? 와따시모 오나지데스.
그래요? 저도 그래요.

Unit 04 カレンダー ▶▶▶

特別な日 토꾸베쯔나 히 / 특별한 날 teukbyeolhan nal

□ **お盆** 오봉 추석 chuseok
[한국의 추석 秋夕(チュソク)]
お盆には全てが豊かだ。
오본니와 스베떼가 유따까다.
추석에는 모든 것이 풍요롭다.

□ **旧正月** 큐-쇼-가쯔
설날(구정) seollal(gujeong)
旧正月には故郷へ帰る。
큐-쇼-가쯔니와 후루사또에 카에루.
설날에는 고향에 간다.

□ **誕生日** 탄죠-비
생일 saengil

□ **バレンタインデー**(St. Valentine's day)
바렌타인데-
발렌타인데이

□ **クリスマス**(Christmas) 쿠리스마스
성탄절 seongtanjeol
明日、クリスマスイブに会おう。
아시따, 크리스마스이브니 아오-.
우리 내일 크리스마스 이브에 만나자.

관련 단어

- □ **記念日**(きねんび) 키넴비 **기념일** ginyeomil
- □ **祝日**(しゅくじつ) 슈꾸지쯔 **국경일** gukgyeongil
- □ **正月**(しょうがつ) 쇼-가쯔 **신정** sinjeong
- □ **こどもの日**(ひ) 코도모노 히 **어린이날** eorininal
- □ **母**(はは)**の日**(ひ) 하하노 히 **어머니 날** eomeoni nal
- □ **父**(ちち)**の日**(ひ) 치찌노 히 **아버지 날** abeoji nal
- □ **大晦日**(おおみそか) 오-미소까 **섣달그믐날** seotdalgeumeumnal (12월 31일)
- □ **還暦**(かんれき) 칸레끼 **환갑** hwangap

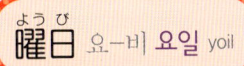

曜日 요-비 **요일** yoil

- □ **日曜日**(にちようび) 니찌요-비 **일요일** iryoil
- □ **月曜日**(げつようび) 게쯔요-비 **월요일** woryoil
- □ **火曜日**(かようび) 카요-비 **화요일** hwayoil
- □ **水曜日**(すいようび) 스이요-비 **수요일** suyoil
- □ **木曜日**(もくようび) 모꾸요-비 **목요일** mogyoil
- □ **金曜日**(きんようび) 킹요-비 **금요일** geumnyoil
- □ **土曜日**(どようび) 도요-비 **토요일** toyoil

Unit 05

時間 지깡 시간 sigan

□ 時 지
시 si

□ 分 (ふん/ぶん/ぷん) 훙/붕/뿡
분 bun

□ 秒 뵤-
초 cho

□ 明け方 아께가따
새벽 saebyeok

□ 朝 아사
아침 achim
陽光のまぶしい爽快な朝だ。
요-꼬-노 마부시이 소-까이나 아사다.
햇살이 눈부신 상쾌한 아침이야.

□ 正午 쇼-고
정오 jeongo

□ 真夜中 마요나까
한밤중 hanbamjung

□ 昼 히루
낮 nat

□ 夜 요루
밤 bam

□ 午後 고고 오후 ohu

□ 夕方 유-가따
저녁 jeonyeok
今日の夕方、友達に会うことにした。
쿄-노 유-가따, 토모다찌니 아우꼬또니 시따.
오늘 저녁에 친구와 만나기로 했다.

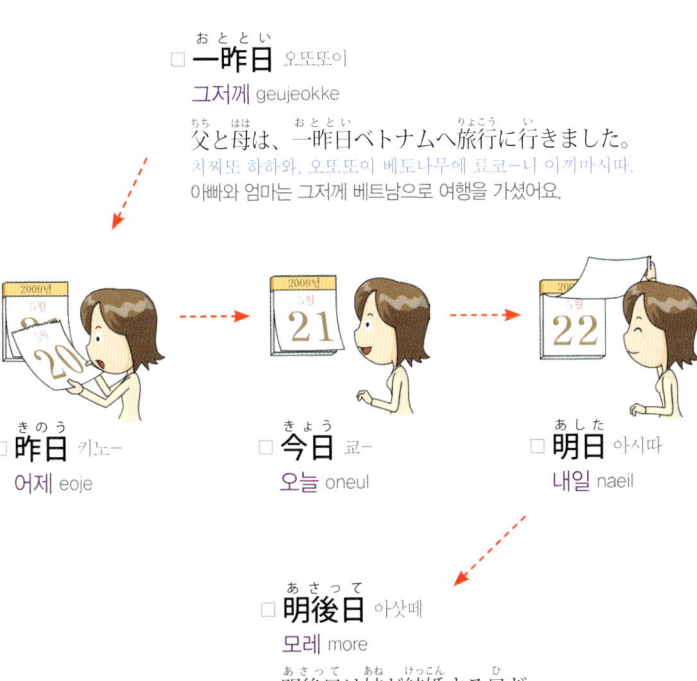

□ 一昨日 おととい 오또또이

그저께 geujeokke

父と母は、一昨日ベトナムへ旅行に行きました。
치찌또 하하와, 오또또이 베토나무에 료코—니 이끼마시따.
아빠와 엄마는 그저께 베트남으로 여행을 가셨어요.

□ 昨日 きのう 키노—

어제 eoje

□ 今日 きょう 쿄—

오늘 oneul

□ 明日 あした 아시따

내일 naeil

□ 明後日 あさって 아삿떼

모레 more

明後日は姉が結婚する日だ。
아삿떼와 아네가 겟꽁스루히다.
모레는 언니가 결혼하는 날이다.

관련 단어

□ 日付(ひづけ) 히즈께 날짜 naljja

□ 平日(へいじつ) 헤—지쯔 평일 pyeongil

□ 週末(しゅうまつ) 슈—마쯔 주말 jumal

□ 世紀(せいき) 세—끼 세기 segi

□ 過去(かこ) 카꼬 과거 gwageo

□ 現在(げんざい) 겐자이 현재 hyeonjae

□ 未来(みらい) 미라이 미래 mirae

Unit 05 時間 ▶▶▶

- 後(あと)で 아또데 나중에 najunge
- すぐ 스구 금방 geumbang
- これから 코레까라 이제부터 ijebuteo
- いつも 이쯔모 언제나 eonjena
- 時々(ときどき) 토끼도끼 때때로 ttaettaero
- たまに 타마니 가끔 gakkeum
- 最初(さいしょ) 사이쇼 최초, 처음 choecho, cheoeum
- 最後(さいご) 사이고 마지막 majimak
- 今(いま) 이마 지금 jigeum
- 瞬間(しゅんかん) 슝깡 순간 sungan

- 先週(せんしゅう) 센슈- 지난 주 jinan ju
- 今週(こんしゅう) 콘슈- 이번 주 ibeon ju
- 来週(らいしゅう) 라이슈- 다음 주 daeum ju

- 毎日(まいにち) 마이니찌 매일 maeil
- 毎週(まいしゅう) 마이슈- 매주 maeju
- 毎月(まいげつ) 마이게쯔 매월 maewol(=まいつき)
- 毎年(まいねん) 마이넹 매년 maenyeon(=まいとし)

- 午前4時 고젠 요지
  오전 4시 ojeon nesi

- 午後3時15分 고고 산지 쥬-고훙
  오후 3시 15분 ohu sesi sibobun

- 2:10 2時10分 니지 쥿뿡 2시 10분 dusi sipbun
- 9:05 9時5分 고지 고훙 9시 5분 ahopsi obun
- 3:13 3時13分 산지 쥬-삼뿡 3시 13분 sesi sipsambun
- 5:47 5時47分 고지 욘쥬-나나훙 5시 47분 daseotsi sasipchilbun
- 7:30 7時30分/7時半 시찌지 산쥿뿡 / 시찌지 항 7시 반 ilgopsi ban

A: 土曜日に私と遊びに行きましょう。
  도요-비니 와따시또 아소비니 이끼마쇼-.
  토요일에 나랑 같이 놀러 가요.

B: 本当ですか？楽しそうですね。
  혼또-데스까? 타노시소-데스네.
  정말요? 재미있겠네요!

A: いつ向かいに行きましょうか？
  이쯔 무까이니 이끼마쇼-까?
  언제 데리러 갈까요?

B: 午前10時頃に来てください。
  고젱 쥬-지고로니 키떼 쿠다사이.
  오전 열 시쯤 와주세요.

복습문제

1 다음 숫자를 일본어로 읽어 보세요.

23 _____ 56 _____

89 _____ 352 _____

5846 _____

2 다음을 일본어로 바꾸세요.

가로 _____ 세로 _____ 거리 _____

깊이 _____ 무게 _____ 길이 _____

3 다음 단어를 일본어 혹은 우리말로 바꾸세요.

ふゆ _____ なつ _____ 가을 _____

봄 _____ 기념일 _____ 금요일 _____

かようび _____ 월요일 _____ にちようび _____

4 다음 그림을 단어와 연결시키세요.

ゆうがた   たんじょうび   ひる   あさ   よる

5 다음 단어를 한자로 적어 보세요.

きのう(어제) _____   あした(내일) _____

きょう(오늘) _____   いま(지금) _____

げんざい(현재) _____   かこ(과거) _____

まいにち(매일) _____

6 다음 시간을 일본어로 답하세요.

4:25 _____   10:45 _____

1:10 _____   오후 8:00 _____

1 にじゅうさん　　ごじゅうろく　　はちじゅうきゅう
　さんびゃくごじゅうに　　ごせんはっぴゃくよんじゅうろく
2 よこ　　たて　　きょり　　ふかさ　　おもさ　　ながさ
3 겨울　　여름　　가을　　봄　　기념일　　금요일
　화요일　　げつようび　　일요일
4 아침-あさ　　낮-ひる　　저녁-ゆうがた　　밤-よる　　생일-たんじょうび
5 昨日　　明日　　今日　　今　　現在　　過去　　毎日
6 よじにじゅうごふん　　じゅうじよんじゅうごふん
　いちじじゅっぷん　　ごご はちじ

THEMATIC JAPANESE WORDS

Theme 4

→ 都市 토시 도시 dosi

Unit 01 町 시내
Unit 02 郵便局 우체국
Unit 03 病院 병원
Unit 04 薬局 약국
Unit 05 病気 질병
Unit 06 銀行 은행
Unit 07 ファースト・フード 패스트푸드
Unit 08 レストラン 레스토랑
Unit 09 日本料理 일본요리
Unit 10 飲み屋 술집
Unit 11 ホテル 호텔
Unit 12 学校 학교
Unit 13 科目 과목
Unit 14 警察署 경찰서
Unit 15 宗教 종교

Unit 01

町 まち 마찌 **시내** sinae

□ マンション(mansion) 만숑
고층 아파트 gocheung APT

□ 警察署 けいさつしょ 케이사쯔쇼
경찰서 gyeongchalseo

□ 学校 がっこう 각꼬-
학교 hakgyo

学校に遅刻するよ、早く起きなさい！
각꼬-니 치꼬꾸 스루요, 하야꾸 오끼나사이!
학교에 지각하겠다. 빨리 일어나!

□ 図書館 としょかん 토쇼깡
도서관 doseogwan

□ 映画館 えいがかん 에-가깡
영화관 yeonghwagwan

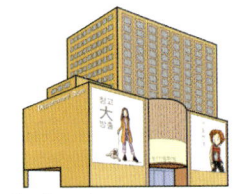
□ デパート(department store) 데빠-또
백화점 baekhwajeom

あれが新しくできるデパートの建物だって。
아레가 아따라시꾸 데끼루 데빠-또노 타떼모노닷떼.
저게 새로 짓는 백화점 건물이래.

□ 看板 かんばん 캄방
간판 ganpan

□ 店 みせ 미세 가게 gage

□ 病院 びょういん ビョーイン

병원 byeongwon

のどが痛すぎる。病院に行かなくちゃ。
노도가 이따스기루. 뵤-인니 이까나꾸쨔.
목이 너무 아파. 병원에 가봐야겠어.

□ 郵便局 ゆうびんきょく ユービンキョク

우체국 uchguk

□ 薬局 やっきょく 약꾜꾸

약국 yakguk
[薬屋는 약품류 이외에 화장품도 판매함]

관련 단어

□ 歩道橋(ほどうきょう) 호도-꾜- 육교 yukgyo

□ ビル(building) 비루 빌딩

□ 博物館(はくぶつかん) 하꾸부쯔깡 박물관 bangmulgwan

□ 工場(こうじょう) 코-죠- 공장 gongjang

□ 繁華街(はんかがい) 항까가이 번화가 beonhwaga

□ 地下街(ちかがい) 치까가이 지하상가 jihasangga

□ ショッピングセンター(shopping center) 숍삥구센따- 쇼핑센터

□ 本屋(ほんや) 홍야 서점 seojeom [=書店(しょてん)]

□ 高層(こうそう)ビル 코-소-비루 고층건물 gocheung geonmul

□ 美術館(びじゅつかん) 비쥬쯔깡 미술관 misulgwan

□ 並木(なみき) 나미끼 가로수 garosu

□ 垂(た)れ幕(まく) 타레마꾸 현수막 hyeonsumak

Unit 02

郵便局 ゆうびんきょく 유-빙쿄꾸 **우체국** ucheguk

□ **郵便局員** 유-빙쿄꾸잉
우체국 직원 ucheguk jigwon

3番窓口の郵便局職員が私の
小包みを受け付けた。
삼방 마도구찌노 유-빙쿄꾸잉가 와따시노
코즈쯔미오 우께쯔께따.
3번 창구의 우체국 직원이 내 소포를 접수했다.

□ **郵便配達員** 유-빙하이따쯔잉
집배원 jipbaewan

その郵便配達員はたいてい同じ
時間に到着する。

소노 유-빙 하이따쯔잉와 따이떼- 오나
지 지깐니 토-챠꾸스루.
그 집배원은 거의 같은 시간에 도착한다.

□ **手紙** 테가미
편지 pyeonji

□ **切手** 킷떼
우표 upyo

□ **郵便ポスト** 유-빙뽀스또
우체통 uchetong

□ **封筒** 후-또-
봉투 bongtu

□ **郵便番号** 유-빙방고-
우편번호 upyeonbeonho

□ **取扱注意** 토리아쯔까이쮸-이
취급주의 chwigeupjuui

관련 단어

- 窓口(まどぐち) 마도구찌 **창구** changgu
- 秤(はかり) 하까리 **저울** jeoul
- 宅配便(たくはいびん) 타꾸하이빙 **택배** taekbae
- 小包(こづつみ) 코즈쯔미 **소포** sopo
- 葉書(はがき) 하가끼 **엽서** yeopseo
- 消印(けしいん) 케시잉 **소인** soin
- 差出人(さしだしにん) 사시다시닝 **보내는 사람, 발신인** bonaeneun saram, balsinin
- 受取人(うけとりにん) 우께또리닝 **받는 사람, 수신인** banneun saram, susinin
- 宛先(あてさき) 아떼사끼 **수신인 주소** susinin juso
- 書留(かきとめ) 카끼또메 **등기** deunggi
- 速達(そくたつ) 소꾸따쯔 **속달** sokdal
- バイク便(びん) 바이꾸빙 **퀵서비스** kwikseobiseu
- 航空便(こうくうびん) 코ー꾸ー빙 **항공편** hanggongpyeon
- 船便(ふなびん) 후나빙 **선편** seonpyeon
- ダイレクトメール(direct mail) 다이레꾸또메ー루 **광고성 우편** gwanggoseong upyeon
- 年賀状(ねんがじょう) 넹가죠ー **연하장** yeonhajang

Unit 03

病院 뵤-잉 병원 byeongwon

□ 外科 게까
외과 oegwa

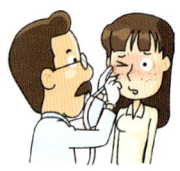

□ 皮膚科 히후까
피부과 pibugwa

□ 小児科 쇼-니까
소아과 soagwa

子供が熱を出して小児科に行ってきた。
코도모가 네쯔오 다시떼 쇼-니까니 잇떼끼따.
아이가 열이 나서 소아과에 다녀왔다.

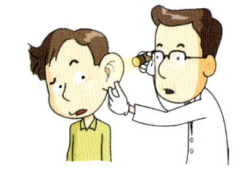

□ 耳鼻咽喉科 지비잉꼬-까
이비인후과 ibiinhugwa

□ 医者 이샤 의사 uisa

安静をとるようにという医者の話を無視しないでください。
안세-오 토루요-니 또이우 이샤노 하나시오 무시시나이데 쿠다사이.
안정을 취하라는 의사의 말을 무시하지 마세요.

□ 産婦人科 산후징까
산부인과 sanbuingwa

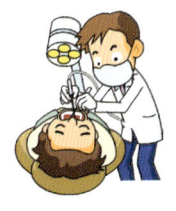

□ 歯科医 시까이
치과의사 chigwauisa

□ 精神科医 세-싱까이
정신과의사 jeongsingwauisa

□ 看護師 캉고시
간호사 ganhosa

看護士が私の名前を呼んだ。
캉고시가 와따시노 나마에오 욘다.
간호사가 내 이름을 불렀다.

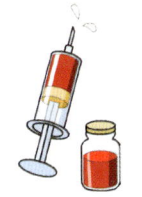

□ 注射 츄-샤
주사 jusa

□ 体温計 타이옹께-
체온계 cheongye

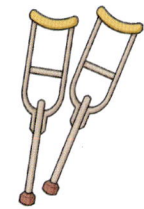

□ 松葉杖 마쯔바즈에
목발 mokbal

これから一ヶ月間は、松葉杖を
突かないといけないそうだ。
코레까라 익까게쯔깡와, 마쯔바즈에오
츠까나이도 이께나이소ー다.
앞으로 한 달 동안은 목발을 짚고 다녀야 한다.

□ ギブス(독 Gips) 기부스 깁스

Unit 03 病院 ▶▶▶

관련 단어

- **内科**(ないか) 나이까 내과 naegwa
- **成形外科**(せいけいげか) 세-세-게까 성형외과 seonghyeongoegwa
- **泌尿器科**(ひにょうきか) 히뇨-끼까 비뇨기과 binyogigwa
- **眼科**(がんか) 강까 안과 angwa
- **救急車**(きゅうきゅうしゃ) 큐-뀨-샤 구급차 gugeupcha
- **救急隊**(きゅうきゅうたい) 큐-뀨-따이 구조요원 gujoyowon
- **応急処置**(おうきゅうしょち) 오-뀨-쇼찌 응급 처치 eunggeup cheochi
- **患者**(かんじゃ) 칸쟈 환자 hwanja
- **健康診断**(けんこうしんだん) 켕꼬-신당 건강진단 geongangjindan
- **人間**(にんげん)**ドック**(dock) 닝겐독꾸 종합검진 jonghapgeomjin
- **治療**(ちりょう) 치료- 치료 chiryo
- **消毒**(しょうどく) 쇼-도꾸 소독 sodok
- **手術**(しゅじゅつ) 슈쥬쯔 수술 susul
- **聴診器**(ちょうしんき) 쵸-싱끼 청진기 cheongjingi
- **リンゲル**(Ringer) 링게루 링거
- **車椅子**(くるまいす) 쿠루마이스 휠체어
- **入院**(にゅういん) 뉴-잉 입원 ibwon
- **退院**(たいいん) 타이잉 퇴원 toewon

A: 今日の午後に眼科に行かなければならないから、早く帰ってね。
쿄-노 고고니 양까니 이까나께레바 나라나이까라, 하야꾸 카엣떼네.
오늘 오후에 안과에 가야 하니, 빨리 와라.

B: 今日は、遅くまで授業がありますが。
쿄-와, 오소꾸마데 쥬교-가 아리마스가.
오늘은 수업이 늦게까지 있는데요.

A: 今日は、定期診察の日なのに、どうすればいいかしら?
쿄-와, 테-끼신사쯔노 히나노니, 도-스레바 이-까시라?
오늘이 정기적으로 진찰받는 날인데, 그러면 어떡하지?

B: お母さん、病院に電話して明日に延ばしてもらえませんか?
오까-상, 뵤-인니 뎅와시떼 아시따니 노바시떼 모라에마셍까?
엄마, 병원에 전화해서 내일로 연기하면 안 될까요?

A: ベトナム人たちも整形手術を頻繁にするの?
베토나무진따찌모 세-케-슈쥬쯔오 힘빤니 스루노?
베트남 사람들도 성형수술 많이 하니?

B: ううん、あまりたくさんしてないよ。
으-응, 아마리 타꾸상 시떼나이요.
아니 별로 많이 하지 않아.

A: この前会ったあなたの友達は鼻の手術をやってるようだったけど。
코노마에 앗따 아나따노 토모다찌와 하나노 슈쥬쯔오 얏떼루 요-닷따께도.
지난번에 본 네 친구 코 수술한 거 같던데?

B: うん、彼女はえくぼの整形もやってるの。
응, 카노죠와 에쿠보노 세-케-모 얏떼루노.
응, 걔는 보조개 수술까지 했어.

Unit 04

薬局 약쿄꾸 **약국** yakguk

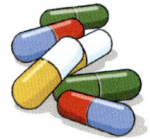

□ **カプセル**(capsule) 카뿌세루 **캡슐**

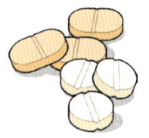

□ **錠剤** 죠-자이 **알약** allyak

錠剤は割と飲み易いです。
죠-자이와 와리또 노미야스이데스.
알약은 비교적 먹기 편해요.

□ **水薬** 미즈구스리 **물약** muryak

この水薬は、一度に2スプーンずつ
飲ませてください。
코노 미즈구스리와 이찌도니 후따스뿌-웅즈쯔
노마세떼 쿠다사이.
이 물약은 한 번에 두 스푼씩 먹이세요.

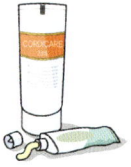

□ **軟膏** 낭꼬- **연고** yeongo

傷に軟膏をこまめに
塗ってください。
키즈니 낭꼬-오 코마메니 눗떼 쿠다사이.
상처에 꾸준히 연고를 발라 주세요.

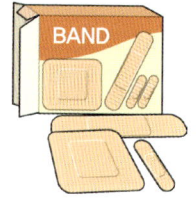

□ **絆創膏** 반소-꼬-
반창고 banchanggo

□ **ガーゼ** (독 Gaze) 가-제 **거즈**

관련 단어

- **薬剤師**(やくざいし) 야꾸자이시 **약사** yaksa
- **処方箋**(しょほうせん) 쇼호-셍 **처방전** cheobangjeon
- **薬**(くすり) 쿠스리 **약** yak
- **粉薬**(こなぐすり) 코나구스리 **가루약** garuyak
- **座薬**(ざやく) 자야꾸 **좌약** jwayak
- **包帯**(ほうたい) 호-따이 **붕대** bungdae
- **風邪薬**(かぜぐすり) 카제구스리 **감기약** gamgiyak
- **鎮痛剤**(ちんつうざい) 친쯔-자이 **진통제** jintongje
- **睡眠薬**(すいみんやく) 스이밍야꾸 **수면제** sumyeonje
- **鎮静剤**(ちんせいざい) 친세-자이 **진정제** jinjeongje
- **消炎剤**(しょうえんざい) 쇼-엔자이 **소염제** soyeomje
- **便秘薬**(べんぴやく) 벰삐야꾸 **변비약** byeonbiyak
- **下痢止**(げりど)**め** 게리도메 **설사약** seolsayak
- **ビタミン剤**(vitaminざい) 비따민자이 **비타민제** bitaminje
- **副作用**(ふくさよう) 후꾸사요- **부작용** bujagyong

会話 かいわ

A: この鎮痛剤(ちんつうざい)をください。
코노 친쯔-자이오 쿠다사이.
이 진통제 좀 주세요.

B: この薬(くすり)は、医者(いしゃ)の処方箋(しょほうせん)がないと販売(こうばい)できません。
코노 쿠스리와 이샤노 쇼호-셍가 나이또 코-바이 데끼마셍.
이 약을 사시려면 의사의 처방전이 있어야 해요.

Unit 05

病気 뵤-끼 질병 jilbyeong

□ 頭痛 즈쯔-
두통 dutong

頭痛がひどくてしっかりできない。
즈쯔-가 히도꾸떼 식까리 데끼나이.
두통이 심해서 정신을 차릴 수가 없다.

□ 熱 네쯔 발열 baryeol

□ 風邪 카제
감기 gamgi

□ インフルエンザ (influenza) 잉후루엔자
독감 dokgam

彼は、今日インフルエンザで欠勤しました。
카레와, 쿄-잉후루엔자데 켁낀 시마시따.
그는 오늘 독감으로 결근했습니다.

□ 悪寒 오깡
오한 ohan

□ 吐き気 하끼께
구역질 guyeokjil

□ 嘔吐 오-또 구토 guto

昼ごはんがあたって嘔吐している。
히루고항가 아땃떼 오-또 시떼이루.
점심 먹은 게 체해서 구토를 한다.

□ 鼻血 하나지
코피 kopi

□ 血圧 케쯔아쯔
혈압 hyeorap

まだ４０歳にもならない人が高血圧だとは…。
마다 욘줏사이모 나라나이 히또가 코-케쯔아쯔다또와.
아직 40세도 안 된 사람이 고혈압이라니….

□ アレルギー(독 Allergie) 아레루기-
알레르기

□ 虫歯 무시바
충치 chungchi

これは、虫歯がもう一つ増えたな！
고레와, 무시바가 모우 히토쯔 후에타!
아이구, 충치가 또 하나 늘었네!

□ 傷 키즈
상처 sangcheo

傷がきれいに治ればいいのに…。
키즈가 키레이니 나오레바 이-노니.
상처가 깨끗하게 아물어야 할 텐데….

□ 火傷 야케도
화상 hwasang

□ 水膨れ 미즈부꾸레
물집 muljip

新しい靴を履いたら、足に水膨れができてしまった。
아따라시- 쿠쯔오 하이따라 아시니 미즈부꾸레가 데끼떼 시맛따.
새 신을 신었더니 발에 물집이 생겼다.

Unit 05 病気 ▶▶▶

관련 단어

- 癌(がん) 강 **암** am
- 糖尿病(とうにょうびょう) 토-뇨-뵤- **당뇨병** dangnyobyeong
- B型(がた)肝炎(かんえん) 비-가따캉엥 **B형 간염** Bhyeong gannyeom
- 食中毒(しょくちゅうどく) 쇼꾸쮸-도꾸 **식중독** sikjungdok
- 消化不良(しょうかふりょう) 쇼-까후료- **소화불량** sohwabullyang
- 便秘(べんぴ) 뼁삐 **변비** byeonbi
- 肥満(ひまん) 히망 **비만** biman
- 肩凝(かたこ)り 카따꼬리 **어깨결림** eokkaegyeollim
- 骨折(こっせつ) 콧세쯔 **골절** goljeol
- 筋肉痛(きんにくつう) 킨니꾸쯔- **근육통** geunnyuktong
- 偏頭痛(へんずつう) 헨즈쯔- **편두통** pyeondutong
- 下痢(げり) 게리 **설사** seolsa
- 鼻水(はなみず) 하나미즈 **콧물** konmul
- 咳(せき) 세끼 **기침** gichim
- くしゃみ 쿠샤미 **재채기** jaechaegi
- 怪我(けが) 케가 **부상** busang
- 切傷(きりきず) 키리끼즈 **베인 상처** bein sangcheo
- すり傷(きず) 스리끼즈 **긁힌 상처** geukhin sangcheo
- 出血(しゅっけつ) 슛께쯔 **출혈** chulhyeol
- 痛(いた)み 이따미 **통증** tongjeung
- 打撲傷(だぼくしょう) 다보꾸쇼- **타박상** tabaksang
- ねんざ 넨자 **염좌** yeomjwa

- □ **腫(は)れる** 하레루 붓다 Buddha
- □ **目眩(めまい)** 메마이 현기증 hyeongijeung
- □ **貧血(ひんけつ)** 힝께쯔 빈혈 binhyeol
- □ **腰痛(ようつう)** 요-쯔- 요통 yotong
- □ **ウイルス(라 virus)** 우이루스 바이러스
- □ **花粉症(かふんしょう)** 카훈쇼- 꽃가루 알레르기 kkotgaru allereugi
- □ **かゆい** 카유이 가렵다 garyeopda
- □ **救急箱(きゅうきゅうばこ)** 큐-큐-바꼬 구급약품상자 gugeubyakpumsangja

会話 かいわ

A: 貧血の症状はどうですか?
힝께쯔노 쇼-죠-와 도-데스까?
빈혈 증세는 좀 어때요?

B: まあまあです。すぐに治るわけがありませんよ。
마-마-데스. 스구니 나오루 와케가 아리마셍요.
그저 그렇죠, 뭐. 금방 좋아질 리가 없잖아요.

A: だから、薬をきちんと飲んでください。
다까라, 쿠스리오 키찐또 논데 쿠다사이.
그러니 약 좀 잘 챙겨 먹어요.

B: ちゃんと飲んでます。心配しないでください。
챤또 논데마스. 심빠이 시나이데 쿠다사이.
잘 먹고 있어요. 걱정하지 마세요.

Unit 06

銀行 ぎんこう 깅꼬- 은행 eunhaeng

□ 銀行員 ぎんこういん 깅꼬-잉
은행직원 eunhaeng jigwon

□ 警備員 けいびいん 케-비잉
경비 gyeongbi

□ 通帳 つうちょう 츠-쬬-
통장 tongjang

□ 金額 きんがく 킹가꾸
액수 aeksu

□ 小切手 こぎって 코깃떼
수표 supyo

小切手一枚にしてください。
코깃떼 이찌마이니 시떼 쿠다사이.
수표 한 장으로 만들어 주세요.

□ 紙幣 しへい 시헤-
지폐 jipye [=札]

□ 小銭 こぜに 코제니
동전 dongjeon

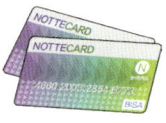

□ クレジットカード (credit card)
쿠레짓또카-도
신용카드 sinnyongkadeu

クレジットカードを無くしました。
쿠레짓또카-도오 나꾸시마시따.
신용카드를 분실했어요.

□ ATM エーティーエム 에-티-에무
현금자동인출기
hyeongeumjadonginchulgi
[=現金自動預け払い機 げんきんじどうあずけばらいき]

관련 단어

- **口座**(こうざ) 코-자 **계좌** gyejwa
- **キャッシュカード** 캇슈카-도 **직불카드** jikbulkadeu
- **暗証番号**(あんしょうばんごう) 안쇼-방고- **비밀번호** bimilbeonho
- **貯金**(ちょきん) 쵸낑 **저금** jeogeum
- **入金**(にゅうきん) 뉴-낑 **입금** ipgeum
- **送金**(そうきん) 소-낑 **송금** songgeum
- **引**(ひ)**き出**(だ)**し** 히끼다시 **예금 인출** yegeum inchul
- **口座振替**(こうざふりかえ) 코-자후리까에 **계좌 이체** gyejwa iche
- **手数料**(てすうりょう) 테스-료- **수수료** susuryo
- **自動引**(じどうひ)**き落**(お)**とし** 지도-히끼오또시 **자동이체** jadongiche
- **払込用紙**(はらいこみようし) 하라이꼬미요-시 **매월납부통지서**
  maewollapbutongjiseo(세금, 전기세 기타 등등)
- **払**(はら)**い込**(こ)**み** 하라이꼬미 **납부, 지불** napbu, jibul
- **サイン**(sign) 사잉 **서명** seomyeong
- **はんこ**(判子) 항꼬 **도장** dojang

会話 かいわ

A: すみませんが、この近くに銀行はありますか？
스이마셍가, 코노 치까꾸니 깅꼬-와 아리마스까?
저, 이 근처에 은행이 있나요?

B: あの大きなビルのすぐ隣にあります。
아노 오-끼나 비루노 스구 토나리니 아리마스.
저기 큰 빌딩 바로 옆에 있어요.

A: どうも。
도-모.
고마워요.

Unit 07

ファースト・フード
화-스또 후-도
패스트푸드 fast food

□ **アメリカンドッグ** (일 American dog)
아메리깐독꾸
핫도그 (한국식)

□ **ホットドッグ** (hot dog) 홋또독꾸
핫도그
(미국식-빵으로 소시지를 감싸 먹는 것)

□ **ドーナツ** (doughnut) 도-나쯔 **도넛**

□ **フライドポテト** (fried potato)
후라이도뽀떼또
감자튀김 gamja twigim

□ **フライドチキン** (fried chicken)
후라이도찌낑 **프라이드치킨**

この店のフライドチキンはとてもおいしい。
코노 미세노 후라이도 치낑와 토떼모 오이시-.
이 집 프라이드치킨 참 맛있어.

□ **ハンバーガー** (hamburger)
함바-가- **햄버거**

□ **ストロー** (straw) 스또로-
빨대 ppaldae

□ **コーラ** (cola) 코-라 **콜라**

□ **サンドイッチ** (sandwich) 산도잇찌
샌드위치
私はハムエッグサンドイッチが好きです
와따시와 하무엑구 산도잇찌가 스키데스.
나는 햄에그 샌드위치가 좋아요.

관련 단어

- **ピザ** (이 pizza) 피자 **피자**
- **サイドメニュー** (side menu) 사이도메뉴- **사이드 메뉴**
- **セットメニュー** (set menu) 셋또메뉴- **세트 메뉴**
- **餃子** (ぎょうざ) 교-자 (중국식) **만두** (jungguksik) mandu
- **牛丼** (ぎゅうどん) 규-동 **쇠고기덮밥** soegogideopbap (돈은 どんぶり의 줄임말)
- **ドリンク** (drink) 도링꾸 **음료** eumnyo
- **炭酸飲料** (たんさんいんりょう) 탄산인료- **탄산음료** tansaneumnyo
- **シェイーク** (shake) 쉐-꾸 **셰이크**
- **甘(あま)い** 아마이 **달콤하다** dalkomhada
- **おいしい** 오이시- **맛있다** mannitda
- **脂(あぶら)っこい** 아부락꼬이 **느끼하다, 기름지다** neukkihada, gireumjida

会話 かいわ

A: ご注文はいかがなさいますか？
고쥬-몽와 이까가 나사이마스까?
주문은 무엇으로 하시겠어요?

B: チーズバーガーセットを二つください。
치-즈바-가-오 후따쯔 쿠다사이.
치즈버거 세트 두 개 주세요.

A: こちらでお召し上がりですか、それともお持ち帰りですか？
코찌라데 오메시아가리데스까, 소레또모 오모찌까에리데스까?
여기서 드실 건가요, 아니면 포장해 가시겠어요?

B: こちらで食べます。
코찌라데 타베마스.
먹고 갈 거예요.

Unit 08

レストラン 레스토랑 restautant

□ **ステーキ**(steak) 스떼-끼 스테이크

□ **サラダ**(salad) 사라다 샐러드

□ **スープ**(soup) 스-뿌 수프
暖かい野菜スープが食べたい。
아따따까이 야사이 스-푸가 타베따이.
따뜻한 야채수프가 먹고 싶어.

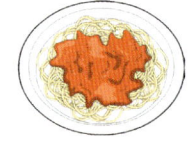
□ **パスタ**(이 pasta) 파스따 파스타
今日の昼ごはんにパスタはどう？
쿄-노 히루고한니 파스타와 도-?
오늘 점심으로 파스타 어때?

□ **シーフード**(seafood) 시-후-도
해물요리 haemuryori
日本にはシーフードが多い。
니혼니와 시-후-도가 오-이.
일본에는 해물요리가 많다.

□ **ビーフカツ**(beef cutlet)
비-후까쯔 비프커틀릿

□ **カレーライス**(curry and rice)
카레-라이스 카레라이스
私の弟(妹)はカレーライスが嫌いだ。
와따시노 오또-또(이모-또)와 카레-라이스가 키라이다.
내 동생은 카레라이스를 싫어한다.

관련 단어

- **オムライス**(일 omelet rice) 오무라이스 오므라이스
- **ハンバーグ(ステーキ)** (Hamburg steak) 함바ー구 햄버그스테이크
- **バーベキュー**(barbecue) 바ー베큐ー 바비큐
- **グラタン**(프 gratin) 구라땅 그라탱
- **シチュー**(stew) 시쮸ー 스튜
- **前菜**(ぜんさい) 젠사이 에피타이저, 전채 jeonchae
- **メインディッシュ**(main dish) 메인딧슈 메인디시, 주요리 juyori
- **デザート**(dessert) 데자ー또 디저트, 후식 husik
- **飮**(の)**み物**(もの) 노미모노 음료수 eumnyosu
- **メニュー**(프 menu) 메뉴ー 메뉴
- **お子様**(こさま)**メニュー** 오꼬사마메뉴ー 어린이 메뉴 eorini menu
- **ファミリーレストラン**(일 family+restaurant) 화미리ー레스또랑
  패밀리 레스토랑 (줄여서 ファミレス라고도 함)
- **バイキング** 바이낑구 뷔페 (Viking料理의 준말) bwipe
- **食**(た)**べ放題**(ほうだい) 타베호ー다이
  일정 금액을 내고 마음껏 먹음 iljeong geumaegeul naego maeumkkeot meogeum
- **おしぼり** 오시보리 물수건 mulsugeon
- **ウエーター**(waiter) 우에ー따ー 웨이터
- **ウエートレス**(waitress) 우에ー또레스 웨이트리스
- **注文**(ちゅうもん)**する** 츄ー몽스루 주문하다 jumunhada
- **追加**(ついか)**する** 츠이까스루 추가하다 chugahada
- **取**(と)**り消**(け)**す** 토리케스 취소하다 chwisohada
- **割**(わ)**り勘**(かん) 와리깡 각자 부담, 더치페이 gakja budam, deochipei

Unit 09

日本料理 니혼 료-리 **일본 요리** Japan ryori

□ 寿司 스시
초밥 chobap

□ 刺身 사시미
생선회 saengseonhoe

□ ご飯 고항
밥 bap

□ お握り 오니기리
주먹밥 jumeokbap

□ ラーメン 라-멩
라면 ramyeon

□ 豚カツ 통까쯔
돈가스

□ 天ぷら 템뿌라
튀김 twigim

□ しゃぶしゃぶ 샤부샤부
샤브샤브 syabeusyabeu

관련 단어

- **味噌汁**(みそしる) 미소시루 **된장국, 미소시루** doenjangguk, misosiru
- **焼**(や)**き魚**(ざかな) 야끼자까나 **생선구이** saengseongui
- **梅干**(うめぼ)**し** 우메보시 **매실 절임** maesil jeorim
- **納豆**(なっとう) 낫또- **낫또** natto
- **うどん** 우동 **우동** udong
- **たこ焼**(や)**き** 타꼬야끼 **다코야키** dakoyakki
- **お好**(この)**み焼**(や)**き** 오꼬노미야끼 **오코노미야키** (일본식 부침개) okonomiyaki
- **そば** 소바 **메밀국수** memilguksu
- **焼**(や)**きそば** 야끼소바 **일본식 볶음면** ilbonsik bokkeummyeon
- **漬**(つ)**け物**(もの) 쯔께모노 **채소 절임** chaeso jeorim
- **たくあん** 타꾸앙 **단무지** danmuji
- **丼物**(どんもの) 돔모노 **덮밥** deopbap

会話かいわ

A: 何を食べましょうか?
니니오 타베마쇼-까.
우리 뭐 먹을까?

B: そうね、豚カツを食べましょうか?
소-네, 통까쯔오 타베마쇼-까.
글쎄, 돈가스나 먹을까?

A: いつもそればかり食べるの?
이쯔모 소레바까리 타베루노?
항상 그것만 먹니?

B: よくわからないからさ。それなら、あなたが注文してよ。
요꾸 와까라나이까라사. 소레나라, 아나따가 츄-몽 시떼요.
잘 모르니까 말야. 그럼 네가 주문해 봐.

Unit 10

飲み屋 노미야 술집 suljip

□ バーテンダー(bartender)
바-뗀다- 바텐더

□ つまみ 츠마미 안주 anju

□ ソーダ水 소-다스이 소다수 sodasu

□ オンザーロック 온자-로꾸
온더록스

□ カクテル(cocktail) 카꾸테루 칵테일

カクテルは私の好みには合わない。
카꾸떼루와 와따시노 코노미니와 아와나이.
칵테일은 내 취향에 맞지 않는다

□ 生ビール 나마비-루
생맥주 saengmaekju

暑い夏にはやはり生ビールだね。
아쯔이 나쯔니와 야하리 나마비-루다네.
더운 여름에 역시 생맥주야.

□ ワイン(wine) 와잉 와인
ワインは割りときついお酒だ。
와잉와 와리또 키쯔이 오사께다.
와인은 은근히 독한 술이다

관련 단어

- **ウイスキー**(whisky) 우이스끼- 위스키
- **ラム**(rum) 라무 럼
- **ウォッカ**(러 vodka) 웍까 보드카
- **ジン**(gin) 징 진
- **ジントニック**(gin tonic) 진또닉꾸 진토닉
- **ビール**(네 bier) 비-루 맥주 maekju
- **シャンパン**(프 champagne) 샴빵 샴페인
- **焼酎**(しょうちゅう) 쇼-쮸 소주 soju
- **日本酒**(にほんしゅ) 니혼슈 정종 jeongjong
- **梅酒**(うめしゅ) 우메슈 매실주 maesilju
- **バー**(bar) 바- 술집 suljip
- **居酒屋**(いざかや) 이자까야 선술집 seonsuljip (직장인들의 저렴한 술집)
- **乾杯**(かんぱい) 캄빠이 건배 geonbae
- **酔**(よ)**う** 요우 취하다 chwihada
- **おごる** 오고루 한턱내다 hanteongnaeda

会話 かいわ

A: 私たち、飲みすぎてるよ。
와따시따찌, 노미스기떼루요.
우리 너무 많이 마신 거 같아.

B: そんなことない。ビールもう一杯飲もう。
손나 코또나이. 비-루 모-입빠이 노모-.
아니야. 맥주 한 잔만 더 마시고 가자.

A: 何を言ってるの。もう酔ってふらついてるくせに。
나니오 잇떼루노. 모- 욧떼 후라쯔이떼루 쿠세니.
무슨 소리야. 벌써 취해서 비틀거리면서.

ホテル 호테루 호텔 hotel

- **本館** 홍깡 본관 bongwan
- **別館** 벡깡 별관 byeolgwan

- **ロビー**(lobby) 로비- 로비

早く来て。私は今ロビーで待っているよ。
하야꾸 키떼. 와따시와 이마 로비-데 맛떼이루요.
빨리 와, 나 지금 로비에서 기다리고 있어.

- **フロント**(front) 후론또
  프런트

もしもし。フロントデスクですか？
모시모시. 후론토 데스꾸 데스까?
여보세요, 거기 프런트 데스크죠?

- **チェックイン**(check-in) 첵꾸잉 체크인

- **チェックアウト**(check-out) 첵꾸아우또 체크아웃

今チェックアウトしたいですが。
이마 첵꾸아우또 시따이데스가.
지금 체크아웃하려고 하는데요.

□ **シングル(ルーム)**(single room)
싱구루(루-무) **1인실** irinsil

□ **ツイン(ルーム)**(twin room)
쯔잉(루-무) **2인실** iinsil

□ **チップ**(tip) 칩뿌 **팁**

どうも。これはチップです。
도-모. 코레와 칩뿌데스.
고마워요. 이건 팁이에요.

□ **ベルボーイ**(bellboy)
베루보-이
남종업원 namjongeobwon

□ **ウエートレス**(waitress)
우에-또레스
여종업원 yeojongeobwon

□ **モーニングコール**(일 morning call)
모-닝구코-루 **모닝콜**

明日の朝6時にモーニングコールサービスをお願いします。
아시따노 아사 로꾸지니 모-닝구 꼬-루 사-비스오 오네가이시마스.
내일 아침 여섯 시에 모닝콜 서비스 부탁합니다.

Unit 11 ホテル ▶▶▶

관련 단어

- **一流**(いちりゅう)**ホテル** 이찌류-호떼루 일류호텔 illyu hotel
- **ビジネスホテル**(일 business hotel) 비지네스호떼루 비즈니스호텔
- **カプセルホテル**(일 capsule hotel) 카뿌세루호떼루 캡슐호텔
- **旅館**(りょかん) 료깡 여관 yeogwan (일본식 전통여관)
- **民宿**(みんしゅく) 민슈꾸 민박 minbak
- **別荘**(べっそう) 벳소- 별장 byeoljang
- **コンドミニアム**(condominium) 콘도미니아무 콘도
- **ペンション**(pension) 펜숀 펜션
- **エレベーター**(elevator) 에레베-따- 엘리베이터
- **スイート(ルーム)**(일 suite room) 스이-또(루-무) 스위트룸
- **エキストラベッド**(extra bed) 에끼스또라벳또 엑스트라 침대 chimdae
- **部屋**(へや) 헤야 방 bang
- **鍵**(かぎ) 카기 열쇠 yeolsoe
- **合**(あ)**い鍵**(かぎ) 아이카기 여벌 열쇠 yeobeol ryeolsoe
- **予約**(よやく) 요야꾸 예약 yeyak
- **キャンセル**(cancel) 캰세루 취소 chwiso
- **宿泊**(しゅくはく) 슈꾸하꾸 숙박 sukbak
- **宿泊料**(しゅくはくりょう) 슈꾸하꾸료- 숙박료 sukbangnyo
- **朝食付**(ちょうしょくつ)**き** 쵸-쇼꾸쯔끼 아침식사 포함 achimsiksa poham
- **泊**(と)**まる** 토마루 묵다 mukda
- **貴重品**(きちょうひん) 키쬬-힝 귀중품 gwijungpum

- **金庫**(きんこ) 킹꼬 금고 geumgo
- **ルームサービス**(room service) 루―무사―비스 룸 서비스
- **部屋**(へや)**の掃除**(そうじ) 헤야노소―지 객실 청소 gaeksil cheongso
- **クリーニング**(cleaning) 쿠리―닝구 클리닝, 세탁 setak
- **ラウンジ**(lounge) 라운지 라운지, 휴게실 hyugesil
- **非常口**(ひじょうぐち) 히죠―구찌 비상구 bisanggu

会話 かいわ

A: 宿泊の予約をしたいですが。
슈꾸하꾸노 요야꾸오 시따이데스가.
방을 예약하려고 하는데요.

B: かしこまりました。お泊りの日はいつですか。
카시꼬마리마시따. 오또마리노 히와 이쯔데스까.
알겠습니다. 언제 숙박하실 건가요?

A: 今週の金曜日から日曜日までです。
콘슈―노 킹요―비까라 니찌요―비마데 데스.
이번 주 금요일부터 일요일까지요.

B: かしこまりました。何名様でございますか。
카시꼬마리마시따. 남메―사마데 고자이마스까.
예, 몇 분이십니까?

A: 四人ですが、ツインルームで二つ予約できますか?
요닌데스. 쯔인루―무데 후따쯔 요야꾸 데끼마스까?
네 명인데요. 트윈룸으로 두 개 예약 가능할까요?

学校 각꼬- 학교 hakgyo

1. **教室** 쿄-시쯔 **교실** gyosil
2. **先生** 센세- **교사** gyosa
3. **学生** 각세- **학생** haksaeng
4. **机** 쯔꾸에 **책상** chaeksang
5. **椅子** 이스 **의자** uija
6. **教科書** 쿄-까쇼 **교과서** gyogwaseo
7. **筆箱** 후데바꼬 **필통** piltong
8. **鉛筆** 엠삐쯔 **연필** yeonpil
9. **消ゴム** 케시고무 **지우개** jiugae
10. **色鉛筆** 이로엠삐쯔 **색연필** saegyeonpil
11. **定規** 죠-기 **자** ja
12. **地球儀** 치뀨-기 **지구본** jigubon
13. **掲示板** 케-지방 **게시판** gesipan

관련 단어

- **幼稚園**(ようちえん) 요-찌엥 유치원 yuchiwon
- **小学校**(しょうがっこう) 쇼-각꼬- 초등학교 chodeunghakgyo
- **中学校**(ちゅうがっこう) 쥬-각꼬- 중학교 junghakgyo
- **高校**(こうこう) 코-꼬- [=高等学校(こうとうがっこう)] 고등학교 godeunghakgyo
- **短大**(たんだい) 탄다이 전문대 jeonmundae
- **大学**(だいがく) 다이가꾸 대학교 daehakgyo
- **大学院**(だいがくいん) 다이가꾸잉 대학원 daehagwon
- **寮**(りょう) 료- 기숙사 gisuksa
- **講堂**(こうどう) 코-도- 강당 gangdang
- **運動場**(うんどうじょう) 운도-죠- 운동장 undongjang
- **保健室**(ほけんしつ) 호껜시쯔 양호실, 보건실 yanghosil, bogeonsil
- **体育館**(たいいくかん) 타이이꾸깡 체육관 cheyukgwan
- **廊下**(ろうか) 로-까 복도 bokdo
- **辞書**(じしょ) 지쇼 사전 sajeon
- **地図**(ちず) 치즈 지도 jido
- **教育**(きょういく) 쿄-이꾸 교육 gyoyuk
- **カリキュラム**(curriculum) 카리꾸라무 커리큘럼, 교과과정 gyogwagwajeong
- **学費**(がくひ) 가꾸히 학비 hakbi

Unit 12 学校 ▶▶▶

学校生活(がっこうせいかつ) 학교생활

- **学年**(がくねん) 가꾸넹 학년 hangnyeon
- **組**(くみ) 쿠미 반 ban
- **学級委員**(がっきゅういいん) 각뀨-이잉 반장 banjang
- **同級生**(どうきゅうせい) 도-뀨-세- 급우, 반 친구 geubu, ban chingu
- **担任**(たんにん) 탄닝 담임 damim
- **学期**(がっき) 각끼 학기 hakgi
- **授業**(じゅぎょう) 쥬교- 수업 sueop
- **時間割**(じかんわり) 지깡와리 시간표 siganpyo
- **~時限目**(じげんめ) ~지겜메 ~교시 gyosi
- **休(やす)み時間**(じかん) 야스미지깡 쉬는 시간 swineun sigan
- **昼休(ひるやす)み** 히루야스미 점심 시간 jeomsim sigan
- **宿題**(しゅくだい) 슈꾸다이 숙제 sukje
- **予習**(よしゅう) 요슈- 예습 yeseup
- **復習**(ふくしゅう) 후꾸슈- 복습 bokseup
- **試験**(しけん) 시껭 시험 siheom (=テスト)
- **レポート**(report) 레뽀-또 리포트, 보고서 bogoseo
- **成績**(せいせき) 세-세끼 성적 seongjeok
- **通知票**(つうちひょう) 츠-찌효- 통지표 tongjipyo
- **奨学金**(しょうがくきん) 쇼-가꾸낑 장학금 janghakgeum

- **休(やす)み** 야스미 방학 banghak
- **出席(しゅっせき)** 슛세끼 출석 chulseok
- **欠席(けっせき)** 켓세끼 결석 gyeolseok
- **遅刻(ちこく)** 치꼬꾸 지각 jigak
- **早退(そうたい)** 소-따이 조퇴 jotoe
- **登校(とうこう)** 토-꼬- 등교 deunggyo
- **下校(げこう)** 게꼬- 하교 hagyo
- **制服(せいふく)** 세-후꾸 제복, 유니폼 jebok, yunipom
- **サークル(circle)** 사-쿠루 동아리 dongari
- **部活(ぶかつ)** 부까쯔 서클 활동, 동아리 활동 hwaldong, dongari hwaldong
- **学園祭(がくえんさい)** 가꾸엔사이 학교 축제 hakgyo chukje
- **修学旅行(しゅうがくりょこう)** 슈-가꾸료꼬- 수학여행 suhagyeohaeng
- **運動会(うんどうかい)** 운도-까이 운동회 undonghoe

科目 카모꾸 과목 gwamok

□ 国史 코꾸시 국사 guksa

□ 英語 에ー고 영어 yeongeo

□ 化学 카가꾸 화학 hwahak

□ 科学 카가꾸 과학 gwahak

□ 音楽 옹가꾸 음악 umak

□ 美術 비쥬쯔 미술 misul

□ 体育 타이이꾸 체육 cheyuk

私の好きな科目は美術です。
와따시노 스끼나 카모꾸와 비쥬쯔데스.
나는 미술 과목을 좋아한다.

관련 단어

- **国語**(こくご) 코꾸고 **국어** gugeo
- **社会**(しゃかい) 샤까이 **사회** sahoe
- **地理**(ちり) 치리 **지리** jiri
- **生物**(せいぶつ) 세-부쯔 **생물** saengmul
- **数学**(すうがく) 스-가꾸 **수학** suhak
- **哲学**(てつがく) 테쯔가꾸 **철학** cheolhak
- **作文**(さくぶん) 사꾸붕 **작문** jangmun
- **倫理**(りんり) 린리 **윤리** yulli
- **世界史**(せかいし) 세까이시 **세계사** segyesa
- **外国語**(がいこくご) 가이꼬꾸고 **외국어** oegugeo
- **韓国語**(かんこくご) 캉꼬꾸고 **한국어** hangugeo
- **経済学**(けいざいがく) 케-자이가꾸 **경제학** gyeongjehak
- **心理学**(しんりがく) 신리가꾸 **심리학** simnihak
- **工学**(こうがく) 코-가꾸 **공학** gonghak
- **物理学**(ぶつりがく) 부쯔리가꾸 **물리학** mullihak

会話 かいわ

A: チンスは今日の世界史テストで百点がとれたそうよ。
진스와 쿄-노 세카이시 테스토데 햐꾸뗑가 토레따소-요.
진수는 오늘 세계사 시험 백점 맞았대.

B: そうなの? あなたは何点とれた?
소-나노? 아나따와 난뗑 토레따?
그래? 넌 몇 점인데?

A: 口にするのが恥ずかしいよ、聞かないで。明日の数学のテストをがんばる。
쿠찌니 스루노가 하즈까시-요, 키까나이데. 아시따노 스-가꾸 테스토오 감바루.
말하기 창피하다. 묻지 마. 내일 수학 시험이나 잘 봐야지.

Unit 14

警察署 케-사쯔쇼 경찰서 gyeongchalseo

□ **警察官** 케-사쯔깡
경찰관 gyeongchalgwan

□ **拳銃** 켄쥬-
권총 gwonchong

□ **どろぼう** 도로보-
도둑 doduk

□ **暴力** 보-료꾸
폭행 pokhaeng

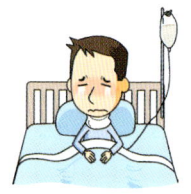

□ **被害者** 히가이샤
피해자 pihaeja

その泥棒は、塀を乗り越えるところで
捕かまった。
소노 도로보-와, 헤이오 노리꼬에루 토꼬로데 쯔까맛따.
그 도둑은 담을 넘으려다가 잡혔다.

□ **逮捕** 타이호- 체포 chepo

誘拐事件の犯人は1日で逮捕された。
유-까이 지껜노 항닝와 이찌니찌데 타이호 사레따.
유괴 사건의 범인은 하루 만에 체포되었다

□ **証拠** 쇼-꼬 증거 jeunggeo

彼は証拠不十分で釈放された。
카레와 쇼-꼬 후쥬-분데 샤꾸호- 사레따.
그는 증거 불충분으로 풀려났다.

관련 단어

- **交番**(こうばん) 코-방 **파출소** pachulso
- **刑事**(けいじ) 케-지 **형사** hyeongsa
- **手錠**(てじょう) 테죠- **수갑** sugap
- **スリ** 스리 **소매치기** somaechigi
- **強盗**(ごうとう) 고-또- **강도** gangdo
- **容疑者**(ようぎしゃ) 요-기샤 **용의자** yonguija
- **犯人**(はんにん) 한닝 **범인** beomin
- **目撃者**(もくげきしゃ) 모꾸게끼샤 **목격자** mokgyeokja
- **アリバイ**(alibi) 아리바이 **알리바이** allibai
- **犯罪**(はんざい) 한자이 **범죄** beomjoe
- **殺人**(さつじん) 사쯔징 **살인** sarin
- **詐欺**(さぎ) 사기 **사기** sagi
- **賄賂**(わいろ) 와이로 **뇌물** noemul
- **誘拐**(ゆうかい) 유-까이 **유괴** yugoe
- **ストーカー**(stalker) 스토-까- **스토커**
- **盗**(ぬす)**む** 누스무 **훔치다** humchida

会話かいわ

A: 例の強盗事件の犯人は捕まったの？
레-노 고-또-지껜노 한닝와 쯔까맛따노?
그 강도 사건의 범인은 잡혔대?

B: まだ。目撃者もいないし、何の手がかりも見つからないらしい。
마다. 모꾸게끼샤모 이나이시, 난노 데가까리모 미쯔까라나이라시-.
아직. 목격자도 없고, 아무 단서도 찾지 못했나봐.

宗<small>しゅう</small>教<small>きょう</small> 슈-꾜- 종교 jonggyo

□ 仏<small>ぶっ</small>教<small>きょう</small> 북꾜- 불교 bulgyo

□ 寺<small>てら</small> 테라 절 jeol

祖母<small>そぼ</small>は供養<small>くよう</small>のためにお寺<small>てら</small>によく行<small>い</small>く。
소후와 쿠요-노 타메니 오떼라니 요꾸 이꾸.
할머니는 불공드리러 절에 자주 가신다.

□ キリスト教<small>きょう</small> 키리스또꾜-
기독교 gidokgyo

□ 教<small>きょう</small>会<small>かい</small> 쿄-까이 교회 gyohoe

□ カトリック(Catholic) 카또리꾸
천주교 cheonjugyo

その人<small>ひと</small>は、とても熱心<small>ねっしん</small>なカトリック信者<small>しんじゃ</small>だ。
소노 히또와, 토떼모 넷신나 카토리꾸 신쟈다.
그 사람은 아주 독실한 천주교 신자야.

□ 聖<small>せい</small>堂<small>どう</small> 세-도-
성당 seongdang

관련 단어

- 神(かみ) 카미 **신** sin
- **イエスキリスト**(Jesus Christ) 이에스키리스또 **예수 그리스도** yesu geuriseudo
- 天国(てんごく) 텡고꾸 **천국** cheonguk
- 地獄(じごく) 지고꾸 **지옥** jiok
- 聖書(せいしょ) 세-쇼 **성경** seonggyeong
- 礼拝(れいはい) 레-하이 **예배** yebae
- 祈(いの)り 이노리 **기도** gido
- 十字架(じゅうじか) 쥬-지까 **십자가** sipjaga
- 賛美歌(さんびか) 삼비까 **찬송가** chansongga
- 牧師(ぼくし) 보꾸시 **목사** moksa
- 神父(しんぷ) 심뿌 **신부** sinbu
- **シスター**(sister) 시스따- **수녀** sunyeo
- **ミサ**(라 missa) 미사 **미사** misa
- 仏経(ぶっきょう) 북꾜- **불경** bulgyeong
- 仏様(ほとけさま) 호또께사마 **부처님** bucheonim
- 仏像(ぶつぞう) 부쯔조- **불상** bulsang
- お坊(ぼう)さん 오보-상 **스님** seunim
- 仏壇(ぶつだん) 부쯔당 **불단** buldan
- **イスラム教**(きょう) 이스라무꾜- **이슬람교** iseullamgyo
- **ヒンズー教**(きょう) 힌즈꾜- **힌두교** hindugyo
- **ユダヤ教**(きょう) 유다야꾜- **유대교** yudaegyo
- 神道(しんとう) 신토- **신도** sindo(일본의 전통 민족 신앙)
- 神社(じんじゃ) 진쟈 **신사** sinsa

복습문제

1 다음 단어를 일본어 혹은 우리말로 바꾸세요.

a) 도서관 _____   백화점 _____   やっきょく _____
   こうじょう _____   ほんや _____

b) てがみ _____   まどぐち _____   택배 _____
   엽서 _____   あてさき _____

c) 외과 _____   さんふじんか _____   치과 _____
   ちゅうしゃ _____   안과 _____   いしゃ _____
   환자 _____

2 다음 그림을 단어와 연결시키세요.

    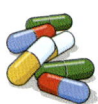 

・   ・   ・   ・   ・

軟膏   錠剤   カプセル   むしば   みずぐすり

3 다음 빈칸에 알맞은 단어를 넣으세요.

a) 기침이 나옵니다. _____が でます。

b) 감기에 걸리다 _____を ひく

c) 현기증이 납니다. _____がします。

d) 혈압을 재다 _____をはかる

e) 상처가 아프다 _____がいたい

4 다음 단어를 일본어 혹은 우리말로 바꾸세요.

a) こぎって _____   つうちょう _____
   あんしょうばんごう _____   인출 _____
   수수료 _____   잔고 _____

b) 도넛 _____   햄버거 _____   샌드위치 _____
   피자 _____   쇠고기덮밥 _____

c) パスタ _____   ステーキ _____   デザート _____
   バイキング _____   わりかん _____

d) みそしる _____   なっとう _____   おにぎり _____
   てんぷら _____   おおもり _____

e) 칵테일 _____   생맥주 _____   소주 _____
   건배 _____   취하다 _____   한턱내다 _____

f) フロント _____   かぎ _____   キャンセル _____
   モーニングコール _____   しゅくはく _____

g) 교실 _____   자 _____   강당 _____
   기숙사 _____   복도 _____

h) 반 _____ 점심시간 _____ 숙제 _____
   성적 _____ 지각 _____

i) おんがく _____ すうがく _____ せかいし _____
   けいざいがく _____ ぶつりがく _____

j) けいさつかん _____ 도둑 _____ ひがいしゃ _____
   체포 _____ しょうこ _____

5 다음 단어를 한자로 적어 보세요.

ぶっきょう(불교) _____ きょうかい(교회) _____

せいしょ(성경) _____ てんごく(천국) _____

じごく(지옥) _____

1 a) としょかん   デパート   약국   공장   서점
   b) 편지   창구   たくはいびん   はがき   수신인 주소
   c) げか   산부인과   しか   주사   がんか   의사   かんじゃ
2 알약-錠剤   물약-みずぐすり   연고-軟膏   캡슐-カプセル   충치-むしば
3 a) せき   b) かぜ   c) めまい   d) けつあつ   e) きず
4 a) 수표   통장   비밀번호   ひきだし   てすうりょう   ざんだか
   b) ドーナツ   ハンバーガー   サンドイッチ   ピザ   ぎゅうどん
   c) 파스타   스테이크   디저트   뷔페   각자부담
   d) 된장국   낫또   주먹밥   튀김   곱빼기
   e) カクテル   なまビール   しょうちゅう   かんぱい   よう   おごる
   f) 프런트   열쇠   취소   모닝콜   숙박
   g) きょうしつ   じょうぎ   こうどう   りょう   ろうか
   h) くみ   ひるやすみ   しゅくだい   せいせき   ちこく
   i) 음악   수학   세계사   경제학   물리학
   j) 경찰관   どろぼう   피해자   たいほ   증거
5 仏教   教会   聖書   天国   地獄

Theme 5

→ 交通 코−쯔− 교통 gyotong

Unit 01　乗り物　탈것
Unit 02　自転車　자전거
Unit 03　オートバイ　오토바이
Unit 04　車　자동차
Unit 05　道路　도로
Unit 06　鉄道　철도
Unit 07　港　항구
Unit 08　飛行機　비행기

Unit 01

乗り物 노리모노 **탈것** talgeot

□ **電車** 덴샤 전철 jeoncheol

□ **新幹線** 싱깐셍
신간선 singanseon (일본의 고속열차)

□ **バス** 바스(bus) 버스

□ **トラック** (truck) 토락꾸 트럭

荷物が多すぎて、トラックがないと
いけなさそうだ。
니모쯔가 오-스기떼, 토락꾸가 나이또 이께나사소-다.
짐이 너무 많아서 트럭이 있어야 할 거 같아.

□ **地下鉄** 치까떼쯔 지하철 jeoncheol

道が混むから、地下鉄に乗って行こう
미찌가 코무까라 치까떼쯔니 놋떼 이꼬-.
길이 막히니 지하철 타고 가자.

□ **オープンカー** (일 open car)
오-뿐까- 오픈카

わ！あのオープンカー、格好いい。
와! 아노 오-픈카-, 칵꼬-이-.
야! 저 오픈카 멋지다.

□ **車** 쿠루마 자동차 jadongcha

□ **バイク** (bike) 바이꾸
오토바이 otobai (=オートバイ)

□ **自転車**지뗀샤 **자전거** jajeongeo

家の前に置いた自転車が無くなった。
이에노 마에니 오이따 지뗀샤가 나꾸낫따.
집 앞에 세워둔 자전거가 없어졌다.

□ **スクーター** 스꾸―따―
(scooter) 스쿠터

このスクーターは、
兄が乗っていたものだ。
코노 스꾸―따―와 아니가 놋떼이따 모노다.
이 스쿠터는 형이 타던 것이다.

□ **飛行機** 히꼬―끼
비행기 bihaenggi

□ **ヘリコプター** 헤리꼬뿌따―
(helicopter) 헬리콥터

□ **軽飛行機** 케―히꼬―끼
경비행기 gyeongbihaenggi

□ **ヨット** (yacht) 욧또
요트

□ **フェリー** (ferry) 훼리― 연락선 yeollakseon

□ **船** 후네 배 bae

この船は、大阪行きです。
코노 후네와 오―사카 유끼데스.
이 배는 오사카로 갑니다.

□ **気球** 키뀨―
기구 gigu

自転車
じ てん しゃ

지뗀샤 **자전거** jajeongeo

❶ **ハンドル**(handle) 한도루 핸들

❷ **ブレーキレバー**(brake lever) 부레-끼레바- 브레이크레버

❸ **サドル**(saddle) 사도루 안장 anjang

❹ **フレーム**(frame) 프레-무 프레임

5 **スポーク**(spoke) 스뽀-꾸 **바퀴살** bakwisal

6 **トレッド**(tread) 토렛도 **타이어의 접지면** taieoui jeopjimyeon

7 **チェーン**(chain) 쳰- **체인**

8 **ペダル**(pedal) 페다루 **페달**

9 **ハブ**(hub) 하부 **바퀴축** bakwichuk

10 **ギア**(gears) 기아 **기어** (톱니바퀴)

11 **リム**(rim) 리무 **바퀴테** bakwite (금속부분)

관련 단어

- **バルブ**(valve) 바루부 **공기주입구** gonggijuipgu
- **シティサイクル**(シティ車) 시티사이꾸루 **일반 자전거** ilban jajeongeo (속칭 ママチャリ)
- **折(お)り畳(たた)み自転車(じてんしゃ)** 오리따따미지뗀샤
  접이식 자전거 jeobisik jajeongeo
- **マウンテン・バイク**(mountain bike) 마운뗀바이꾸
  산악용자전거 sanagyong jajeongeo (=MTB)
- **自転車専用道路(じてんしゃせんようどうろ)** 지뗀샤센요-도-로
  자전거전용도로 jajeongeojeonnyongdoro

会話 かいわ

A : 私(わたし)の自転車(じてんしゃ)のタイヤがパンクしたみたいよ。すぐ空気(くうき)が抜(ぬ)ける。
와따시노 지뗀샤노 타이야가 팡꾸시따 미따이요. 스구 쿠-끼가 누케루.
내 자전거 타이어가 펑크 났나 봐. 금세 공기가 빠지네.

B : じゃあ、修理店(しゅうりてん)に行(い)かなきゃ。
쟈-, 슈-리뗀니 이까나꺄.
그럼, 수리점에 가 봐야겠다.

Unit 03

オートバイ 오-토바이 **오토바이** otobai

* バイクラゴも 함

❶ **ハンドル**(handle) 한도루 **핸들**

❷ **バックミラー**(일 back mirror) 박꾸미라- **백미러**

❸ **燃料タンク**(tank) 넨료-땅꾸 **연료탱크** yeollyo taengkeu

❹ **シート**(seat) 시-또 **시트**

❺ **ヘッドライト**(headlight) 헷도라이또 **헤드라이트**

❻ **テールライト**(taillight) 테-루라이또 **미등** mideung

❼ **マフラー**(muffler) 마후라- **배기구** baegigu

❽ **フットレスト**(footrest) 훗또레스또 **스텝** seutep

❾ **エンジン**(engine) 엔징 **엔진**

❿ **タイヤ**(tire) 타이야 **타이어**

⓫ **ブレーキ**(brake) 브레-끼 **브레이크**

⓬ **フェンダー**(fender) 훼다- **흙받이** heukbatgi [=泥除 どろよけ]

⓭ **キャリア**(carrier) 캬리아 **짐받이** jimbaji

⓮ **サスペンション**(suspension) 사스뻰숑 **완충장치** wanchungjangchi

관련 단어

□ **ヘルメット**(helmet) 헤루멧또 **헬멧**

□ **制御装置**(せいぎょそうち) 세-교소-찌 **제어장치** jeeojangchi

A: おお、格好いい。このバイク、新しいもの?
오-, 칵꼬-이-. 코노 바이쿠, 아따라시- 모노?
야, 멋지다. 이 오토바이 새 거야?

B: うん。昨日買ったばかりなんだ。
응. 키노- 캇따 바까리 난다.
응. 바로 어제 샀어.

A: 僕も乗ってみていいかな?
보꾸모 놋떼미떼 이-까나?
나 한번 타 봐도 될까?

車 쿠루마 **자동차** jadongcha

① **ヘッドライト**(headlight) 헷도라이또 헤드라이트

② **ウインカー**(winker) 우잉카- 방향등 banghyangdeung

③ **タイヤ**(tire) 타이야 타이어

④ **テールライト**(taillight) 테-루라이또 미등 mideung

⑤ **サイドミラー**(일 side mirror) 사이도미라- 사이드미러

⑥ **ボンネット**(bonnet) 본넷또 보닛

⑦ **フロントガラス**(일 front glass) 후론또가라스 앞 유리 ap pyuri

⑧ **ワイパー**(wiper) 와이빠- 와이퍼

⑨ **ナンバープレート**(number plate) 남바-뿌레-또 번호판 beonhopan

⑩ **トランク**(trunk) 토랑꾸 트렁크

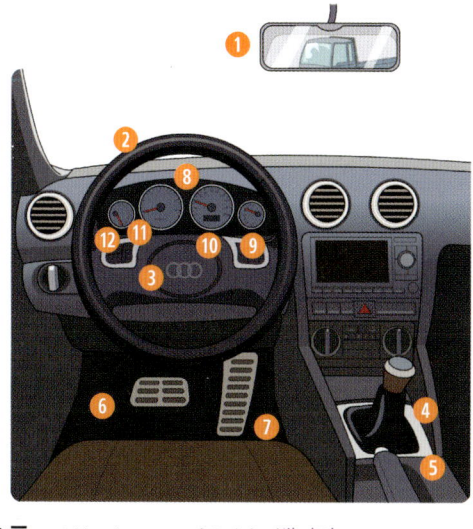

① **バックミラー**(일 back mirror) 박꾸미라- **백미러**

② **ハンドル**(일 handle) 한도루 **핸들, 운전대** unjeondae

③ **クラクション**(Klaxon) 쿠라꾸숑 **경적** gyeongjeok, **클랙슨**

④ **ギア**(gear) 기아 **기어**

⑤ **サイドブレーキ**(일 side brake) 사이도부레-끼 **사이드브레이크**

⑥ **ブレーキ**(brake) 부레-끼 **브레이크**

⑦ **アクセル**(accelerator) 아꾸세루 **가속페달** gasokpedal

⑧ **ダッシュボード**(dashboard) 닷슈보-도 **계기판** gyegipan

⑨ **燃料計**(ねんりょうけい) 넨료-께- **연료 표시등** yeollyo pyosideung

⑩ **スピードメーター**(speedometer) 스피-도메-따-
속도계 sokdogye [=**速度計**(そくどけい)]

⑪ **タコメーター**(tachometer) 타꼬메-따-
(자동차 엔진의) 회전 속도계 (jadongcha enjinui) hoejeon sokdogye

⑫ **オドメーター**(odometer) 오도메-따- **주행 기록계** juhaeng girokgye

Unit 04 車 ▶▶▶

관련 단어

- エアバッグ(air bag) 에아밧구 **에어백** anjeonbelteu
- シートベルト(seat belt) 시-또베루또 **안전벨트** anjeonbelteu
- ハザードランプ(일 hazard lamp) 하자-도람뿌 **비상등** bisangdeung
- 後部座席(こうぶざせき) 코-부자세끼 **뒷자리** dwitjari
- ドアロック(doorlock) 도아록꾸 **문잠금 장치** munjamgeum jangchi
- クラッチ(clutch) 쿠랏찌 **클러치**
- カーナビ(일 car navigation) 카-나비 **카 네비게이션** [カーナビゲーション의 준말]
- カーオーディオ(일 car audio) 카-오-디오 **카 오디오**
- バッテリー(battery) 밧떼리- **배터리**
- エンジン(engine) 엔징 **엔진**
- ラジエーター(radiator) 라지에-타- **냉각장치** naenggakjangchi
- エアフィルター(air filter) 에아휘루타- **공기필터**
- ファンベルト(fan belt) 황베루또 **팬벨트**
- スペアタイヤ(spare tire) 스뻬아따이야 **예비** yebi **타이어**
- 故障(こしょう) 코쇼- **고장** gojang
- パンク(puncture) 팡꾸 **펑크**
- オーバーヒート(overheat) 오-바-히-또 **엔진 과열** gwayeol
- 牽引(けんいん) 켕잉 **견인** gyeonin
- 駐車違反(ちゅうしゃいはん) 쥬-샤이항 **주차위반** juchawiban
- ガソリンスタンド(일 gasoline stand) 가소린스딴도 **주유소** juyuso
- エンジンオイル(engine oil) 엔징오이루 **엔진오일**
- ガソリン(gasoline) 가소링 **휘발유** hwibaryu
- 軽油(けいゆ) 케-유 **경유** gyeongyu
- 洗車(せんしゃ) 센샤 **세차** secya

会話 かいわ

A: 車の点検をお願いします。
쿠루마노 텡껭오 오네가이시마스.
차 좀 점검해 주세요.

B: どんな問題がございましたか？
돈나 몬다이가 고자이마시따까.
어떤 문제가 있었나요?

A: ギアの変速がうまく行かないんです。また、エンジンから変な音もするような気がします。
기아노 헨소꾸가 우마꾸 이까나인데스. 마따, 엔징까라 헨나 오또모 스루요-나 키가 시마스.
기어 변속이 잘 안 되네요. 또 엔진에서 이상한 소리가 나는거 같고요.

A: この近くに自動車修理センターがあったはずなのに。
코노 치까꾸니 지도-샤 슈-리 센타-가 앗따 하즈나노니.
이 근처에 자동차 수리 센터가 있었는데.

B: どうしましたか？
도-시마시따까.
왜 그러시죠?

A: エンジンオイルを交換したいんだ。
엔징오이루오 코-깡 시따인다.
엔진 오일을 좀 교환하려고.

Unit 05

道路 도-로 **도로** dolo

1. **1車線目** 이찌샤셍메 **1차선** ilchaseon
2. **2車線目** 니샤셍메 **2차선** ichaseon
3. **3車線目** 산샤셍메 **3차선** samchaseon
4. **路肩** 로까타 **갓길** gatgil

□ **ガードレール** (guardrail) 가-도레-루
가드레일

□ **料金所** 료-낀죠
도로요금징수소 doroyogeumjingsuso
(=トールゲート)

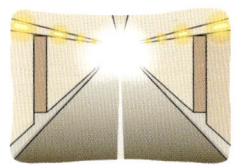

□ **地下道** 치까도- **지하도** jihado

□ **高架道路** 코-까도-로
고가도로 gogadoro

□ **一方通行** いっぽうつうこう 입빠-쯔-꼬-
일방통행로 ilbangtonghaengno

□ **オフロード** (off-road)
오후로-도 비포장도로 bipojangdoro

□ **路地** ろじ 로지 골목 golmok
この路地に入ったらすぐ私の家がある。
코노 로지니 하잇따라 스구 와따시노 이에가 아루.
이 골목으로 들어가면 바로 우리 집이야.

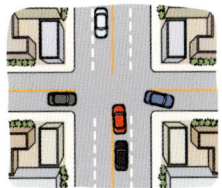
□ **交差点** こうさてん 코-사뗑
로터리 roteori

□ **横断歩道** おうだんほどう 오-당호도-
횡단보도 hoengdanbodo

□ **歩道** ほどう 호도-
인도, 보도 Indo, bodo

Unit 05 道路 ▶▶▶

□ **バス停** バスぺー
버스정류소 beoseujeongnyuso
2時にバス停で会おうね。
니시니 바스뻬―데 아오―네.
우리 두 시에 버스 정류소에서 만나요

□ **駐車場** 츄―샤죠―
주차장 juchajang
駐車場が満車になって入られなかった。
츄―샤죠―가 만샤니 낫떼 하이라레나깟따.
주차장이 꽉 차서, 들어갈 수 없었다.

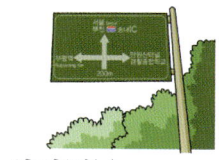

□ **交通標識** 코―쯔―효―시끼
교통표지판 gyotongpyojipan

□ **信号機** 싱고―끼
신호등 sinhodeung
ちょっと待って。信号機が青信号になってから渡りなさい。
춋또 맛떼. 싱고―끼가 아오싱고―니 낫떼까라 와따리나사이.
좀 기다려. 신호등이 켜지면 건너야지.

□ **街路灯** 가이로또―
가로등 garodeung
街路灯が故障して周りが暗い。
가이로또―가 고쇼―시떼 마와리가 쿠라이.
가로등이 고장나서 주변이 어둡다.

관련 단어

- **バイパス道路**(どうろ) 바이빠스도-로 **우회도로** uhoedoro
- **中央分離帯**(ちゅうおう ぶんりたい) 츄-오-분리따이 **중앙분리대** jungangbullidae
- **進入禁止**(しんにゅうきんし) 신뉴-킨시 **진입금지** jinipgeumji
- **止**(と)**まれ** 토마레 **정지** jeongji
- **徐行**(じょこう) 죠꼬- **서행** seohaeng
- **左折**(させつ) 사세쯔 **좌회전** jwahoejeon
- **右折**(うせつ) 우세쯔 **우회전** uhoejeon
- **車道**(しゃどう) 샤도- **차도** chado
- **歩道橋**(ほどうきょう) 호도-쿄- **육교** yukgyo
- **制限速度**(せいげんそくど) 세-겐소꾸도 **제한속도** jehansokdo
- **危険**(きけん) 키껭 **위험** wiheom
- **方向**(ほうこう) 호-꼬 **방향** banghyang
- **渡**(わた)**る** 와따루 **건너다** geonneoda
- **渋滞**(じゅうたい) 쥬-따이 **교통체증** gyotongchejeung

会話 かいわ

A: そろそろ繁華街が出てくると思うけど…。
소로소로 항까가이가 데떼 쿠루또 오모우께도.
이쯤에서 번화가가 나올 것 같은데.

B: あそこに道路 標識がある。信号機を過ぎて次の大通りで右折しよう。
아소꼬니 도-로쿄-시끼가 아루. 싱고-끼오 스기떼 쯔기노 오-도-리데 우세쯔 시요-.
저기 도로 표지가 있어. 신호등 지나 다음 큰길에서 우회전하면 되겠다.

鉄道 테쯔도- 철도 cheoldo

□ **客車** 캬꾸샤
객차 gaekcha

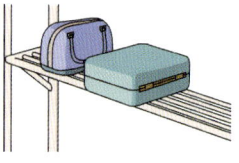

□ **網棚** 아미다나
수하물 선반 suhamul seonban

□ **座席** 자세끼 좌석 jwaseok

できれば、窓際の座席でお願いします。
데끼레바, 마도기와노 자세끼데 오네가이시마스.
가능하면 창가 쪽 좌석으로 주세요.

□ **寝台車** 신다이샤
침대차 chimdaecha

□ **駅** 에끼 역 yeok

駅は大勢の人々で賑わっていた。
에끼와 오-제-노 히또비또데 니기왓떼이따.
역은 많은 사람들로 북적대고 있었다.

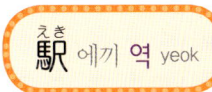
駅 에끼 역 yeok

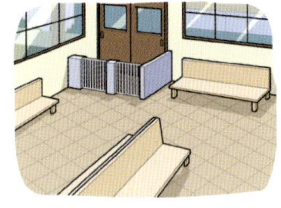
□ **待合室** 마찌아이시쯔
대합실 daehapsil

待合室でおばあさん一人が居眠りをしている。
마찌아이시쯔데 오바-상 히또리가 이네무리오 시떼이루.
대합실에서 할머니 한 분이 졸고 계신다.

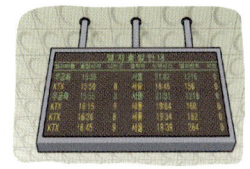
□ **時刻表** 지꼬꾸효-
시간표 siganpyo

□ **路線図** 로센즈
노선도 noseondo

□ **自動券売機** 지도-껨바이끼
승차권판매기 seungchagwon panmaegi

□ **案内所** 안나이죠 안내소 annaeso

□ **入口** 이리구찌
입구 ipgu

□ **駅員** 에끼잉
검표원 geompyowon

Unit 06 鉄道 ▶▶▶

관련 단어

- **食堂車**(しょくどうしゃ) 쇼꾸도-샤 **식당차** sikdangcha
- **列車**(れっしゃ) 렛샤 **열차** yeolcha
- **汽車**(きしゃ) 키샤 **기차** gicha
- **特急**(とっきゅう) 톡뀨- **특급** teukgeup
- **快速**(かいそく) 카이소꾸 **쾌속** kwaesok
- **急行**(きゅうこう) 큐-꼬- **급행** geupaeng
- **各駅停車**(かくえきていしゃ) 카꾸에끼떼-샤 **완행** wanhaeng
- **路線**(ろせん) 로셍 **노선** noseon
- **線路**(せんろ) 센로 **선로** seonno
- **ホーム** 호-무 **승강장** seunggangjang [=プラットフォーム(platform)]
- **改札口**(かいさつぐち) 카이사쯔구찌 **개찰구** gaechalgu
- **きっぷ売**(う)**り場**(ば) 킵뿌우리바 **표 파는 곳** pyo paneun got
- **片道**(かたみち) 카따미찌 **편도** pyeondo
- **往復**(おうふく) 오-후꾸 **왕복** wangbok
- **乗車券**(じょうしゃけん) 죠-샤껭 **승차권** seungchagwon
- **定期券**(ていきけん) 테-끼껭 **정기권** jeonggigwon
- **交通費**(こうつうひ) 코-쯔-히 **교통비** gyotongbi
- **精算**(せいさん) 세-상 **정산** jeongsan
- **空席**(くうせき) 쿠-세끼 **빈 자리** bin jari
- **優先席**(ゆうせんせき) 유-센세끼 **노약자석** noyakjaseok
- **指定席**(していせき) 시떼-세끼 **지정석** jijeongseok
- **自由席**(じゆうせき) 지유-세끼 **자유석** jayuseok

- **遺失物**(いしつぶつ)**センター**(center) 이시쯔부쯔센따-
  유실물 센터 yusilmul senteo
- **お手洗**(てあら)**い** 오떼아라이 화장실 hwajangsil (=トイレ)
- **出口**(でぐち) 데구찌 출구 chulgu
- **終点**(しゅうてん) 슈-뗑 종점 jongjeom
- **満員電車**(まんいんでんしゃ) 망잉덴샤 만원전철 manwonjeoncheol
- **初電**(しょでん) 쇼뎅 첫차 cheotcha
- **終電**(しゅうでん) 슈-뎅 막차 makcha

A: 列車の時刻表を確認しよう。
햇샤노 지꼬꾸효-오 카꾸닝 시요-.
우리 기차 시간표 좀 보자.

B: 私が緑の窓口で聞いてみるよ。
와따시가 미도리노 마도구찌데 끼-떼미루요.
그냥 내가 안내소에 가서 물어볼게.

Unit 07

港 みなと 미나토 항구 hanggu

1. **いかり** 이까리 닻 dat
2. **レーダー**(radar) 레-다- 레이더
3. **船首** せんしゅ 셴슈 뱃머리 baenmeori
4. **甲板** かんぱん 깜빵 갑판 gappan
5. **船室** せんしつ 셴시쯔 선실 seonsil
6. **船体** せんたい 셴따이 선체 seonche
7. **船尾** せんび 셴비 고물, 선미 gomul, seonmi
8. **後甲板** こうかんぱん 코-깜빵 뒷갑판 dwitgappan

❾ **客船** きゃくせん 캬꾸셍 여객선 yeogaekseon [=旅客船]
❿ **埠頭** ふとう 후또 부두 budu
⓫ **灯台** とうだい 토ー다이 등대 deungdae
⓬ **防波堤** ぼうはてい 보ー하떼ー 방파제 bangpaje
⓭ **貨物** かもつ 카모쯔 화물 hwamul
⓮ **海** うみ 우미 바다 bada

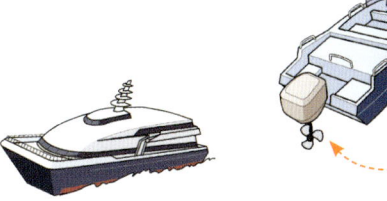

□ **ボート** 보ー또 (boat) 보트
□ **プロペラ** 푸로뻬라 (propeller) 프로펠러
□ **船** ふね 후네 배 bae

□ **救命ボート** きゅうめいボート 큐ー메ー보ー또 구명보트 gumyeongboteu
□ **櫓** ろ 노 no

관련 단어

□ **機関室** (きかんしつ) 키깐시쯔 기관실 gigwansil
□ **舵** (かじ) 카지 키 ki
□ **遊覧船** (ゆうらんせん) 유ー란셍 유람선 yuramseon
□ **漁船** (ぎょせん) 교셍 어선 eoseon
□ **貨物船** (かもつせん) 카모쯔셍 화물선 hwamulseon
□ **沿岸警備隊** (えんがんけいびたい) 엥강께ー비따이 해안경비대 haeangyeongbidae

Unit 08

飛行機 히꼬-끼 비행기 bihaenggi

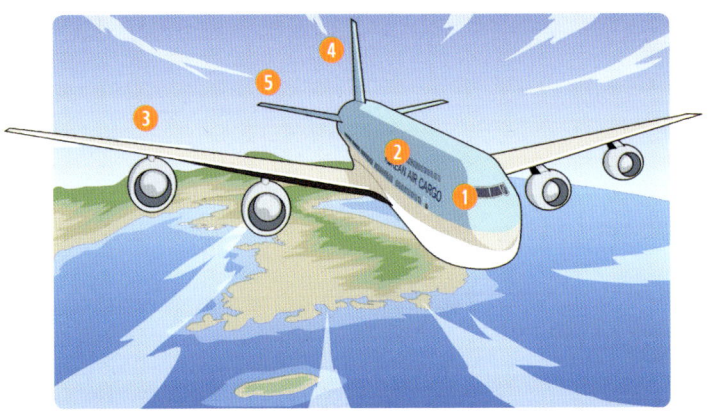

1. **操縦席** 소-쥬-세끼 조종실 jojongsil (=コックピット)
2. **客室** 캬꾸시쯔 객실 gaeksil (=キャビン)
3. **翼** 츠바사 날개 nalgae
4. **尾翼** 비요꾸 꼬리날개 kkorinalgae
5. **水平尾翼** 스이헤-비요꾸 수평꼬리날개 supyeongkkorinalgae

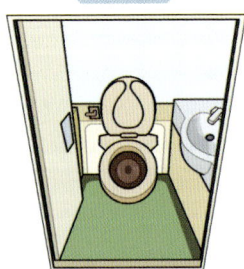

- □ **トイレ** 토이레 (toilet) 화장실 hwajangsil
- □ **使用中** 시요-쮸- [OCCUPIED] 사용 중 sayong jung

관련 단어

- **非常口**(ひじょうぐち) 히죠―구찌 비상구 bisanggu
- **離陸**(りりく) 리리꾸 이륙 iryuk
- **着陸**(ちゃくりく) 챠꾸리꾸 착륙 changnyuk
- **高度**(こうど) 코―도 고도 godo
- **時差**(じさ) 지사 시차 sicha
- **通路**(つうろ) 츠―로 통로 tongno
- **ファーストクラス**(first class) 화―스또꾸라스 퍼스트 클래스 (일등석)
- **ビジネスクラス**(business class) 비지네스꾸라스 비즈니스 클래스 (고급석)
- **エコノミークラス**(economy class) 에꼬노미―꾸라스 이코노미 클래스 (일반석)
- **毛布**(もうふ) 모―후 모포 mopo
- **救命胴衣**(きゅうめいどうい) 큐―메―도―이 구명조끼 gumyeongjokki
- **機内食**(きないしょく) 키나이쇼꾸 기내식 ginaesik

会話 かいわ

A: いよいよ飛行機が離陸する。今回の旅行は、本当にわくわくする。
이요이요 히꼬―끼가 리리꾸스루. 콩까이노 료코―와 혼또―니 와꾸와꾸스루.
드디어 비행기가 이륙해. 이 여행은 정말 기대된다.

B: 私も同感。でも、こんな狭いエコノミー席で12時間も座っていないといけないなんて…。
와따시모 도―깡. 데모, 콘나 세마이 에코노미―세끼데 쥬―니지깜모 스왓떼 이나이또 이케나이난떼.
나도 그래. 하지만 이 좁은 일반석에서 열두 시간이나 앉아 있어야 한다니….

Unit 08 飛行機 ▶▶▶

空港 쿠-꼬- 공항 gonghang

□ 旅客機 료까꾸끼 여객기 yogaecki

□ 搭乗券 토-죠-껭
탑승권 tapseunggwon

□ パスポート 파스뽀-또 (passport)
여권 yeogwon

パスポートと搭乗券はちゃんと持ってるでしょう？
파스포-또또 토-죠-껭와 챤또 못떼루데쇼-?
너 여권이랑 탑승권 잘 챙겼지?

□ 空港カウンター 쿠-꼬- 카운따-
(counter) 공항카운터 gonghang kaunteo

□ カート 카-또 (cart)
손수레, 카트 sonsure, kateu

□ 搭乗口 토-죠-구찌
탑승구 tapseunggu

□ 搭乗待合室 토-죠-마찌아이시쯔
탑승대기실 tapseungdaegisil

□ 滑走路 캇소-로
활주로 hwaljuro

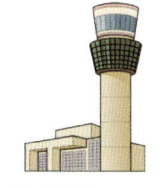
□ 管制塔 칸세-또-
관제탑 gwanjetap

□ 手荷物引き渡しコンベヤー
테니모쯔 히끼와따시 콤베야- (conveyer)
원형 컨베이어 wonhyeong conveyer

관련 단어

□ 出発(しゅっぱつ) 슙빠쯔 출발 chulbal

□ 到着(とうちゃく) 토-쨔꾸 도착 dochak

□ ターミナルビル(일 terminal building) 타-미나루비루
공항건물 gonghang geonmul

□ 案内(あんない) 안나이 안내 annae

□ 手荷物(てにもつ) 테니모쯔 수하물 suhamul

□ 検査(けんさ) 켄사 검사 geomsa

□ 保安(ほあん) 호앙 보안 boan

Unit 08 飛行機 ▶▶▶

- □ **検疫**(けんえき) 켕에끼 검역 geomnyeok
- □ **金属探知機**(きんぞくたんちき) 킨조꾸딴찌끼 금속 탐지기 geumsok tamjigi
- □ **出入国審査**(しゅつにゅうこくしんさ) 슈쯔뉴ー코꾸신사 출입국심사 churipguksimsa
- □ **国内線**(こくないせん) 코꾸나이셍 국내선 gungnaeseon
- □ **国際線**(こくさいせん) 코꾸사이셍 국제선 gukjeseon
- □ **免税店**(めんぜいてん) 멘제ー뗑 면세점 myeonsejeom
- □ **ビザ**(visa) 비자 사증 sajeung
- □ **便名**(びんめい) 빔메ー 항공편명 hanggongpyeonmyeong
- □ **出入国**(しゅつにゅうこく)**カード**(card) 슈쯔뉴ー코꾸 카ー도
  출입국카드 churipgukkadeu
- □ **手荷物取**(てにもつと)**り扱**(あつか)**い所**(しょ) 테니모쯔 토리아쯔까이쇼
  수화물 취급소 suhwamul chwigeupso
- □ **税関申告**(ぜいかんしんこく) 제ー깐신꼬꾸 세관신고 segwansingo
- □ **キャンセル**(cancel)**待**(ま)**ち** 캰세루마찌 취소대기 chwiso daegi
- □ **目的地**(もくてきち) 모꾸떼끼찌 목적지 mokjeokji

会話かいわ

A: すみませんが、私の座席が見つかりません。
스이마셍가, 와따시노 자세끼가 미쯔까리마셍.
실례지만 제 좌석을 찾을 수가 없네요.

B: 搭乗券を確認させてください。
토ー죠ー껭오 카꾸닌 사세떼 쿠다사이.
탑승권을 보여주시겠습니까?

通路側の六つ目の座席です。
쯔ー로가와노 뭇쯔메노 자세끼데스.
통로 쪽 여섯 번째 좌석입니다.

복습문제

1 다음 그림을 단어와 연결시키세요.

・　　　　　・　　　　　・　　　　　・　　　　　・

・　　　　　・　　　　　・　　　　　・　　　　　・

ひこうき　　ふね　　でんしゃ　　じてんしゃ　　バイク

2 다음 단어를 일본어 혹은 우리말로 바꾸세요.

a) ハンドル _____　체인 _____　ブレーキ _____
　헬멧 _____　バックミラー _____

b) 방향등 _____　ボンネット _____　안전벨트 _____
　고장 _____　ガソリンスタンド _____

c) ちゅうしゃじょう _____　　　　　とまれ _____
　좌회전 _____　육교 _____　きりん _____

d) 객차 _____　まちあいしつ _____　노선도 _____
　역 _____　あんないじょ _____　いりぐち _____

e) 항구 _____　とうだい _____　갑판 _____
　ゆうらんせん _____　　　　　키 _____

3 다음 빈칸에 맞는 단어를 넣으세요.

a) 비상구는 어디입니까?　_____は　どこですか。

b) 모포를 주십시오.　_____を　ください。

c) 통로 쪽 좌석을 주세요.　_____側の席をください。

d) 여권을 보여 주세요.　_____を　みせて　ください。

e) 목적지까지 몇 시간 걸립니까?　_____まで　何時間　かかりますか。

f) 국제선은 어느 쪽입니까?　_____は　どちらですか。

4 다음 단어를 한자로 적어 보세요.

せんしゃ(세차) _____　　　おうだんほどう(횡단보도) _____

ちかみち(지름길) _____　　　きゅうこう(급행) _____

ゆうらんせん(유람선) _____　　きゅうめいどうい(구명조끼) _____

정답

1 전철-でんしゃ　자전거-じてんしゃ　배-ふね　오토바이-バイク　비행기-ひこうき

2 a) 핸들　チェーン　브레이크　ヘルメット　백미러
　b) ウインカー　본네트　シートベルト　こしょう　주유소
　c) 주차장　정지　させつ　ほどうきょう　위험
　d) きゃくしゃ　대합실　ろせんず　えき　안내소　입구
　e) みなと　등대　かんばん　유람선　かじ

3 a) ひじょうぐち　b) もうふ　c) つうろ　d) パスポート　e) もくてきち　f) こくさいせん

4 洗車　横断歩道　近道　急行　遊覧船　救命胴衣

Theme 6
→ 仕事 시고또 업무 eommu

Unit 01 職業 직업
Unit 02 職位 직위
Unit 03 勤務 근무
Unit 04 事務室 사무실
Unit 05 コンピューター 컴퓨터
Unit 06 インターネット 인터넷
Unit 07 人間関係 인간관계

職業 쇼꾸교― **직업** jigeop

□ **客室乗務員** 캬꾸시쯔죠―무잉

객실 승무원 gaeksil seungmuwon

□ **警察官** 케―사쯔깡

경찰관 gyeongchalgwan

□ **運動選手** 운도―센슈

운동선수 undongseonsu

□ **医者** 이샤 **의사** uisa

□ **パティシエ** (프 pâtissier)

파띠시에 **제빵사** jeppangsa

□ **歌手** 카슈 **가수** gasu

あの歌手の歌は、本当に楽しい。
아노 카슈노 우따와 혼또―니 타노시―.
저 가수의 노래는 정말 신나.

□ **料理人** 료―리닝

요리사 yorisa

料理人は家でもよく料理をするでしょうか？
료―리닝와 이에데모 요꾸 료―리오 스루데쇼―까.
요리사들은 집에서도 요리를 잘 할까요?

□ **教師** 쿄-시 교사 gyosa

□ **弁護士** 벵고시 변호사 byeonhosa
その弁護士は財産が非常に多いらしいよ。
소노 벵고시와 자이상가 히죠-니 오-이라시-요.
그 변호사는 재산이 무척 많대.

□ **教授** 쿄-쥬 교수 gyosu
哲学の教授の講義は、本当に退屈だった。
테쯔가꾸노 쿄-쥬노 코-기와 혼또-니 타이꾸쯔닷따.
철학교수의 강의는 정말 지루했다.

□ **タクシー運転士** (taxiうんてんしゃ)
타꾸시-운뗀샤
택시 운전사 unjeonsa

□ **芸能人** 게-노-징
연예인 yeonyein
芸能人のプライベートをどうしてそんなに知りたがるのでしょうか？
게-노-징노 프라이베-토오 도-시떼 손나니 시리따가루노 데쇼-까.
연예인의 사생활이 왜 그렇게 궁금할까요?

□ **軍人** 군징
군인 gunin

□ **タレント** (talent) 타렌또
탤런트
あのタレントが映ると、兄はとても喜ぶ。
아노 타렌토가 우쯔루또 아니와 토떼모 요로코부.
저 탤런트만 나오면 우리 오빠는 너무 좋아해.

Unit 01 職業 ▶▶▶

□ **大工** 다이꾸
목수 moksu

□ **ガーデナー** (gardener) 가-데나-
원예사 wonyesa

□ **農夫** 노-후
농부 nongbu
私の父は農夫だ。
와따시노 찌찌와 노-후다.
우리 아버지는 농부야.

□ **俳優** 하이유-
배우 baeu

□ **映画監督** 에-가칸또꾸
영화 감독 yeonghwa gamdok

□ **通訳家** 쯔우야꾸까
통역가 tongyeokga
通訳家は若くてきれいな女性だった。
쯔우야꾸까와 와카쿠테 키레이나 죠세-닷따.
통역가는 젊고 예쁜 여자였다.

□ **郵便配達員**(ゆうびんはいたついん) 유-빙하이따쯔잉
집배원 jipbaewon

□ **サラリーマン** (일 salary man)
사라리-망 월급쟁이 wolgeupjaengi

관련 단어

□ **音楽家**(おんがくか) 옹가꾸까 음악가 eumakga

□ **主婦**(しゅふ) 슈후 주부 jubu

□ **会社員**(かいしゃいん) 카이샤잉 회사원 hoesawon

□ **公務員**(こうむいん) 코-무잉 공무원 gongmuwon

□ **会計士**(かいけいし) 카이께-시 회계사 hoegyesa

□ **銀行員**(ぎんこういん) 깅꼬-잉 은행원 eunhaengwon

□ **デザイナー**(designer) 데사이나- 디자이너

□ **プログラマー**(programmer) 프로구라마- 프로그래머

□ **小説家**(しょうせつか) 쇼-세쯔까 소설가 soseolga

A: 失礼ですが、お仕事は何ですか?
시쯔레이데스가, 오시고또와 난데스까.
실례지만 어떤 일을 하세요?

B: 私は料理人です。
와따시와 료-리닌데스.
전 요리삽니다.

A: あ、そうですか?どんな料理をお作りになりますか?
아, 소-데스까? 돈나 료-리오 오쯔꾸리니 나리마스까?
아, 그러세요? 어떤 음식을 주로 만드세요?

B: イタリアン料理が専門です。
이타리안 료-리가 셈몬데스.
이태리 요리가 전문입니다.

職位 쇼꾸이 **직위** jigwi

□ **会長** 카이쬬-
회장 hoejang

□ **秘書** 히쇼
비서 biseo

□ **面接官** 멘세쯔깡
면접관 myeonjeopgwan
私は面接官の質問に落ち着いて答えた。
와따시와 멘세쯔깐노 시쯔몬니 오찌쯔이떼 코따에따.
나는 면접관의 질문에 침착하게 대답했다.

□ **同僚** 도-료-
동료 dongnyo
今日、会社の同僚と会食がある。
쿄-, 카이샤노 도-료-또 카이쇼꾸가 아루.
오늘 직장 동료들과 회식이 있다.

□ **上司** 죠-시 **상사** sangsa
□ **部下** 부까 **부하** buha

관련 단어

- **社長**(しゃちょう) 샤쬬- 사장, 대표 sajang, daepyo
- **重役**(じゅうやく) 쥬-야꾸 중역 jungyeok
- **取締役**(とりしまりやく) 토리시마리야꾸 이사 isa
- **専務**(せんむ) 셈무 전무 jeonmu
- **常務**(じょうむ) 죠-무 상무 sangmu
- **部長**(ぶちょう) 부쬬- 부장 bujang
- **課長**(かちょう) 카쬬- 과장 gwajang
- **主任**(しゅにん) 슈닝 주임 juim
- **平社員**(ひらしゃいん) 히라샤잉 평사원 pyeongsawon
- **新入社員**(しんにゅうしゃいん) 신뉴-샤잉 신입사원 sinipsawon
- **顧問**(こもん) 코몽 고문 gomun
- **本社**(ほんしゃ) 혼샤 본사 bonsa
- **支社**(ししゃ) 시샤 지사 jisa

A: もしもし、ここは本社の秘書室です。イ専務はいらっしゃいますか?
모시모시, 코꼬와 혼샤노 히쇼시쯔데스. 리 셈무와 이랏샤이마스까.
여보세요. 여기는 본사 비서실입니다. 이 전무님 계십니까?

B: あいにくですが、今会議中です。
아이니꾸데스가, 이마 카이기쮸-데스.
죄송하지만 지금 회의 중이십니다.

A: それでは、会長がお呼びですと、お伝えください。
소레데와, 카이쬬-가 오요비데스또 오쯔따에 쿠다사이.
그러면, 회장님이 찾으신다고 전해 주세요.

B: はい、かしこまりました。
하이, 카시꼬마리마시따.
예, 알겠습니다.

Unit 03

勤務 킴무 근무 geunmu

□ 昇進 쇼-신 승진 seungjin

□ 辞職 지쇼꾸 사직 sajik

□ 出張 슛쬬- 출장 chuljang
彼はベトナムへ出張する。
카레와 베토나무에 슛쬬-스루.
그는 베트남으로 출장을 간다.

□ 会議 카이기 회의 hoeui
会議のために昼ごはんも食べられなかった。
카이기노 타메니 히루고항모 타베라레나캇따.
회의 때문에 점심도 못 먹었다.

□ 休暇 큐-까 휴가 hyuga
忙しくて休暇の計画も立てられない。
이소가시꾸떼 큐-까노 케-까꾸모 타테라레나이.
바빠서 휴가 계획을 잡을 수 없다.

□ 年金 넹낑 연금 yeongeum
父は退職後、年金を受け取っている。
치찌와 타이쇼꾸고, 넹낑오 우케톳떼이루.
아버지는 퇴직 후 연금을 받으신다.

관련 단어

- 面接(めんせつ) 멘세쯔 **면접** myeonjeop
- 履歴書(りれきしょ) 리레끼쇼 **이력서** iryeokseo
- 採用(さいよう) 사이요- **채용** chaeyong
- 出勤(しゅっきん) 슉낀 **출근** chulgeun
- 退社(たいしゃ) 타이샤 **퇴근** toegeun (우리말의 퇴사와는 다른 의미)
- 勤務(きんむ) 킴무 **근무** geunmu
- 遅刻(ちこく) 치꼬꾸 **지각** jigak
- 早退(そうたい) 소-따이 **조퇴** jotoe
- 欠勤(けっきん) 켁낀 **결근** gyeolgeun
- 病欠(びょうけつ) 뵤-케쯔 **병결** byeonggyeol
- 勤務時間(きんむじかん) 킴무지깐 **근무시간** geunmusigan
- 残業(ざんぎょう) 장교- **잔업** janeop
- 手当(てあて) 테아떼 **수당** sudang
- 月給(げっきゅう) 겍뀨- **월급** wolgeup
- 給料日(きゅうりょうび) 큐-료-비 **월급날** wolgeumnal
- 年収(ねんしゅう) 넨슈- **연수입** yeonsuip
- ボーナス(bonus) 보-나스 **보너스** boneoseu
- 年俸制(ねんぽうせい) 넴뽀-세- **연봉제** yeonbongje
- 正社員(せいしゃいん) 세-샤잉 **정사원** jeongsawon
- 契約社員(けいやくしゃいん) 케-야꾸샤잉 **계약사원** gyeyaksawon
- 派遣社員(はけんしゃいん) 하켄샤잉 **파견직** pagyeonjik
- アルバイト(독 albeit) 아루바이또 **아르바이트** (줄여서 バイト라고도 함)
- パート(part-timer) 파-또 **파트타이머**

Unit 03 勤務

- **フリーランサー**(freelancer) 후리-란사- 프리랜서, 자유직 종사자 jayujik jongsaja
- **無職**(むしょく) 무쇼꾸 무직 mujik
- **プータロー** 푸-따로- 백수 baeksu
- **フリーター**(free+Arbeiter) 후리-따- 프리터 peuriteo
- **ニート** 니-또 니트족 niteujok (NEET: Not in Employment, Education or Training 니트족: 학생도 직장인도 아니고 직업 훈련이나 구직 활동도 하지 않는 사람)
- **リストラ**(restructuring) 리스또라 구조조정 gujojojeong
- **失職**(しっしょく) 싯쇼꾸 실직 siljik
- **退職金**(たいしょくきん) 타이쇼꾸낑 퇴직금 toejikgeum
- **共働**(ともばたら)**き** 토모바따라끼 맞벌이 matbeori (=ともかせぎ)
- **内定**(ないてい)**を もらう** 나이테-오 모라우 내정을 받다 naejeongeul batda
- **就職**(しゅうしょく)**する** 슈-쇼꾸스루 취직하다 chwijikhada
- **辞表**(じひょう)**を 出**(だ)**す** 지효-오 다스 사표를 내다 sapyoreul laeda
- **くびに なる** 쿠비니 나루 해고되다 haegodoeda

Unit 04

事務室 지무시쯔 **사무실** samusil

□ **デスク** 데스꾸 책상 chaeksang
机はどこの製品がいいですか？
쯔꾸에와 도꼬노 세-힝가 이-데스까?
책상은 어떤 제품이 좋습니까?

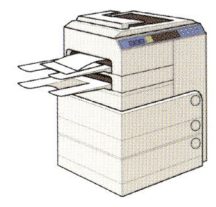

□ **コピー機** (copy き) 코피-끼
복사기 boksagi

□ **ファックス** (fax) 확꾸스
팩스

□ **電話機** 뎅와끼
전화기 jeonhwagi

□ **携帯電話** 케이타이뎅와
휴대폰 hyudaepon
(보통은 ケータイ라고 부름)

□ **コードレス電話**(cordless でんわ)
코-도레스뎅와
무선전화 museonjeonhwa

お、それは一番最新型の携帯電話じゃないか！
오, 소레와 이찌방 사이싱가따노 케-따이뎅와쟈 나이까!
와, 그거 정말 최신형 휴대폰이구나!

Unit 04 事務室 ▶▶▶

□ **カレンダー** (calendar) 카렌다-
달력 dallyeok

ああ、またカレンダーを一枚めくらなきゃいけないね。
아-, 마따 카렌다-오 이찌마이 메꾸라나꺄 이께나이네.
휴, 달력을 또 한 장 넘겨야겠네.

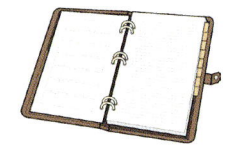

□ **システム手帳** (systemてちょう)
시스테무테쬬- **다이어리** daieori

私はシステム手帳はあまり使わない。
와따시와 시스테무 테쬬-와 아마리 츠까와나이.
나는 다이어리를 잘 쓰지 않는다.

□ **電卓** 덴타꾸
전자계산기 jeonjagyesangi

□ **額縁** 가꾸부찌
액자 aekja

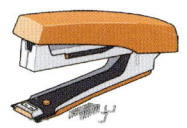

□ **ホチキス** (Hotchkiss) 호치키스
호치키스

この書類を片付けて、ホッチキスで綴じてください。
코노 쇼루이오 카따즈께떼 홋찌키스데 토지떼 쿠다사이.
이 서류들 정리해서 호치키스로 찍어다 주세요.

□ **画びょう** 가뵤-
압정 apjeong

관련 단어

- **パンチ**(punch) 판찌 **펀치**
- **セロテープ**(일 Cellotape) 세로테-푸 **스카치테이프** teipeu
- **マジックインキ**(일 Magic Ink) 마지꾸잉끼 **매직펜** maejikpen
- **ボールペン**(일 ballpen) 보-루뼁 **볼펜** bolpen
- **シャープペンシル**(일 sharp pencil) 샤-쁘뺀시루 **샤프펜슬**
- **修正液**(しゅうせいえき) 슈-세-에끼 **수정액** sujeongaek
- **コピー用紙**(ようし) 코피-요-시 **복사용지** boksayongji
- **メモ用紙**(ようし) 메모요-시 **메모지** memoji
- **ポストイット**(post-it) 포스또잇또 **포스트잇**
- **バインダー**(binder) 바인다- **바인더**
- **ファイル**(file) 화이루 **파일**

会話 かいわ

A: 本当にむかつく！
혼또-니 무까쯔꾸.
짜증나 죽겠어!

B: どうしたの？
도-시따노?
무슨 일이야?

A: 私の部署のコピー機がまた故障してるの。
와따시노 부쇼노 코삐-끼가 마따 코쇼- 시떼루노.
우리 부서 복사기가 또 고장 났어.

B: 何枚コピーしなきゃいけないの？
남마이 코삐- 시나꺄 이께나이노?
몇 장을 복사해야 하는데?

A: 40枚。ここのコピー機使っていいかしら。
욘쥬-마이. 코꼬노 코삐-끼 츠캇떼 이-까시라.
40장. 여기 복사기 좀 사용해도 될까?

B: うん、使って。
응, 츠캇떼.
응, 그래.

Unit 05

コンピューター
콤퓨-타-
컴퓨터 computer

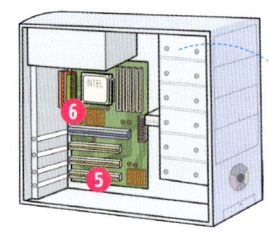
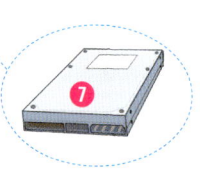

❶ **モニター** (monitor) 모니따- **모니터**
❷ **液晶画面** (えきしょうがめん) 에끼쇼-가멘 **액정화면** aekjeong hwamyeon
❸ **キーボード** (keyboard) 키-보-도 **키보드**
❹ **マウス** (mouse) 마우스 **마우스**
❺ **マザーボード** (motherboard) 마자-보-도 **마더보드**
❻ **CPU** (シーピーユー) 시-피-유- **CPU**
❼ **ハードディスク** (hard disk) 하-도디스꾸 **하드디스크**

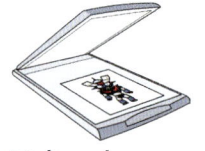
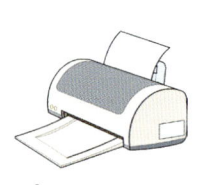

□ **スキャナー** (scanner)
스캬나- **스캐너**

□ **プリンター** (printer)
푸린따- **프린터**

□ **ノートパソコン**
(일 note personal computer)
노-또파소꼰
노트북 컴퓨터

관련 단어

- **カーソル**(cursor) 카-소루 커서
- **アイコン**(icon) 아이콘 아이콘
- **クリック**(click) 쿠릭꾸 클릭
- **ダブルクリック**(double click) 다부루쿠릭꾸 더블클릭
- **ドラッグ＆ドロップ**(drag & drop) 도라구 안도 도롭뿌 드래그 앤 드롭
- **バックアップ**(backup) 박꾸압뿌 백업
- **起動**(きどう) 키도- 부팅 buting
- **フリーズ**(freeze)**する** 프리즈스루 다운되다 daundoeda
- **再起動**(さいきどう) 사이끼도- 재부팅 jaebuting
- **切取**(きりと)**り** 키리또리 오려두기 oryeodugi
- **ペースト**(paste) 페-스또 붙이기 buchigi
- **保存**(ほぞん) 호존 저장 jeojang
- **コントロールパネル**(control panel) 콘토로-루파네루 제어판 jeeopan
- **ゴミ箱**(ばこ) 고미바꼬 휴지통 hyujitong
- **ランカード**(LAN card) 랑카-도 랜카드
- **メモリー**(memory) 메모리- 메모리
- **アップグレード**(upgrade) 압뿌구레-도 업그레이드
- **プログラム**(program) 푸로구라무 프로그램
- **ウィンドウズ**(Windows) 윈도우즈 윈도우즈
- **マッキントッシュ**(Macintosh) 막낀톳슈 맥킨토시 (=マック)
- **ワード**(Word) 와-도 워드
- **エクセル**(Excel) 에꾸세루 엑셀
- **フォトショップ**(Photoshop) 훠토숍뿌 포토샵

インターネット

인타-넷또
인터넷 internet

□ **インターネットエクスプローラ**
(Internet Explorer) 인타-넷또에꾸스푸로-라
인터넷익스플로러

□ **ウェブサイト**(web-site)
웨부사이또 **웹사이트**

さあ、ウェブサイトで探してみようか?
사-、웨브사이또데 사가시떼 미요-까.
글쎄, 웹사이트에서 찾아볼까?

□ **ホームページ**(homepage)
호-무페-지 **홈페이지**

弊社のホームページに説明がございます。
헤-샤노 호-무페-지니 세쯔메-가 고자이마스.
저희 회사 홈페이지에 설명되어 있습니다.

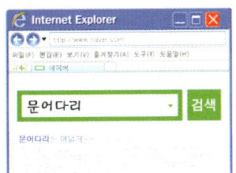

□ **情報検索** 죠-호-켄사꾸
정보검색 jeongbogeomsaek

□ **バナー広告**(banner こうこく)
바나-코-꼬꾸 **배너광고** gwanggo

□ **ダウンロード**(download)
다운로-도 **다운로드**

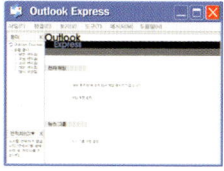
□ **eメール**(email)
이메-루 **이메일**
私が今Eメールで送るよ。
와따시가 이마 이-메-루데 오꾸루요.
내가 지금 이메일로 보낼게.

□ **受信トレイ**(じゅしんtray) 쥬신토레이
받은 편지함 badeun pyeonjiham

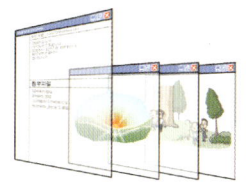
□ **添付ファイル**(てんぷfile)
템뿌화이루 **첨부파일** cheombupail
添付ファイルを見て再度連絡ください。
템뿌 화이루오 미떼 사이도 렌라꾸 쿠다사이.
첨부 파일을 보시고 다시 연락 주세요.

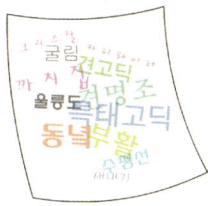
□ **フォント**(font) 횐또
폰트, 글꼴 geulkkol
このフォントはきれいじゃない。
코노 혼또와 키레이쟈나이.
이 글꼴은 좀 예쁘지가 않아.

□ **インターネット中毒**(internetちゅうどく)
인타-넷또쥬-도꾸 **인터넷 중독** jungdok

Unit 06 インターネット ▶▶▶

관련 단어

- **アットマーク**(@) 앗또마—꾸 **골뱅이** golbaengi
- **送信トレイ**(そうしんtray) 소—신토레이 **보낸 편지함** bonaen pyeonjiham
- **迷惑メール**(めいわくmail) 메—와꾸메—루 **스팸메일**
- **ポータル・サイト**(portal site) 포—타루 사이또 **포털 사이트**
- **ブログ**(blog) 부로그 **블로그**
- **お気(き)に入(い)り** 오키니이리 **즐겨찾기** jeulgyeochatgi
- **チャット**(chat) 챳또 **채팅**
- **顔文字**(かおもじ) 카오모지 **이모티콘** imotikon
- **ネットバンキング**(net banking) 넷또방킹구 **인터넷뱅킹**
- **ネットショッピング**(net shopping) 넷또쇼핑구 **인터넷쇼핑**
- **動画**(どうが) 도—가 **동영상** dongyeongsang
- **個人情報**(こじんじょうほう) 코진죠—호— **개인정보** gaeinjeongbo
- **ネット・カフェ**(net cafe) 넷또카훼 **PC방** PC bang
- **セキュリティー**(security) 세뀨리띠— **보안** boan
- **パスワード**(password) 파스와—도 **비밀번호** bimilbeonho
- **ログイン**(login) 로구인 **로그인**
- **ログアウト**(logout) 로구아우또 **로그아웃**
- **スレ** 스레 **댓글** daetgeul [thread(スレッド)의 순말]

名言名句

人(ひと)は他人(たにん)の心底(しんてい)からの不幸(ふこう)や苦痛(くつう)に、ある小(ちい)さからぬ喜(よろこ)びを感(かん)じるものである。

사람은 타인의 마음속의 불행이나 고통에 작지 않은 기쁨을 느끼는 법이다.

- エドマンド・パーク 에드먼드 파크

無知(むち)を恐(おそ)るるなかれ、偽(いつわ)りの知識(ちしき)を恐(おそ)れよ。人間(にんげん)は一本(いっぽん)の葦(あし)にすぎない。自然(しぜん)のうちで最(もっと)も弱(よわ)いものである。だが、それは考(かんが)える葦(あし)である。

무지를 겁내지 말고 거짓 지식을 겁내라. 인간은 갈대에 불과하다. 자연계에서 가장 연약한 존재이지만 생각하는 갈대이다.

- パスカル 파스칼

中傷誹謗(ちゅうしょうひぼう)に対(たい)する最善(さいぜん)の返答(へんとう)、それは黙々(もくもく)と自己(じこ)の業務(ぎょうむ)を守(まも)る事(こと)である。

중상비방에 대한 최상의 응답, 그것은 묵묵히 자기 일을 하는 것이다.

- ワシントン 워싱턴

なんでも他人(たにん)を信用(しんよう)する人間(にんげん)は、あまり信用できない。

뭐든 타인을 믿는 사람은 그다지 믿을 수 없다.

- レッシング 렛싱

Unit 07

人間関係 닌겐캉께 - 인간관계 ingangwangye

□ **会話** 카이와 대화 daehwa

□ **挨拶** 아이사쯔 인사 insa

□ **親友** 싱유-
친밀한 친구 chinmilhan chingu

□ **告白** 코꾸하꾸 고백 gobaek

□ **喧嘩** 켕까
말싸움, 다툼 malssaum, datum

□ **お詫び** 오와비
사과 sagwa

관련 단어

- 言(い)い方(かた) 이이카따 말투 maltu
- なまり 나마리 사투리 saturi [=方言(ほうげん)]
- 招待(しょうたい) 쇼-타이 초대 chodae
- 紹介(しょうかい) 쇼-까이 소개 sogae
- 話題(わだい) 와다이 화제 hwaje
- 態度(たいど) 타이도 태도 taedo
- 意見(いけん) 이껜 의견 uigyeon
- 関係(かんけい) 캉께- 관계 gwangye
- 集(あつ)まり 아쯔마리 모임 moim
- 肯定的(こうていてき) 코-떼-테끼 긍정적 geungjeongjeok
- 否定的(ひていてき) 히떼-떼끼 부정적 bujeongjeok
- 賛成(さんせい) 산세- 찬성 chanseong
- 反対(はんたい) 한따이 반대 bandae

会話 かいわ

A: その人の態度はまったく理解できない！
소노 히또노 타이도와 맛따꾸 리까이 데끼나이.
그 사람 태도는 도대체 알 수가 없네!

B: あなたに謝ったでしょう。
아나따니 아야맛따데쇼-.
너한테 사과했잖아.

A: そんな謝り方、あなたは受け入れられる？
손나 아야마리까따, 아나따와 우께이레라레루?
그런 식으로 사과하면, 넌 받아들일 수 있겠어?

B: そもそもなまりがあるし、言い方も無愛想だからよ。
소모소모 나마리가 아루시, 이-까따모 부아이소- 다까라요.
원래 사투리을 쓰는데다가, 말투까지 무뚝뚝해서 그런 거야.

복습문제 復習問題

1 다음 단어를 일본어 혹은 우리말로 바꾸세요.

a) 연예인 _____   べんごし _____   배우 _____
   かいしゃいん _____   디자이너 _____

b) 비서 _____   ぶか _____   상무 _____
   ひらしゃいん _____   본사 _____

c) 승진 _____   しゅっちょう _____   이력서 _____
   ねんきん _____   プータロー _____   リストラ _____

2 다음 그림을 적당한 단어와 연결시키세요.

ファックス   でんたく   けいたい   コピー機   ノートパソコン

3 다음 빈칸에 맞는 단어를 넣으세요.

a) 이메일을 보내다   _____を　おくる

b) 커서가 움직이지 않아요.   _____が　うごきません。

c) 부팅이 느립니다.   _____が　おそいんです。

d) 클릭해 주세요.   _____して　ください。

e) 파일을 저장해 주세요.   ファイルを　_____して　ください。

f) 이 컴퓨터는 업그레이드가 필요해요.

　この　パソコンは　_____が　ひつようです。

g) 당신은 엑셀을 할 수 있습니까?　あなたは　_____が　できますか。

h) 다운되면 재부팅하면 됩니다.

　_____したら　_____すれば　いいんです。

4 다음 단어를 일본어 혹은 우리말로 바꾸세요.

a) 골뱅이 _____　　　폰트 _____　　　이모티콘 _____

　글자 깨짐 _____　　　동영상 _____　　　PC방 _____

b) あいさつ _____　　고백 _____　　　おわび _____

　사투리 _____　　　なかま _____　　　거래 _____

5 다음 단어를 한자로 적어 보세요.

しゅにく (인주) _____　　さんせい (찬성) _____　　はんたい (반대) _____

なかま (동료) _____　　とりひき (거래) _____　　けいやく (계약) _____

1 a) げいのうじん　　変護士　　はいゆう　　회사원　　デザイナー
   b) ひしょ　　부하　　じょうむ　　평사원　　ほんしゃ
   c) しょうしん　　出張　　りれきしょ　　연금　　백수　　구조조정
2 계산기-でんたく　　팩스-ファックス　　복사기-コピー機　　휴대폰-けいたい
   노트북-ノートパソコン
3 a) eメール　b) カーソル　c) きどう　d) クリック　e) ほぞん
   f) アップグレード　g) エクセル　h) フリーズ, さいきどう
4 a) アットマーク　　フォント　　かおもじ　　もじばけ　　どうが　　ネットカフェ
   b) 인사　　こくはく　　사과　　なまり　　동료　　とりひき
5 朱肉　賛成　反対　仲間　取引　契約

THEMATIC JAPANESE WORDS

Theme 7

→ 買(か)い物(もの)　카이모노　쇼핑　shopping

Unit 01　デパート　백화점
Unit 02　食品　식품
Unit 03　紳士服　남성복
Unit 04　婦人服　여성복
Unit 05　はき物　신발
Unit 06　化粧品　화장품
Unit 07　電化製品　가전제품
Unit 08　貴金属　귀금속
Unit 09　パン屋　빵집과 제과점

Unit 01

デパート 데빠-또 **백화점** baekhwajeom

□ **会計係** 카이께-가까리
계산원 gyesanwon

□ **レジ**(register) 레지
계산대 gyesandae

□ **現金** 겡낑
현금 hyeongeum

□ **小銭** 코제니
잔돈 jandon [=つり銭]

□ **カート**(cart) 카-또
쇼핑카트

お母さん、ショッピングカートは私が押しますよ。
오까-상, 숍핑구 카-또와 와따시가 오시마스요.
엄마, 쇼핑 카트는 내가 밀고 갈게요.

□ **店員** 텡잉
점원 jeomwon

歯ブラシはどこにあるだろう？
店員に聞いてみよう。
하부라시와 도꼬니 아루다로-? 뎅인니 키이떼 미요-.
칫솔이 어디 있지? 점원에게 물어봐야겠네.

□ **客** 캬꾸 손님 sonnim

관련 단어

- **バーコード**(barcode) 바-코-도 **바코드**
- **スキャナー**(scanner) 스캬나- **스캐너**
- **紙幣**(しへい) 시헤- **지폐** jipye
- **硬貨**(こうか) 코-까 **동전** dongjeon
- **クレジットカード**(credit card) 쿠레짓또카-도 **신용카드** sinnyong card
- **レシート**(receipt) 레시-또 **영수증** yeongsujeung
- **価格**(かかく) 카까꾸 **가격** gagyeok
- **消費税**(しょうひぜい) 쇼-히제- **소비세** sobise [소매점에서 물건을 구입할 때 붙는 세금]
- **値引**(ねび)**き** 네비끼 **할인** harin
- **支払**(しはら)**う** 시하라우 **지불하다** jibulhada

会話 かいわ

A: デパートでバーゲンセールをやっているけど、買い物しに行かない？
데빠-또데 바-겐세-루오 얏떼이루께도, 카이모노시니 이까나이?
백화점에서 바겐세일 한다는데, 쇼핑가지 않을래?

B: 行こう。ちょうど私も母のプレゼントを買おうとしたところなの。
이꼬-. 쵸-도 와따시모 하하노 프레젠또오 카오-또 시따 토꼬로나노.
가자. 마침 난 엄마 선물을 사려던 참이야.

A: 良かった。後で2時頃に行こう。
요캇따. 아또데 니지고로니 이꼬-.
잘됐네. 이따 두 시쯤 나가자.

Unit 01 デパート ▶▶▶

□ **紳士服** 신시후구
남성복 namseongbok

□ **婦人服** 후진후구
여성복 yeoseongbok

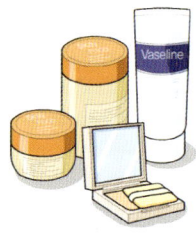

□ **化粧品** 케쇼-힝
화장품 hwajangpum

この化粧品は油分が多そうですね。
코노 케쇼-힝와 유붕가 오-소-데스네.
이 화장품은 유분이 많은 것 같네요.

□ **文房具** 붐보-구
문방구 munbanggu

□ **おもちゃ** 오모쨔
장난감 jangnangam

5歳の男の子にはどんなおもちゃがいいでしょうか？
고사이노 오또꼬노 꼬니와 돈나 오모쨔가 이이데쇼-까.
다섯 살짜리 사내아이에게 어떤 장난감이 좋을까요?

□ **台所用品** 다이도코로 요-힌
주방용품 jubangyongpum

台所用品の種類がこんなに多いのか？
다이도꼬로 요-힌노 슈루이가 콘나니 오-이노까?
주방용품 종류가 어쩌면 이렇게도 많으냐?

□ **食品売場** 쇼꾸힝우리바
식품 매장 sikpum maejang

食品売り場に行って、おかずの材料を買う。
쇼꾸힝 우리바니 잇떼 오카즈노 자이료-오 카우.
식품 매장으로 가서 반찬거리 좀 사야겠어.

□ **電化製品** 뎅까세-힌
전자제품 jeonja jepum

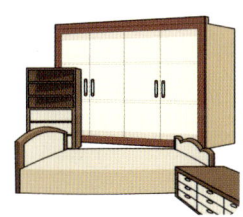

□ **家具** 가구
가구 gagu

せっかく来たから、家具も見ていこう。
섹까꾸 키따까라 카구모 미떼 이꼬-.
우리 이왕 왔으니 가구도 구경하고 가자.

□ **アクセサリー** (accessory)
아꾸세사리- 액세서리

□ **宝石** 호-세끼 보석 boseok

Unit 02

食品 쇼꾸힝 **식품** sikpum

□ パン 팡(포 pao)
빵 ppang

□ 米 쌀 코메 ssal

□ 缶詰め 칸즈메
통조림 tongjorim

□ 卵 다마고
계란 gyeran

□ 果物 쿠다모노
과일 gwail

□ 野菜 야사이
야채 yachae

□ 炭酸飲料 탄산인료-
탄산음료 tansaneumnyo

□ アイスクリーム (ice cream)
아이스쿠리-무
아이스크림

□ 牛乳 규-뉴-
우유 uyu

□ ジュース (juice) 쥬-스 주스
冷たいレモンジュースが飲みたい。
쯔메타이 레몬쥬-스가 노미타이.
시원한 레몬주스 마시고 싶다.

- 塩 しお シオ
  소금 sogeum

- ケチャップ (ketchup) 케찹뿌 케첩

- 砂糖 さとう 사또- 설탕 seoltang
  [한자로는 사탕이지만 설탕이라는 뜻]

관련 단어

- お菓子(かし) 오까시 과자 gwaja
- 冷凍食品(れいとうしょくひん) 레-또-쇼꾸힌 냉동식품 naengdongsikpum
- 小麦粉(こむぎこ) 코무기꼬 밀가루 milgaru

- 調味料(ちょうみりょう) 쵸-미료- 조미료 jomiryo
- 醤油(しょうゆ) 쇼-유 간장 ganjang
- 酢(す) 스 식초 sikcho
- 味噌(みそ) 미소 된장 doenjang
- からし 카라시 겨자 gyeoja
- 唐辛子(とうがらし)みそ 토-가라시미소 고추장 gochujang

会話 かいわ

A: 牛乳買うのを忘れたわ！
규-뉴- 카우노오 와스레따와.
우유 사는 걸 깜빡했네!

B: 私が持ってくるよ。牛乳はどこにあったっけ？
와따시가 못떼꾸루요. 규-뉴-와 도꼬니 앗땃께.
내가 가서 가져올게. 우유가 어디에 있더라?

A: あそこの乳製品コーナーにあるわ。
아소꼬노 뉴-세-힝 코-나-니 아루와.
저쪽 유제품 코너에 있어.

Unit 03

紳士服 신시후꾸 **남성복** namseongbok

□ **ジャケット** (jacket) 쟈켓또 재킷
[=上着]

暑かったらジャケットを抜いてもいいよ。
아쯔캇따라 쟈켓또오 누이떼모 이-요.
더우면 재킷을 벗어도 돼.

□ **ジャンパー** (jumper) 쟘빠-
점퍼

□ **セーター** (sweater) 세-타- 스웨터

□ **Tシャツ** 티샤쯔 티셔츠

このTシャツの色はとても素敵だ
코노 티-샷쯔노 이로와 토떼모 스떼끼다
이 티셔츠 색깔이 참 멋있다.

□ **半ズボン** 한즈봉
반바지 banbaji

□ **ズボン** (프 jupon) 즈봉
바지 baji

□ **ジーパン** (일 jean+pants) 지-빵
청바지 cheongbaji

□ ポロシャツ (polo shirt) 포로샤쯔
폴로셔츠

□ ワイシャツ (white shirt) 와이샤쯔
와이셔츠

□ 背広(せびろ) 세비로
정장 jeongjang

□ タキシード (tuxedo) 타끼시-도
턱시도

□ 運動服 うんどうふく 운도-후꾸 운동복 undongbok

□ 羽織(はおり) 하오리
하오리 (겉에 입는 저고리)

□ パンツ (pants) 판쯔
팬티 paenti

Unit 03 紳士服 ▶▶▶

관련 단어

- **開襟**(かいきん)**シャツ** 카이킨샤츠 남방 nambang
- **ベスト**(vest) 베스또 조끼 jokki
- **トランクス**(trunks) 토랑쿠스 사각팬티 sagakpaenti
- **ブリーフ**(briefs) 브리-후 삼각팬티 samgakpaenti
- **ランニングシャツ**(running shirts) 란닝구샤츠 런닝셔츠 reonningsyeocheu
- **ボタン**(button) 보땅 단추 danchu
- **裏地**(うらじ) 우라지 안감 angam
- **おしゃれ** 오샤레 멋쟁이 meotjaengi
- **試着**(しちゃく)**する** 시짜꾸스루 입어보다 ibeo boda
- **ピッタリだ** 핏따리다 딱 맞다 ttak matda
- **タイトする**(tight) 타이또스루 타이트하다 taiteuhada
- **ゆったりとしている** 윳따리또시떼이루 넉넉하다 neongneokhada

A: お探しのものがございますか？
오사가시노 모노가 고자이마스까.
찾으시는 것이 있습니까?

B: セーターを一枚買いたいです。
세-타-오 이찌마이 카이따이데스.
스웨터를 하나 사려고요.

A: はい、少々お持ちください。
하이, 쇼-쇼- 오마찌 쿠다사이.
예. 잠깐만 기다려 주세요.

옷, 장신구 등을 착용할 때 표현

	입다, 착용하다	벗다, 빼다
服(ふく) 옷 ot	着(き)る	脱(ぬ)ぐ
ズボン 바지 baji 靴(くつ) 신발 sinbal 靴下(くつした) 양말 yangmal	はく	脱(ぬ)ぐ
帽子(ぼうし) 모자 moja	かぶる	脱(ぬ)ぐ
マフラー 머플러 ヘアピン 헤어핀	する	取(と)る
ネックレス 목걸이 mokgeori	する	取(と)る
ネクタイ 넥타이	しめる	はずす
眼鏡(めがね) 안경 angyeong	かける	はずす
指輪(ゆびわ) 반지 banji	はめる	はずす
時計(とけい) 시계 sigye	はめる	はずす
手袋(てぶくろ) 장갑 janggap	はめる	脱(ぬ)ぐ

Unit 04

婦人服 후진후꾸 **여성복** yeoseongbok

- **ブラウス** (blouse) 브라우스
  블라우스

- **ワンピース** (one-piece) 완피-스
  원피스

- **袴** 하까마 **하카마**
  (겉에 입는 아래옷. 허리나 발목까지 내려오며, 주름이 있고, 바지처럼 된 것이 보통이나 스커트 모양도 있음)

- **スカート** (skirt) 스까-또
  스커트, 치마 cima
  スカートの長さが短すぎない？
  스카-토노 나가사가 미지까스기나이?
  너 스커트 길이가 너무 짧은 거 같다.

- **夜会服** 야까이후꾸
  야회복 yahoebok

- **ドレス** (dress) 도레스
  드레스

- **浴衣** 유까따 **유카타**
  (목욕 후나 여름철에 평상복으로 입음)
  日本の女性は夏に浴衣をよく着るそうです。
  니혼노 죠세-와 나쯔니 유까따오 요꾸 키루 소-데스.
  일본 여성들은 여름에 유카타를 많이 입는대요.

□ **ブラジャー** (프 brassiere) 부라쟈-
브래지어

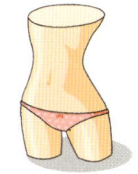

□ **パンティーストッキング**
(일 panty+stocking)
판티-스톡킹구
팬티스타킹

□ **パンティー** (pantie) 판티-
팬티

관련 단어

- □ **キャミソール**(camisole) 캬미소-루 캐미솔
- □ **ランジェリー**(lingerie) 란제리- 란제리
- □ **寝巻**(ねま)**き** 네마끼 잠옷 jamot
- □ **普段着**(ふだんぎ) 후당기 평상복 pyeongsangbok
- □ **作業着**(さぎょうぎ) 사교-기 작업복 jageopbok
- □ **号数**(ごうすう) 고-스- 치수 chisu
- □ **ファスナー**(fastener) 화스나- 지퍼(zipper)
- □ **襟**(えり) 에리 옷깃 otgit
- □ **袖**(そで) 소데 소매 somae

Unit 05

はき物 하끼모노 **신발** sinbal

□ **ハイヒール** (high heel) 하이히―루
  하이힐

□ **運動靴** 운도―구쯔
  운동화 undonghwa

□ **ブーツ** 부―쯔 (boots)
  부츠

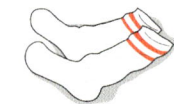

□ **靴下** 쿠쯔시따
  양말 yangmal

□ **革靴** 카와구쯔
  구두 gudu

今日新しい革靴を履いたのに、
大雨なんて。
쿄― 아따라시― 카와구쯔오 하이따노니
오―아메 난떼.
오늘 새 구두를 신었는데 비가 엄청 오네.

관련 단어

□ **サンダル** (sandal) 산다루 **여자용 샌들** yeojayong

□ **ビーチサンダル** (beach sandal) 비―치산다루 **고무 샌들** gomu

□ **登山靴** (とざんぐつ) 토장구쯔 **등산화** deungsanhwa

□ **長靴** (ながぐつ) 나가구쯔 **장화** janghwa

□ **ひも** 히모 **구두끈** gudukkeun

□ **靴(くつ)べら** 쿠쯔베라 **구두주걱** gudujugeok

□ **下駄箱** (げたばこ) 게따바꼬 **신발장** sinbaljang

□ **帽子** ぼうし 보-시
모자 moja

□ **野球帽** やきゅうぼう 야큐-보-
야구모자 yagu moja

□ **手袋** てぶくろ 테부꾸로
장갑 janggap

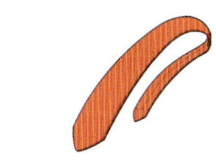
□ **ネクタイ** (necktie) 네꾸타이
넥타이

□ **スカーフ** (scarf) 스카-후
스카프

□ **ハンカチ** (handkerchief) 항까찌
손수건 sonsugeon

관련 단어

□ **蝶(ちょう)ネクタイ** 쬬-네꾸타이 나비 넥타이 nabi

□ **ベルト** (belt) 베루또 벨트

Unit 06

化粧品 케쇼―힝 **화장품** hwajangpum

□ **化粧水** 케쇼―스이 스킨 seukin

□ **乳液** 뉴―에끼 로션 rosyeon

□ **クリーム** 쿠리―무 크림 keurim

□ **コンパクト** (compact) 콤파꾸또
콤팩트

□ **パフ** (puff) 파후
스펀지 seupeonji

□ **ファンデーション** (foundation)
환데―숀 파운데이션

このファンデーションの色は、私の顔には合わない。
코노 환데―숀노 이로와 와따시노 카오니와 아와나이.
이 파운데이션 색조는 내 얼굴에 맞지 않는다.

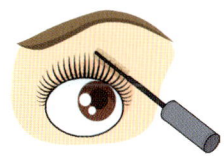
□ **マスカラ** (mascara) 마스카라
마스카라

□ **口紅**　くちべに　쿠치베니　**립스틱** ripseutik

□ **香水**　こうすい　코-스이
향수 hyangsu
この香水の香りはどうですか？
코노 코-스이노 카오리와 도-데스까.
이 향수 냄새 어때요?

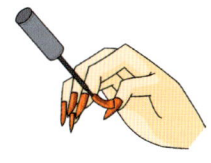
□ **マニキュア** 마니큐아
매니큐어 maenikyueo

□ **くしで とかす** 쿠시데 토까스
머리를 빗다 meorireul bitda

□ **化粧する**　けしょう　케쇼-스루
화장하다 hwajanghada
最近、バスで化粧する女性が多いね。
사이낑, 바스데 케쇼-스루 죠세-가 오-이네.
요즘 버스에서 화장하는 여자들이 많더라.

Unit 06 化粧品

관련 단어

- **アイシャドー**(eye shadow) 아이샤도- 아이섀도
- **ほお紅**(べに) 호-베니 **볼터치** bolteochi
- **おしろい** 오시로이 **분(가루)** bun(garu)
- **洗顔液**(せんがんえき) 셍간에끼 **클렌저** keullenjeo
- **リップグロス**(lip gloss) 립뿌그로스 **립글로스**
- **ムース**(mousse) 무스 **무스**
- **ヘアピン**(hairpin) 헤아핀 **머리핀** meoripin
- **ヘアバンド**(hairband) 헤아반도 **머리띠** meoritti
- **ドライヤーで乾**(かわ)**かす** 도라이야데 카와까스
  드라이어로 머리를 말리다 deuraieoro meorireul mallida

A: 今日は日焼け止めも塗ってないのに、日差しが強すぎる。
쿄-와 히야께도메모 눗떼나이노니, 히자시가 츠요스기루.
오늘 썬크림도 안 발랐는데, 햇빛이 너무 강하다.

B: そうなの？私のを貸すよ。
소-나노? 와따시노오 카스요.
그래? 내 꺼 빌려 줄게.

A: ありがとう。あなたはお肌の美容管理は本当に上手なのね。
아리가또. 아나따와 오하다노 비요-칸리와 혼또-니 죠-즈나노네.
고마워. 넌 피부미용관리는 정말 잘하는구나!

Unit 07

電化製品 뎅까세-힝 **가전제품** gajeonjepum

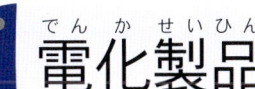

□ **テレビ** 테레비 TV

□ **エアコン** (air con) 에아콩
エアコン(=クーラー)
에어컨(=クーラー)

エアコンはどんなものを買えばいいでしょうか?
에아콩와 돈나 모노오 카에바 이-데쇼-까.
에어컨은 어떤 것으로 사면 좋을까요?

□ **洗濯機** 센따꾸끼
세탁기 setakgi

まだ洗濯機の使い方もわからないの?
마다 센따꾸끼노 츠까이까따가 와까라나이노?
너, 아직 세탁기 사용법도 모르니?

□ **ビデオカメラ** (video camera)
비데오카메라 캠코더, 비디오카메라

これは新しく発売された水中撮影用のビデオカメラだ。
코레와 아따라시꾸 핫쯔바이 사레따 스이쮸-사쯔에-요-노 비데오카메라다.
이건 새로 나온 수중 촬영용 비디오카메라야.

□ **冷蔵庫** 레-조-꼬
냉장고 naengjanggo

□ **ステレオシステム**
(stereo system)
스테레오시스테무
오디오시스템

Unit 07 電化製品 ▶▶▶

□ **ミキサー** (mixer)
미끼사- **믹서**

□ **ガスレンジ** (gas range)
가스렌지 **가스레인지**

□ **炊飯器** 스이항끼
전기밥솥 jeongibapsot
最近、炊飯器の機能はとても多様だ。
사이낑, 스이항끼노 키노-와 토떼모 타요-다.
요즘 전기밥솥은 기능이 무척 다양하다.

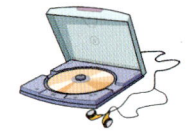

□ **CDプレーヤー** 시디푸레-야-
CD플레이어
最近、CDプレーヤーを使う人はあまりいない。
사이낑, 시-디- 푸레-야-오 츠까우 히또와 아마리 이나이.
요즘 시디플레이어 쓰는 사람 별로 없더라.

□ **電話機** 뎅와끼
전화기 jeonhwagi
この電話機、結構長く使ってるよね。
코노 뎅와끼 켁꼬- 나가꾸 츠깟떼루요네.
이 전화기 무척 오래 쓰는구나.

□ **アイロン** (iron) 아이롱
다리미 darimi

관련 단어

- 扇風機(せんぷうき) 셈뿌-끼 **선풍기** seonpunggi
- 加湿器(かしつき) 카시쯔끼 **가습기** gaseupgi
- 食器洗浄機(しょっき せんじょうき) 숏끼 센죠-끼 **식기세척기**
- ラジカセ(일 radio+cassette) 라지카세 **카세트플레이어**
- 掃除機(そうじき) 소-지끼 **청소기** cheongsogi
- ホームシアター(home theater) 호-무시아타- **홈씨어터**
- つける 쯔케루 **켜다** kyeoda
- 消(け)す 케스 **끄다** kkeuda [=切(き)る]

일본 전자기업

シャープ(Sharp) 샤프
パナソニック(Panasonic) 파나소닉
日立(ひたち) 히타치
SANYO(さんよう) 산요
富士通(ふじつう) 후지쯔
東芝(とうしば) 토-시바
ソニー(Sony) 소니

三菱(みつびし) 미쯔비시
NEC 엔이씨
JVC 제이브이씨
任天堂(にんてんどう) 닌텐도-
京(きょう)セラ 쿄-세라
カシオ(Casio) 카시오

Unit 08

貴金属 키 낑조꾸 귀금속 gwigeumsok

□ **ルビー** (ruby) 루비— 루비

一時、イミテーションルビーの方が高かったときがあった。
이찌지, 이미테―숀 루비―노 호―가 타까깟따 토끼가 앗따.
한때 인조 루비가 더 비싼 적이 있었다.

□ **エメラルド** (emerald) 에메라루도
에메랄드

□ **玉** 타마 옥 ok

□ **ダイヤモンド** (diamond) 다이야몬도
다이아몬드

□ **サファイア** (sapphire) 사화이아
사파이어

□ **真珠** 신쥬
진주 jinju

真珠は貝が作る宝石だ。
신쥬와 카이가 츠꾸루 호―세끼다.
진주는 조개가 만들어내는 보석이다.

□ **水晶** 스이쇼―
수정 sujeong

관련 단어

- **金**(きん) 킹 금 geum
- **銀**(ぎん) 깅 은 eun
- **琥珀**(こはく) 코하꾸 호박 hobak
- **珊瑚**(さんご) 상고 산호 sanho
- **トパーズ**(topaz) 토파-즈 토파즈, 황옥 hwangok
- **宝石**(ほうせき) 호-세끼 보석 boseok
- **誕生石**(たんじょうせき) 탄죠-세끼 탄생석 tansaengseok
- **イミテーション**(imitation) 이미테-숀 모조품 mojopum [=模造品(もぞうひん)]
- **きんめっき** 킴메끼 금도금 geumdogeum
- **本物**(ほんもの) 홈모노 진짜 jinjja
- **偽物**(にせもの) 니세모노 가짜 gajja

A: これ、本物のダイヤモンド指輪なの?
코레, 홈모노노 다이야몬도 유비와나노?
이거 진짜 다이아몬드 반지 맞니?

B: そうよ、誰が買ってくれたとおもう。本当にきれいでしょう?
소-요, 다레가 캇떼 쿠레따또 오모우. 혼또-니 키레이데쇼-.
그럼. 누가 사준 건데. 정말 예쁘지?

パン屋 _{ぱんや}
팡야
빵집과 제과점 ppangjipgwa jegwajeom

□ **チョコレート** (chocolate)
쵸꼬레-또 **초콜릿**
ダークチョコレートが心臓病を予防すると言う。
다-꾸 쵸꼬레-또가 신조-뵤-오 요보-스루또 이우.
다크 초콜릿이 심장병을 예방한다고 한다.

□ **あめ** 아메 **사탕** satang
「ハッカ飴」という映画があった。
'학까 아메' 또이우 에-가가 앗따.
"박하사탕"이라는 영화가 있었지.

□ **ポテト チップス** (potato chips)
포테토 칩뿌스 **포테이토칩**

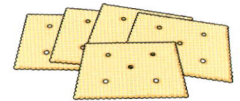

□ **クッキー** (cookie) 쿡키-
비스킷
私はまろやかなビスケットクッキーが好きだ。
와따시와 마로야까나 비스껫또 쿡끼-가 스끼다.
나는 담백한 비스킷이 좋다.

□ **キャラメル** (caramel) 캬라메루
캐러멜

□ **マフィン** (muffin) 마휜
머핀

□ **カステラ** (포 castella) 카스데라
　카스텔라

□ **バースデーケーキ** (birthday cake)
　바-스데-케-끼 생일 케이크 saengil cake

관련 단어

□ **バゲット** (baguette) 바겟또 바게트

□ **チューインガム** (chewing gum) 추-잉가무 껌

□ **はっかあめ** 학까아메 박하사탕 bakhasatang

□ **ペーストリー** (pastry) 페-스또리- 페이스트리

□ **誕生日(たんじょうび)のろうそく** 탄죠-비노 로-소꾸
　생일케이크 초 saengilkeik cho

□ **飾(かざ)り** 카자리 장식 jangsik

会話 かいわ

A: お父さん、お帰りのときにパンを買ってきてください。
　오또-상, 오까에리노 토끼니 팡오 캇떼끼떼 쿠다사이.
　아빠, 퇴근하실 때 빵 좀 사다 주세요.

B: わかった、どんなパンを買えばいいかい？
　와캇따, 돈나 팡오 카에바 이-까이?
　그래, 어떤 빵을 사면 되니?

A: 急にカステラが食べたくなりました。
　큐-니 카스떼라가 타베따꾸 나리마시따.
　갑자기 카스텔라가 먹고 싶어요.

복습문제

1 다음 단어를 일본어 혹은 우리말로 바꾸세요.

a) 계산대 _____   잔돈 _____   しはらう _____
   여성복 _____   전자제품 _____

b) 쌀 _____   くだもの _____   ぎゅうにゅう _____
   밀가루 _____   しお _____   과자 _____

c) 바지 _____   청바지 _____   남성 신사복 _____
   おしゃれ _____   ブリーフ _____

d) 스커트 _____   みずぎ _____   평상복 _____
   원피스 _____   ねまき _____

e) うんどうぐつ _____   양말 _____   げたばこ _____
   장갑 _____   かわぐつ _____

f) 향수 _____   립스틱 _____   せんがんえき _____
   ほおべに _____   마스카라 _____

2 다음 그림과 단어를 연결해 보세요.

キャムコーダ   アイロン   せんぷうき   すいはんき   せんたくき

3 다음 단어를 일본어 혹은 우리말로 바꾸세요.

a) 사파이어 _____   エメラルド _____   진주 _____
   ほうせき _____   にせもの _____

b) 사탕 _____   ポテトチップス _____   초콜릿 _____
   チューインガム _____   장식 _____

4 다음 빈칸에 맞는 단어를 넣으세요.

a) 옷을 입다 ふくを _____

b) 모자를 쓰다 ぼうしを _____

c) 목걸이를 벗다 ネックレスを _____

d) 안경을 쓰다 めがねを _____

e) 반지를 끼다 ゆびわを _____

f) 바지를 벗다 ズボンを _____

5 다음 단어를 한자로 적어 보세요.

みずぎ(수영복) _____   こうすい(향수) _____

ふだんぎ(평상복) _____   ほんもの(진짜) _____

てぶくろ(장갑) _____

1 a) レジ　こぜに　지불하다　ふじんふく　でんかせいひん
b) こめ　과일　우유　こむぎこ　소금　おかし
c) ズボン　ジーパン　せびろ　멋쟁이　삼각팬티
d) スカート　수영복　ふだんぎ　ワンピース　잠옷
e) 운동화　くつした　신발장　てぶくろ　구두
f) こうすい　くちべに　クレンジャ　볼터치　マスカラ

2 선풍기-せんぷうき　세탁기-せんたくき　전기밥솥-すいはんき
동영상카메라-キャムコーダ　다리미-アイロン

3 a) サファイア　エメラルド　しんじゅ　보석　가짜
b) あめ　포테이토칩　チョコレート　껌　かざり

4 a) きる　b) かぶる　c) はずす　d) かける　e) はめる　f) ぬぐ

5 水着　香水　普段着　本物　手袋

Theme 8

→ スポーツ / 趣味(しゅみ) 스뽀ー쯔/슈미

스포츠/취미 sports / chwimi

Unit 01 スポーツ 스포츠
Unit 02 プール 수영장
Unit 03 ジム 헬스클럽
Unit 04 趣味 취미
Unit 05 トランプ 트럼프
Unit 06 旅行 여행
Unit 07 日光浴 일광욕
Unit 08 テレビ TV
Unit 09 映画 영화
Unit 10 コンサート 연주회
Unit 11 テーマパーク 놀이공원

Unit 01

スポーツ 스뽀ー쯔 <u>스포츠</u>

개인 스포츠 gaein sports

□ **ボーリング** (bowling)
보-링구 **볼링**

□ **ゴルフ** (golf) 고루후 **골프**

□ **テニス** (tennis)
테니스 **테니스**

□ **ボクシング** (boxing) 보꾸싱구
<u>권투</u> gwontu
ローマ時代のボクシングは恐ろしかった
로-마 지다이노 보꾸싱구와 오소로시깟따.
로마 시대의 권투는 무시무시했다.

□ **ウインドサーフィン** (wind surfing)
우인도사-휜 **윈드서핑**
ウインドサーフィンはすでに大衆的な
スポーツになっている。
우인도사-휜와 스데니 다이슈-떼끼나
스뽀-쯔니 낫떼이루.
윈드서핑은 이미 대중적인 스포츠가 되었다.

□ **ビリヤード** (billiard) 비리야-도
<u>당구</u> danggu

□ **インライン・スケート** (inline skates)
- 인라인스케-또 **인라인스케이트**

彼はインライン・スケートをよくしている。
카레와 인라인 스케-또오 요꾸 시떼이루.
그는 인라인스케이트를 자주 탄다.

□ **釣り** 쯔리
낚시 naksi

관련 단어

□ **ジョギング** (jogging) 죠깅구 **조깅**

□ **スキー** (ski) 스키- **스키**

□ **乗馬** (じょうば) 죠-바 **승마** seungma

□ **スケートボード** (skate board) 스케-또보-도 **스케이트보드**

□ **サーフィン** (surfing) 사-휜 **파도타기** padotagi

□ **スカイダイビング** (sky diving) 스카이다이빙구 **스카이다이빙**

□ **スキューバダイビング** (scuba diving) 스큐-바다이빙구 **스쿠버다이빙**

□ **スノーボード** (snowboard) 스노-보-도 **스노보드**

□ **そり** 소리 **썰매** sseolmae

□ **ハンググライディング** (hang-gliding) 항구구라이딩구 **행글라이딩**

□ **ロッククライミング** (rock climbing) 록꾸쿠라이밍구 **암벽등반** ambyeok deungban

Unit 01 スポーツ ▶▶▶

단체 스포츠 danche sports

□ **野球** 야큐-
야구 yagu

野球は最もアメリカ的なスポーツだ。
야큐-와 못또모 아메리카떼끼나 스뽀-쯔다.
야구는 가장 미국적인 스포츠이다.

□ **サッカー**(soccer) 삭까-
축구 chukgu

サッカーは国民みんな好きだ。
삿카와 고쿠밍 민나 스키다.
축구는 국민 모두 좋아한다.

□ **バスケットボール**(basketball)
바스켓또보-루 농구 nonggu

□ **バレーボール**(volleyball)
바레-보-루 배구 baegu

□ **ラフティング**(rafting) 라후팅구
래프팅

관련 단어

- **ホッケー**(hockey) 혹케- 하키
- **卓球**(たっきゅう) 탁뀨- 탁구 takgu
- **アメリカンフットボール**(American football) 아메리깐훗또보-루 미식축구 misikchukgu
- **ソフトボール**(softball) 소후또보-루 소프트볼
- **引**(ひ)**き分**(わ)**け** 히끼와께 무승부 museungbu
- **得点**(とくてん) 토꾸텐 득점 deukjeom
- **審判員**(しんぱんいん) 심판잉 심판 simpan
- **攻**(せ)**める** 세메루 공격하다 gonggyeokhada
- **守**(まも)**る** 마모루 수비하다 subihada
- **ファール**(foul) 화-루 파울, 반칙 banchik
- **ゲーム**(game) 게-무 경기 gyeonggi
- **ボールを打**(う)**つ** 보-루오 우쯔 공을 치다 gongeul chida
- **ボールを投**(な)**げる** 보-루오 나게루 공을 던지다 gongeul deonjida
- **ボールを捕**(と)**る** 보-루오 토루 공을 잡다 gongeul japda
- **ボールを蹴**(け)**る** 보-루오 케루 공을 차다 gongeul chada

プール 푸-루 **수영장** suyeongjang

□ **水泳** 스이에- **수영** suyeong

流れる川で水泳するのは危険だ。
나가레루 가와데 스이에-스루노와 키켄다.
흐르는 물에서 수영하는 것은 위험하다.

□ **ストレッチ**(stretch) 스또랫치
스트레칭

□ **飛び込む** 토비꼬무
다이빙하다 daibinghada

□ **スプリングボード** 스쁘링구보-도
스프링보드

□ **浮き輪** 우끼와
튜브

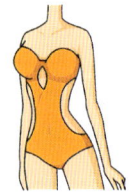

□ **水着** 미즈기
수영복 suyeongbok

あら、水着を持ってきてない！
아라, 미즈기오 못떼 키떼 나이.
이런, 수영복을 안 가져왔네!

□ **ゴーグル**(goggles) 고-구루
물안경 murangyeong

관련 단어

- **クロール**(crawl) 크로-루 **자유형** jayuhyeong
- **平泳**(ひらおよ)**ぎ** 히라오요기 **평영** pyeongyeong
- **バタフライ**(butterfly) 바따후라이 **접영** jeobyeong
- **背泳**(せおよ)**ぎ** 세오요기 **배영** baeyeong
- **痙攣**(けいれん) 케-렌 **경련** gyeongnyeon
- **スイミングキャップ**(swimming cap) 스이밍구캬뿌 **수영모자** suyeongmoja
- **キック**(kick) 킥꾸 **발차기** balchagi
- **ターン**(turn) 탄- **회전** hoejeon
- **ストローク**(stroke) 스또로-꾸 **스트로크** (수영에서 물을 끌어당기는 동작)
- **犬**(いぬ)**かき** 이누카끼 **개헤엄** gaeheeom
- **ばた足**(あし)**をする** 바따아시오 스루 **물장구치다** muljanggu chida

会話 かいわ

A: 今日習う水泳スタイルは、バタフライです。
쿄- 나라우 스이에-노 스따이루와 바타후라이데스.
오늘 배울 수영 종목은 접영입니다.

B: 無理じゃありませんか？まだ、フリースタイルもまともにできませんよ。
무리쟈 아리마셍까, 마다 프리-스타이루모 마또모니 데끼마셍요.
어렵지 않나요? 아직 자유형도 제대로 못하는데요.

Unit 03

ジム 지무 **헬스클럽**(health club)

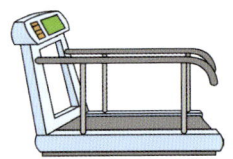

□ **ランニングマシン**(일 running machine)
란닝구마시ン 러닝머신

□ **クロストレーナ**(cross trainer)
크로스토레-나 싸이클론

□ **バーベル**(barbell) 바-베루
역기 yeokgi
私は毎朝バーベルで運動している。
와따시와 마이아사 바-베루데 운도- 시떼이루.
나는 아침마다 역기로 운동을 한다.

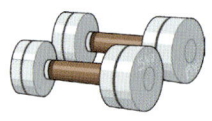

□ **ダンベル**(dumbell) 담베루
아령 aryeong

□ **懸垂** 켄스이
턱걸이 teokgeori
私の弟(妹)は懸垂が一回もできない。
와따시노 오또-또(이모-또)와 켄스이가 익까이모 데끼나이.
내 동생은 턱걸이를 한 번도 못한다

□ **トレーナ**(trainer) 토레-나
개인코치 gaeinkochi
我がチームのコーチはとても厳しい。
와가찌-무노 코-찌와 토떼모 키비시-.
우리 팀의 코치는 아주 엄격하다.

□ 腕立て伏せ 우데타떼후세
팔굽혀펴기 palgupyeopyeogi

□ シットアップ(sit-up) 싯또압뿌
윗몸일으키기 winmomireukigi

관련 단어

□ エクササイズバイク(exercise bike) 에꾸사사이즈바이꾸 헬스바이크

□ ウエートトレーニング(weight training) 우에ー또토레ー닝구 웨이트트레이닝

□ ステップマシン(step machine) 스텝뿌마신 스텝머신

□ エアロビクス(aerobics) 에아로비꾸스 에어로빅

□ 縄跳(なわと)び 나와토비 줄넘기 julleomgi

□ トレーニング(training) 토레ー닝구 단련 dallyeon

□ ウォミングアップ(warming-up) 워밍구압뿌 준비운동 junbiundong

□ 有酸素運動(ゆうさんそ うんどう) 유ー산소ー운도ー 유산소운동 yusansoundong

□ 体脂肪率(たいしぼうりつ) 타이시보ー리쯔 체지방비율 chejibangbiyul

会話 かいわ

A: 一緒にヘルスクラブに通ったらどう？
잇쇼니 헤루스쿠라부니 카욧따라 도ー?
우리 같이 헬스클럽에 다니는 건 어떨까?

B: 面倒くさいよ。あなた一人で行けばいい。
멘도ー꾸사이요. 아나따 히또리데 이께바 이ー.
난 귀찮아. 너나 다녀.

A: そんな態度じゃ、本当にデブになっちゃうよ。
손나 타이도쟈 혼또ー니 데부니 낫찌마우요.
너 그러다가 정말 돼지 된다.

Unit 04

趣味 슈미 취미 chwimi

□ 読書 도꾸쇼 독서 dokseo

子供なのに読書が本当に好きなのね。
코도모 나노니 도꾸쇼가 혼또-니 스끼나노네.
어린아이가 독서를 참 좋아하는구나.

□ 天体観測 텐타이칸소꾸
천체관측 cheonchegwancheuk

□ 模型づくり 모께-즈꾸리
모형제작 mohyeongjejak

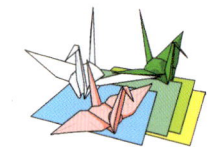

□ 折り紙 오리가미
종이접기 jongijeopgi

□ 刺繡 시슈-
자수 jasu

□ 編み物 아미모노
뜨개질 tteugaejil

私には編み物は本当に難しい。
와따시니와 아미모노와 혼또-니 무즈까시-.
내게는 뜨개질이 정말 어렵다.

□ 陶芸 토-게-
도예 doye

このコップは私が陶芸を習って作ったものだ。
코노 콥뿌와 와따시가 토-게-오 나랏떼 츠굿따 모노다.
이 컵은 내가 도예를 배워서 만든 거야.

관련 단어

- 写真撮影(しゃしんさつえい) 샤신사쯔에- 사진촬영 sajinchwaryeong
- 工芸(こうげい) 코-게- 공예 gongye
- 料理(りょうり) 료-리 요리 yori
- 切手収集(きってしゅうしゅう) 킷떼슈-슈- 우표수집 upyosujip
- ジグソーパズル(jigsaw puzzle) 지구소-파즈루 조각퍼즐 jogakpeojeul
- 絵(え) 에 그림 geurim
- 書道(しょどう) 쇼도- 서예 seoye
- 囲碁(いご) 이고 바둑 baduk
- チェス(chess) 체스 서양장기 seoyangjanggi
- 将棋(しょうぎ) 쇼-기 장기 janggi (일본장기는 한국 것과 다름)
- 五目(ごもく)ならべ 고모꾸나라베 오목 omok

会話 かいわ

A: 趣味は何ですか?
슈미와 난데스까.
취미가 뭐예요?

B: 写真を撮ることが好きです。
샤싱오 토루꼬또가 스끼데스.
사진 찍는 걸 좋아해요.

A: 素敵な趣味ですね。
스떼끼나 슈미데스네.
멋진 취미네요!

B: 私もそう思います。
와따시모 소- 오모이마스.
저도 그렇게 생각한답니다.

Unit 05

トランプ 토람뿌 **트럼프**

□ **エース**(ace) 에-스
에이스(A)

彼はエースを持っているようだ。
카레와 에-스오 못떼 이루 요-다.
그는 에이스를 가지고 있는 것 같다.

□ **キング**(king) 킹구
킹(K)

□ **クイーン**(queen) 쿠인-
퀸(Q)

□ **ジョーカー**(joker) 죠-카-
조커(JOKER)

どうやら、ジョーカーを出さなきゃいけなさそうだ。
도-야라, 죠-카-오 다사나꺄 이께나사소-다.
아무래도 조커를 내야겠네.

□ **ジャック**(jack) 쟉꾸
잭(J)

□ **ダイヤ**(diamond) 다이야
다이아몬드(◆)

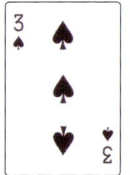

□ **スペード**(spade) 스페-도
스페이드(♠)

□ **ハート**(heart) 하-또
　하트(♥)

□ **クラブ**(club) 쿠라부
　클로버(♣)

관련 단어

□ **トランプ一組**(ひとくみ) 토람뿌 히또쿠미 카드 한 벌(card han beol)

□ **賭**(か)**け** 카께 내기 naegi

□ **番**(ばん) 방 차례 charye

□ **勝**(か)**つ** 카쯔 이기다 igida

□ **負**(ま)**ける** 마께루 지다 jida

□ **切**(き)**る** 키루 섞다 seokda

□ **配**(くば)**る** 쿠바루 배분하다 baebunhada

A: カードゲームをやりましょう。
　카-도게-무오 야리마쇼-.
　우리 카드 게임하자.

B: 私(わたし)、できないよ。
　와따시 데끼나이요.
　난 못 하는데.

A: これができない？易(やさ)しいよ。私(わたし)が教(おし)えてやる。
　코레가 데끼나이? 야사시-요. 와따시가 오시에떼야루.
　이걸 못 한다고? 쉬워. 내가 가르쳐줄게.

Unit 06

旅行 료꼬- 여행 yeohaeng

□ 観光 캉꼬-
관광 gwangwang

□ 観光客 캉꼬-캬꾸
관광객 gwangwanggaek
観光客は主にこの遺跡に訪れる。
캉꼬-캬꾸와 오모니 코노 이세끼니 오또즈레루.
관광객들은 주로 이 유적지를 찾는다.

□ 夜間観光 야깡꼬-
야간관광 yagan gwangwang

□ 展望台 텐보-다이
전망대 jeonmangdae

□ 記念品 키넹힌 기념품 ginyeompum

この記念品は、あなたにあげようと
買ってきたものだ。
코노 키넹힝와 아나따니 아게요-또
캇떼끼따 모노다.
이 기념품은 너 주려고 사온 거야.

□ 芸術品 게-쥬쯔힌
예술품 yesulpum

관련 단어

- 旅行代理店(りょこうだいりてん) 료코-다이리텐 **여행사** yeohaengsa
- フリータイム(free time) 후리-타이무 **자유시간** jayusigan
- パンフレット(pamphlet) 팜후렛또 **팸플릿**
- 団体旅行(だんたいりょこう) 단타이료코- **단체여행** danche yeohaeng
- 自由旅行(じゆうりょこう) 지유-료코- **자유여행** jayu nyeohaeng
- 海外旅行(かいがいりょこう) 카이가이료코- **해외여행** haeoeyeohaeng
- 日帰(ひがえ)り旅行(りょこう) 히가에리료코- **당일치기여행** dangilchigi yeohaeng
- お休(やす)み 오야스미 **휴가** hyuga
- 予約(よやく) 요야꾸 **예약** yeyak
- クルーズ(cruise) 크루-즈 **선박여행** seonbak gyeohaeng
- 船酔(ふなよ)い 후나요이 **뱃멀미** baenmeolmi
- 荷物(にもつ) 니모쯔 **짐** jim
- 歴史遺跡地(れきしいせきち) 레끼시이세끼치 **역사유적지** yeoksa yujeokji

会話 かいわ

A: 私、土曜日から休暇なんだ。一緒に旅行しない？
와따시, 토요-비까라 큐-까난다. 잇쇼니 료꼬- 시나이?
나 토요일부터 휴가야. 같이 여행가지 않을래?

B: ごめん、家族と行こうと思って、すでに旅行会社に予約したんだ…。
고멩, 카조꾸또 이꼬-또 오못떼 스데니 료꼬-가이샤니 요야꾸 시딴다.
미안, 가족이랑 가려고 이미 여행사에 예약했는데.

日光浴
にっこうよく
닛꼬-요꾸 **일광욕** ilgwangyok

❶ **サングラス**(sunglass) 상구라스 **선글라스**

❷ **ビーチパラソル**(일 beach parasol) 비치파라소루 **비치파라솔**

❸ **ビキニ** 비키니 **비키니** bikini

□ **日焼けローション**[lotion]
  ひや
  히야께로-숀
  선탠로션

□ **波** なみ 나미 **파도** pado

波の音が本当に気持ちいい。
なみ おと ほんとう きも
나미노 오또가 혼또-니 키모찌이-.
파도 소리가 정말 시원하다.

□ **貝** かい 카이 **조개** jogae

痛い！貝殻を踏んだ。
いた かいがら ふ
이따이! 카이가라오 훈다.
아야! 조개껍질을 밟았어.

관련 단어

- 海(うみ) 우미 **바다** bada
- 海岸(かいがん) 카이간 **해안** haean
- 砂(すな) 스나 **모래** morae
- 日(ひ)の出(で) 히노데 **일출** ilchul
- 海水浴(かいすいよく) 카이스이요꾸 **해수욕**
- ビーチボール(beach ball) 비-치보-루 **비치볼**

会話 かいわ

A: 私、肌が焼けてしまったのかしら。ひりひりする。
와따시, 하다가 야께떼 시맛따노까시라. 히리히리스루.
나 피부가 탔나봐. 따가워.

B: もう中に戻ろうか?
모- 나까니 모도로-까.
그만 안으로 들어갈까?

A: うん。戻ってキュウリのパックをする。
응. 모돗떼 큐-리노 팍꾸오 스루.
그래. 들어가서 오이팩 좀 해야겠어.

Unit 08

テレビ 테레비 **텔레비전** television

□ **チャンネル**(channel)
찬네루 채널

□ **ナレーター**(narrator)
나레-타- 해설자 haeseolja

あのナレーターは本当に退屈だね。
아노 나래-타-와 혼또-니 타이꾸쯔다네.
저 해설자 정말 재미없게 하네.

□ **お笑いタレント** 오와라이타렌또
코미디언

□ **司会者** 시까이샤
진행자, 사회자 jinhaengja, sahoeja

□ **コマーシャル**(commercial)
코마-샤루 광고 gwanggo

いやだな、コマーシャルやりすぎだろう。
이야다나, 코마-샤루 야리스기다로-.
짜증나, 광고는 왜 이렇게 많아?

□ **アニメ**(animation) 아니메
TV만화 manhwa

□ **生放送** 나마호-소-
생방송 saengbangsong

관련 단어

- **カメラマン**(cameraman) 카메라만 카메라맨
- **ドキュメンタリ**(documentary) 도큐멘타리 도큐멘터리
- **番組**(ばんぐみ) 방구미 프로그램
- **リポーター**(reporter) 리포-타- 리포터
- **ニュースキャスター**(news caster) 뉴-스캬스타- 앵커
- **ドラマ**(drama) 도라마 드라마
- **歌手**(かしゅ) 카슈 가수 gasu
- **口**(くち)**パク** 쿠찌파꾸 립싱크 ripsingkeu
- **再放送**(さいほうそう) 사이호-소- 재방송 jaebangsong
- **芸能人**(げいのうじん) 게-노-징 연예인 yeonyein
- **のど自慢**(じまん) 노도지망 노래 자랑 norae jarang
- **お笑**(わら)**い番組**(ばんぐみ) 오와라이방구미 코미디프로
- **漫才師**(まんざいし) 만자이시 개그맨
- **ものまね** 모노마네 성대모사 seongdaemosa
- **視聴者**(しちょうしゃ) 시쬬-샤 시청자 sicheongja
- **カラオケボックス**(空+orchestra+box) 카라오케복꾸스 노래방 noraebang

会話 かいわ

A: ドラマの時間(じかん)になったわ。チャンネルを回(まわ)して。
도라마노 지깐니 낫따와. 챤네루오 마와시떼.
드라마 할 시간이구나. 채널 좀 돌려봐.

B: あ、だめだよ、お母(かあ)さん。野球(やきゅう)を見(み)なきゃいけない。
아, 다메다요, 오까-상. 야큐-오 미나까 이께나이.
아, 안 돼. 엄마, 야구 봐야 돼.

映画 에-가 영화 yeonghwa

① スクリーン(screen) 스크린
스꾸리-ㄴ

② 座席 좌석 jwaseok
자세끼

③ 観客 관객 gwangaek
칸갸꾸

④ ポップコーン(popcorn) 팝콘
폽뿌코-ㄴ

□ 切符売り場 킵뿌우리바
매표소 maepyoso

□ 売店 바이뗀
매점 maejeom

切符売り場の前に何であんなに長く並んでいるんだろう？
킵뿌우리바노 마에니 난데 안나니 나가꾸 나란데 이룬다로-.
매표소 앞에 왠 줄이 저렇게 길지?

□ 俳優 하이유-
배우 baeu

□ 女優 죠유-
여자배우 yeoja baeu

□ **監督** 칸또꾸
감독 gamdok

□ **悲劇** 히게끼 비극 bigeuk
この映画、それこそ悲劇的だ。
코노 에-가, 소레꼬소 히게끼떼끼다.
이 영화 그야말로 비극적이다.

관련 단어

□ **映画館**(えいがかん) 에-가깡 영화관 yeonghwagwan

□ **アクション映画**(action+えいが) 아꾸숀에-가 액션영화 aeksyeon nyeonghwa

□ **時代劇**(じだいげき) 지다이게키 사극 sageuk

□ **コメディー**(comedy) 코메디 코미디

□ **字幕**(じまく) 지마꾸 자막 jamak

□ **主役**(しゅやく) 슈야꾸 주연 juyeon

□ **脇役**(わきやく) 와끼야꾸 조연 joyeon

□ **吹**(ふ)**き替**(か)**え** 후끼까에 더빙

□ **封切**(ふうぎ)**り** 후-기리 개봉 gaebong

□ **映画**(えいが)**マニア** 에-가마니아 영화광 yeonghwagwang

会話 かいわ

A: 映画見に行こう。
에-가 미니 이꼬-.
우리 영화 보러 가자.

B: ぞっとするホラー映画でもやってる?
좃또 스루 호라- 에-가데모 얏떼루?
뭐 오싹한 공포 영화라도 하니?

A: いや、私はコメディー映画を見ようとしたけど…。
이야, 와따시와 코메디 에-가오 미요-또 시따께도.
아니, 난 코믹 영화 보려고 하는데….

コンサート 콘사ー또 **연주회** yeonjuhoe

- **オーケストラ**(orchestra)
  오-케스또라 **오케스트라**

- **指揮者** 시끼샤 **지휘자** jihwija
- **指揮棒** 시끼보- **지휘봉** jihwibong

- **楽譜** 가꾸후
  악보 akbo

- **バイオリン**(violin)
  바이오린 **바이올린**

- **チェロ**(cello)
  체로 **첼로**

- **トロンボーン**(trombone)
  토롬본- **트럼본**

- **ピアノ**(piano)
  피아노 **피아노**
- **鍵盤** 켐방
  건반 geonban

- **トランペット**(trumpet)
  토람펫또 **트럼펫**

228

- □ **ドラム**(drum) 도라무 드럼
- □ **ドラマー**(drummer) 도라마- 드러머
- □ **ギター**(guitar) 기타- 기타
- □ **ギターリスト**(guitarlist) 기타-리스토 기타리스트
  あのギターリストの指使いは本当にすばらしい。
  아노 기타리스토노 유비즈까이와 혼또-니 스바라시이.
  저 기타리스트 손놀림이 정말 화려하다.

관련 단어

- □ **演奏者**(えんそうしゃ) 엔소-샤 연주자 yeonjuja
- □ **シンフォニー**(symphony) 심훠니- 교향곡 gyohyanggok
- □ **ハープ**(harp) 하-푸 하프
- □ **フルート**(flute) 후루-또 플루트
- □ **クラリネット**(clarinet) 쿠라리넷또 클라리넷
- □ **サクソホーン**(saxophone) 사꾸소호-ㄴ 색소폰
- □ **タンバリン**(tambourine) 탐바린 탬버린

会話 かいわ

A: ああ、素敵なコンサートだった。
아-, 스떼끼나 콘사-또 닷따.
야, 멋진 공연이었어.

B: そうね。バイオリンの演奏者も本当にすばらしかった。
소-네. 바이오린노 엔소-샤모 혼또-니 스바라시깟따.
그렇지. 바이올린 연주자도 정말 대단하더라.

A: ピアノの演奏も立派だった。
피아노노 엔소-모 립빠닷따.
피아노 연주도 훌륭했잖아.

テーマパーク 테-마빠-구 테마파크, 놀이공원

□ **動物園**도-부쯔엔
동물원 dongmurwon

□ **ピエロ**(프 pierrot) 피에로
피에로, 어릿광대 eoritgwangdae
あのピエロ踊り、見てみて。
아노 피에로노 오도리, 미떼미떼.
저 어릿광대 춤추는 거 봐.

□ **メリーゴーラウンド**(merry-go-round)
메리-고-라운도
회전목마 hoejeonmongma

□ **観覧車** 칸란샤
관람차 gwallamcha
観覧車も乗ってみる？
칸란샤니모 놋떼 미루?
우리 관람차도 타볼까?

□ **ローラーコースター**(roller coaster)
로-라-코스타- 롤러코스터

□ **風船** 후-셴
풍선 pungseon

□ 売店(ばいてん) 바이텐
매점 maejeom

□ わたあめ(棉飴) 와타아메
송사탕 somsatang
ママ、わたあめが食べたい。
마마, 와따아메가 타베따이.
엄마, 나 솜사탕 먹고 싶어.

관련 단어

□ 見物(みもの) 미모노 볼 것 bol geot

□ 乗(の)り物(もの) 노리모노 탈것 talgeot

□ 植物園(しょくぶつえん) 쇼꾸부쯔엔 식물원 singmurwon

□ お化(ば)け屋敷(やしき) 오바께야시끼 귀신의 집 gwisinui jip

□ あしかショー 아시카쇼- 물개 쇼 mulgae syo

□ バンジージャンプ(Bungee Jump) 반지-쟘푸 번지점프 beonjijeompeu

□ ゴンドラ(이 qondola) 곤도라 케이블카 keibeulka

□ 滑(すべ)り台(だい) 스베리다이 미끄럼틀 mikkeureomteul

□ ぶらんこ 부랑꼬 그네 geune

□ 入(い)り口(ぐち) 이리구찌 입구 ipgu

□ 出口(でぐち) 데구찌 출구 chulgu

복습문제

1 다음 단어를 일본어 혹은 우리말로 바꾸세요.

a) つり _____   サッカー _____   야구 _____
   たっきゅう _____   ひきわけ _____   공격하다 _____

b) 수영 _____   튜브 _____   うでたてふせ _____
   なわとび _____   윗몸일으키기 _____

c) 종이접기 _____   자수 _____   뜨개질 _____
   しょどう _____   바둑 _____

d) 에이스 _____   하트 _____   내기 _____
   이기다 _____   지다 _____   섞다 _____

e) かんこうきゃく _____   전망대 _____   예약 _____
   にもつ _____   クルーズ _____

2 다음 그림을 단어와 연결시키세요.

・　　　・　　　・　　　・　　　・

・　　　・　　　・　　　・　　　・

かい　　なみ　　ストレッチ　　ゴーグル　　ひやけローション

3 다음 빈칸에 맞는 단어를 넣으세요.

a) 재미있는 TV광고　　　おもしろい _____

b) 주부들은 드라마를 좋아한다.

　　主婦たちは_____がすきだ。

c) 좋아하는 가수는 카토 이즈미입니다.

　　すきな _____は　加藤いづみです。

d) 일본의 애니메이션은 멋집니다.

　　日本の　_____は　すばらしいです。

e) 코미디 프로는 스트레스 해소가 됩니다.

　　_____は　ストレス解消に　役に立ちます。

f) 일요일엔 꼭 노래자랑을 봅니다.

　　日曜日には　かならず　_____を見ます。

4 다음 단어를 일본어 혹은 우리말로 바꾸세요.

a) かんきゃく _____　　여배우 _____　　사극 _____
　 じまく _____　　주연 _____

b) しきしゃ _____　　바이올린 _____　　がくふ _____
　 연주자 _____　　건반 _____

c) ローラーコースター _____　　　　관람차 _____
　 わたあめ _____　　케이블카 _____　　ぶらんこ _____

5 다음 단어를 한자로 적어 보세요.

いご(바둑) _____   しょどう(서예) _____

ばんぐみ(프로그램) _____   わきやく(조연) _____

ふうせん(풍선) _____

1. a) 낚시   축구   やきゅう   탁구   무승부   せめる
   b) すいえい   うきわ   팔굽혀펴기   줄넘기   シットアップ
   c) おりがみ   ししゅう   あみもの   서예   いご
   d) エース   ハート   かけ   かつ   まける   きる
   e) 관광객   てんぼうだい   よやく   짐   선박여행
2. 파도-なみ   선탠로션-ひやけローション   조개-かい   스트레칭-ストレッチ   물안경-ゴーグル
3. a) コマーシャル   b) ドラマ   c) かしゅ   d) アニメ   e) おわらいばんぐみ   f) のどじまん
4. a) 관객   じょゆう   じだいげき   자막   しゅやく
   b) 지휘자   バイオリン   악보   えんそうしゃ   けんばん
   c) 롤러코스터   かんらんしゃ   솜사탕   ゴンドラ   그네
5. 囲碁   書道   番組   脇役   風船

Theme 9

→ 自然 시젠 자연 jayeon

Unit 01 動物 동물
Unit 02 鳥 새
Unit 03 虫 벌레
Unit 04 魚 물고기
Unit 05 果物 과일
Unit 06 木 나무
Unit 07 花 꽃
Unit 08 野菜 야채
Unit 09 風景 풍경
Unit 10 天気 날씨
Unit 11 物質 물질
Unit 12 色 색
Unit 13 宇宙 우주
Unit 14 地球 지구
Unit 15 位置 위치
Unit 16 反対語 반대말
Unit 17 나라 이름·수도 이름 및 인구

Unit 01

動物 도-부쯔 동물 dongmul

□ 馬 우마 말 mal

□ 虎 토라 호랑이 horangi

□ 狐 키쯔네 여우 yeou

□ しまうま(縞馬) 시마우마 얼룩말 eollungmal

□ 象 조- 코끼리 kokkiri

□ 熊 쿠마 곰 gom

□ 鹿 시카 사슴 saseum

□ らくだ(駱駝) 라쿠다 낙타 nakta

□ きりん(麒麟) 키린 기린 girin

□ 狼 오-까미 늑대 neukdae

狼は一夫一妻する動物だそうよ。
오-까미와 입뿌잇사이 스루 도-부쯔다 소-요.
늑대는 일부일처 하는 동물이래.

□ 猿 사루 원숭이 wonsungi

□ 犬 이누
개 gae

□ 蛇 헤비 뱀 baem

□ 猫 네꼬
고양이 goyangi

□ 豚 부따
돼지 dwaeji

□ 兎 우사기 토끼 tokki

□ こうもり(蝙蝠) 코-모리
박쥐 bakjwi

コウモリは哺乳動物だ。
코-모리와 호뉴-도-부쯔다.
박쥐는 포유동물이다.

□ わに(鰐) 와니
악어 ageo

Unit 01 動物 ▶▶▶

관련 단어

- **ライオン**(lion) 라이온 **사자** saja
- **ねずみ**(鼠) 네즈미 **쥐** jwi
- **ゴリラ**(gorilla) 고리라 **고릴라**

- **角**(つの) 쯔노 **뿔** ppul
- **尻尾**(しっぽ) 싯뽀 **꼬리** kkori
- **ひづめ** 히즈메 **발굽** balgup

A: あの熊を見て！
아노 쿠마오 미떼.
저 곰 좀 봐!

B: おお、今まで見た熊の中で一番大きい！
오ー, 이마마데 미따 쿠마노 나까데 이찌방 오ー끼ー.
우와, 지금까지 본 중에 가장 큰 곰이야!

Unit 02

鳥 とり 토리 **새** sae

□ 鳥 からす 카라스
까마귀 kkamagwi

□ 鳩 はと 하또
비둘기 bidulgi

鳩に餌をあげないでください。
하또니 에사오 아게나이데 쿠다사이.
비둘기에게 먹이를 주지 마세요

□ 白鳥 はくちょう 하꾸쵸-
백조 baekjo

□ 雀 すずめ 스즈메 참새 chamsae

□ 燕 つばめ 쯔바메 제비 jebi

□ 鷹 たか 타카 매 mae

□ わし(鷲) 와시
독수리 doksuri

□ ひばり 히바리
종달새 jongdalsae

□ かもめ(鴎) 카모메
갈매기 galmaegi

Unit 02 鳥 ▶▶▶

□ **おうむ**(鸚鵡) 오-무
앵무새 aengmusae

□ **めんどり** 멘도리
암탉 amtak

□ **雄どり** 온도리
수탉 sutak

□ **だちょう**(駝鳥) 다쬬-
타조 tajo

□ **ふくろう**(梟) 후쿠로-
부엉이 bueongi

□ **ペンギン**(penguin) 펭긴 펭귄
北極にはペンギンがいないそうです。
홋꾜꾸니와 펭긴가 나이소-데스.
북극에는 펭귄이 없대요.

□ **鶴** 츠루 학 hak

관련 단어

- かささぎ(鵲) 카사사기 까치 kkachi
- 鴨(かも) 카모 오리 ori
- 雁(がん) 강 기러기 gireogi
- きつつき 키츠츠끼 딱따구리 ttakttaguri
- いんこ 잉꼬 잉꼬 ingkko
- 渡(わた)り鳥(どり) 와타리도리 철새 cheolsae

- 羽(はね) 하네 깃털 gitteol
- くちばし 쿠찌바시 부리 buri
- 爪(つめ) 쯔메 발톱 baltop
- 尾(お) 오 꼬리 kkori
- 翼(つばさ) 츠바사 날개 nalgae

A: 雄鶏(おすどり)は尾(お)が長(なが)くて、雌鳥(めすどり)は尾(お)が短(みじか)いの。
오스도리와 오가 나가꾸떼, 메스도리와 오가 미지까이노.
수탉은 꽁지가 길고, 암탉은 꽁지가 짧단다.

B: あ、そうですか。今(いま)まで知(し)りませんでした。
아, 소-데스까. 이마마데 시리마셴데시따.
아, 그렇군요. 지금까지 몰랐어요.

Unit 03

虫 むし 무시 **벌레** beolle

□ **はえ**(蠅) 하에
파리 pari

□ **くも**(蜘蛛) 쿠모
거미 geomi

□ **蜂** 하찌 벌 beol

□ **ちょう**(蝶) 쵸-
나비 nabi
(ちょうちょう라고도 함)

□ **こおろぎ**(蟋蟀) 코-로기
귀뚜라미 gwitturami

□ **あり**(蟻) 아리
개미 gaemi

羽の付いたアリは雄アリだ。
하네노 츠이따 아리와 오스아리다.
날개가 달린 개미는 수개미란다.

□ **が**(蛾) 가
나방 nabang

□ **とんぼ**(蜻蛉) 톰보
잠자리 jamjari

□ **かぶとむし**(兜虫) 카부또무시
사슴벌레 saseumbeolle

□ **ばった**(飛蝗) 밧따
메뚜기 mettugi

- か(蚊) 카 **모기** mogi
  蚊に刺されてとても痒い。
  카니 사사레떼 토떼모 카유이.
  모기에 물려서 너무 가렵다.

- てんとうむし(天道虫) 텐또-무시
  무당벌레 mudangbeolle

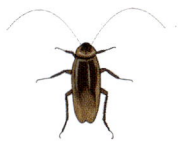

- ほたる(蛍) 호따루
  개똥벌레 gaettongbeolle

- ごきぶり 고끼부리
  바퀴벌레 bakwibeolle
  ゴキブリは湿って、暗い場所を好む。
  고끼부리와 시멧떼 쿠라이 바쇼오 코노무.
  바퀴벌레는 습하고 어두운 곳을 좋아한다.

관련 단어

- みみず 미미즈 **지렁이** jireongi
- かまきり 카마키리 **사마귀** samagwi
- さそり 사소리 **전갈** jeongal
- 蚕(かいこ) 카이코 **누에** nue
- 卵(たまご) 타마고 **알** al
- あおむし(青虫) 아오무시 **애벌레** aebeolle
- さなぎ 사나기 **번데기** beondegi
- しょっかく(触角) 쇽까꾸 **더듬이** deodeumi
- 針(はり) 하리 **침** chim

Unit 04

魚 さかな 물고기 mulgogi

□ **さば**(鯖) 사바
고등어 godeungeo

□ **まぐろ**(鮪) 마구로
참치 chamchi
私はツナを入れたキムチなべが好きだ。
와따시와 츠나오 이레따 기무치나베가 스끼다.
난 참치를 넣은 김치찌개가 좋아.

□ **金魚** きんぎょ 킹교
금붕어 geumbungeo
金魚は観賞用の魚だ。
킹교와 칸쇼-요-노 사까나다.
금붕어는 관상용 물고기이다.

□ **ひらめ**(平目) 히라메
광어 gwangeo

□ **こい**(鯉) 코이
잉어 ingeo

□ **さめ**(鮫) 사메
상어 sangeo

□ **いわし**(鰯) 이와시
정어리 jeongeori

□ **ます** 마스
송어 songeo

□ **さけ**(鮭) 사께 연어 yeoneo

□ **いか**(烏賊) 이까
오징어 ojingeo

□ **たこ**(蛸) 타꼬
문어 muneo

□ **えび**(海老) 에비
새우 saeu
エビは淡水にも棲息する。
에비와 탄스이니모 세-소꾸스루.
새우는 민물에서도 산다.

□ **ロブスター**(lobster) 로부스따-
바닷가재 badatgajae

□ **蟹**(かに) 카니 게 ge

□ **かき**(牡蠣) 카끼
굴 gul

□ **亀** 카메 거북 geobuk
亀は代表的な長寿動物だ。
카메와 다이효-떼끼나 쵸-쥬 도-부쯔다.
거북은 대표적 장수 동물이다.

□ **鯨** 쿠지라 고래 gorae

Unit 04 魚 ▶▶▶

관련 단어

- 鰻(うなぎ) 우나기 **장어** jangeo
- 海苔(のり) 노리 **김** gim
- 貝(かい) 카이 **조개** jogae
- さざえ 사자에 **소라** sora

- えら 에라 **아가미** agami
- 鱗(うろこ) 우로꼬 **비늘** bineul
- ひれ 히레 **지느러미** jineureomi
- 尾(お)びれ 오비레 **꼬리 지느러미** kkori jineureomi
- みずかき 미즈카끼 **물갈퀴** mulgalkwi

A: この魚の名前は何ですか?
코노 사까나노 나마에와 난데스까.
이 물고기의 이름은 뭐예요?

B: それはマスというものだ。
소레와 마스또이우 모노다.
그건 송어란다.

Unit 05

果物 (くだもの) 쿠다모노 과일 gwail

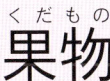

- **レモン**(lemon) 레몽
  레몬
  レモンにはクエン酸(さん)が多いそうです。
  레몬니와 쿠엔산가 오-이 소-데스.
  레몬에는 구연산이 많대요.

- **すいか**(西瓜) 스이까
  수박 subak
  冷(つめ)たいスイカが食(た)べたいな….
  츠메따이 스이까가 타베따이나.
  시원한 수박 한 조각 먹었으면….

- **りんご**(林檎) 링고
  사과 sagwa

- **葡萄** 부도- 포도 podo

- **桃**(もも) 모모
  복숭아 boksunga

- **梨**(なし) 나시 배 bae

- **みかん**(蜜柑) 미깡
  귤 gyul

- **いちご**(苺) 이찌고
  딸기 ttalgi

Unit 05 果物 ▶▶▶

- バナナ(banana) 바나나

바나나

バナナは本当にすぐ変わる果物だ。
바나나와 혼또-니 스구 카와루 쿠다모노다.
바나나는 정말 빨리 변하는 과일이다.

- 杏子 안즈 살구 salgu

食パンに杏子のジャムを塗って食べよう。
쇼꾸빵니 안즈노 쟈무오 눗떼 타베요ー.
식빵에 살구잼을 발라 먹어야겠다.

- 柿 카끼 감 gam

- オレンジ(orange) 오렌지

오렌지

- パイナップル(pineapple) 파이납뿌루

파인애플

- ピーナッツ(peanuts) 피ー낫쯔

땅콩 ttangkong

- 栗 쿠리 밤 bam

- 胡桃 쿠루미

호두 hodu

관련 단어

- **メロン** (melon) 메론 **멜론**
- **すもも**(李) 스모모 **자두** jadu
- **なつめ**(棗) 나쯔메 **대추** daechu
- **いちじく**(無花果) 이치지꾸 **무화과** muhwagwa
- **アーモンド** (almond) 아-몬도 **아몬드**
- **松(まつ)の実(み)** 마쯔노미 **잣** jat
- **干(ほ)しぶどう** 호시부도- **건포도** geonpodo
- **キウイ** (kiwi) 키우이 **키위**

会話 かいわ

A: スモモは便秘に利く果物だそうよ。
스모모와 벰삐니 키꾸 쿠다모노다 소-요.
자두가 변비에 좋은 과일이래.

B: 本当？私はリンゴしか知らなかった。
혼또-? 와따시와 링고시까 시라나깟따.
그래? 난 사과 밖에 몰랐는데.

A: まあ、果物ならほとんどが利くでしょうね。
마-, 쿠다모노나라 호돈도가 키꾸데쇼-네.
하긴 과일이라면 거의 다 좋겠지.

Unit 06

木 き 나무 namu

□ 葉 は 잎 ip

□ 枝 えだ 가지 gaji

□ 年輪 ねんりん 나이테 naite

□ 根 ね 뿌리 ppuri

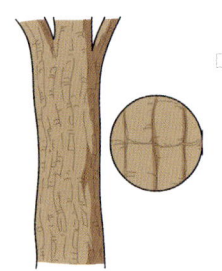

□ 木の皮 きのかわ
나무껍질 namukkeopjil

□ 幹 みき
나무 몸통 namu momtong

□ 木の実 このみ
나무 열매 namu yeolmae

□ 種 たね 씨 ssi

□ 芽 め 싹 ssak

□ 茎 くき
(꽃)줄기 (kkot)julgi

□ 銀杏 いちょう 이쬬-
은행나무 eunhaengnamu
秋の銀杏は本当に美しい。
와키노 이쵸-와 혼또-니 우쯔꾸시-.
가을의 은행나무는 정말 아름답다.

□ 柏 かしわ 카시와
떡갈나무 tteokgallamu
ドングリは柏の実だ。
동구리와 카시와노 미다.
도토리는 떡갈나무의 열매란다.

□ 椰子 やし 야시
야자수 yajasu

□ 松 まつ 마쯔 소나무 sonamu

관련 단어

□ 紅葉(もみじ) 모미지 단풍 danpung

□ 栗(くり)の木(き) 쿠리노키 밤나무 bamnamu

□ 竹(たけ) 타께 대나무 daenamu

□ 柳(やなぎ) 야나기 버드나무 beodeunamu

□ プラタナス(platanus) 푸라타나스 플라타너스

Unit 07

花 하나 꽃 kkot

□ 薔薇 ばら
장미 jangmi

□ 百合 ゆり 유리
백합 baekhap

□ ひまわり(向日葵)
히마와리 해바라기 haebaragi

□ 菖蒲 あやめ 아야메
붓꽃 butkkot

□ すみれ(菫) 스미레
제비꽃 jebikkot

□ かすみそう(霞草)
카스미소-
안개꽃 angaekkot
(かすみ는 봄안개라는 뜻)

□ たんぽぽ(蒲公英) 탐뽀뽀
민들레 mindeulle

□ 朝顔 あさがお 아사가오
나팔꽃 napalkkot

□ 蘭 らん 난초 nancho

□ コスモス(cosmos) 코스모스
코스모스

- **チューリップ**(tulip) 츄-립뿌
  튤립
  チューリップというとオランダを思い出す。
  츄-립뿌또 이우또 오란다오 오모이다스.
  튤립 하면 네덜란드가 생각난다.

- **菊** 키쿠
  국화 gukhwa
  菊の種類もとても多用だ。
  키쿠노 슈루이모 토떼모 타요-다.
  국화의 종류도 무척 다양하다.

- **蓮** 하스
  연꽃 yeonkkot

- **つつじ**(躑躅) 츠쯔지
  진달래 jindallae

- **サボテン**(ス sapoten)
  사보텐 선인장 seoninjang

관련 단어

- **連**(れん)**ぎょう** 렝교- 개나리 gaenari
- **牡丹**(ぼたん) 보딴 모란 moran
- **雑草**(ざっそう) 잣소- 잡초 japcho
- **葦**(あし) 아시 갈대, 억새 galdae, eoksae

- **花粉**(かふん) 카훈 꽃가루 kkotgaru
- **花**(はな)**びら** 하나비라 꽃잎 kkochip
- **花言葉**(はなことば) 하나코또바 꽃-말 kkot-mal

野菜 야사이 **야채** yachae

□ **大根** 다이꽁
무 mu

□ **ほうれんそう**(菠薐草) 호-렌소-
시금치 sigeumchi

ポパイは本当に菠薐草が好きだったのか?
포빠이와 혼또-니 호-렌소-가 스끼닷따노까.
뽀빠이는 정말 시금치를 좋아했을까?

□ **きゅうり**(胡瓜) 큐-리
오이 oi

□ **たまねぎ**(玉葱) 타마네기
양파 yangpa

□ **ねぎ**(葱) 네기 **파** pa

□ **にんにく**(大蒜) 닌니꾸
마늘 maneul

□ **豆** 마메 **콩** kong

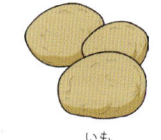

□ **じゃが芋** 쟈가이모
감자 gamja

□ **さつまいも**(薩摩芋) 사쯔마이모
고구마 goguma

(さつまは 큐슈 남부 현재의 鹿児島[かごしま] 지역)

□ **にんじん**(人参) 닌징
당근 danggeun

馬がにんじんが好きなのは知ってるでしょう？
우마가 닌징가 스끼나노와 싯떼루데쇼-?
말이 당근 좋아하는 거 알지?

□ **かぼちゃ**(南瓜) 카보쨔
호박 hobak

□ **茸** 키노꼬
버섯 beoseot

□ **レタス**(lettuce) 레타스
양상추 yangsangchu

□ **トマト**(tomato) 토마또
토마토

トマトが野菜なのか
果物なのかは重要じゃない。

토마또가 야사이나노까
쿠다모노나노까와 쥬-요-쟈나이.
토마토가 채소인지 과일인지는
중요하지 않아.

□ **唐辛子** 토-가라시
고추 gochu

小さい唐辛子が本当に辛いよね。
치-사이 토-가라시가 혼또-니 카라이요네.
작은 고추가 정말 맵네.

□ **ピーマン**(프 piment) 피-망
피망 pimang

관련 단어

□ **生姜**(しょうが) 쇼-가 생강 saenggang

□ **もやし** 모야시 콩나물 kongnamul

□ **なす**(茄子) 나스 가지 gaji

□ **蓮根**(れんこん) 렝꽁 연근 yeongeun

□ **ブロッコリー**(broccoli) 브록꼬리- 브로콜리

Unit 09

風景 후-께- 풍경 punggyeong

□ 湖 미즈우미
호수 hosu

□ 滝 타끼
폭포 pokpo

□ 谷 타니
골짜기 goljjagi

□ 高原 코-겐
고원 gowon

□ 丘 오까
언덕 eondeok

□ 洞窟 도-꾸쯔
동굴 donggul

□ かわ(川) 카와
강 gang

□ 小川 오가와
개울 gaeul

□ がけ(崖) 가께
절벽 jeolbyeok

□ 険しい道 케와시이 미찌
험한 길 heomhan gil

□ 森 모리
숲 sup

□ 野原 노하라
들판 deulpan

□ 山 やま 산 san

□ かざん (火山) 카잔
화산 hwasan

□ いわ (岩) 이와
바위 bawi

□ 北 きた 키타
북쪽 bukjjok

□ 西 にし 니시
서쪽 seojjok

□ 東 ひがし 히가시
동쪽 dongjjok

□ 南 みなみ 미나미
남쪽 namjjok

Unit 10

天気 텡끼 **날씨** nalssi

□ 晴れ 하레
맑음 malgeum

□ 雲 쿠모
구름 gureum

□ 風 카제
바람 baram

□ 雨 아메
비 bi
□ 洪水 코-즈이
홍수 hongsu

□ 雪 유끼
눈 nun

□ 虹 니지
무지개 mujigae

□ 稲妻 이나즈마
번개 beongae

□ 霧 키리
안개 angae

□ つらら 츠라라
고드름 godeureum

관련 단어

- 曇(くも)り 쿠모리 흐림 heurim
- 空(そら) 소라 하늘 haneul
- みぞれ 미조레 진눈깨비 jinnunkkaebi
- にわか雨(あめ) 니와까아메 소나기 sonagi (にわか는 '갑자기'라는 뜻)
- 霜(しも) 시모 서리 seori
- ひょう 효- 우박 ubak
- 氷(こおり) 코-리 얼음 eoreum
- 嵐(あらし) 아라시 폭풍우 pokpungu
- 雷(かみなり) 카미나리 천둥 cheondung
- 日照(ひで)り 히데리 가뭄 gamum
- 露(つゆ) 쯔유 이슬 iseul
- 木枯(こが)らし 코가라시 초겨울의 찬바람 chogyeourui chanbaram
- 吹雪(ふぶき) 후부끼 눈보라 nunbora

会話 かいわ

A: この湖の周りはいつも霧が立ち込めている。
코노 미즈우미노 마와리와 이쯔모 키리가 다찌꼬메떼이루.
이 호수 주변은 항상 안개가 끼어 있네.

B: そのせいか、ここを通るのは気味悪い。
소노 세이까 코꼬오 토-루노와 키미와루이.
그래서 그런지 여기를 지나가려면 좀 으스스하더라.

Unit 11

物質 붓시쯔 물질 muljil

□ 金属 킨조꾸
금속 geumsok

□ 油 아부라
기름 gireum

□ 石炭 세끼탕
석탄 seoktan

□ 土壌 도죠-
토양 toyang

土壌は徐々に汚染されている。
도죠-와 죠죠니 오센사레떼 이루.
토양은 점점 오염되고 있다.

□ 電気 뎅끼 전기 jeongi

電気が発明されなかったら…。
뎅끼가 하쯔메- 사레나깟따라.
전기가 발명되지 않았더라면…

□ 液体 에끼타이
액체 aekche

□ 気体 키타이
기체 giche

□ 固体 코타이
고체 goche

□ 光 ひかり 히까리 빛 bit

□ 火 ひ 히 불 bul

□ 熱 ねつ 네쯔 열 yeol

□ 煙 けむり 케무리 연기 yeongi

一時、工場の煙突からでる煙は近代化の象徴だった。
이찌지, 코-죠-노 엔또쯔까라 데루 케무리와 킨다이까노 쇼-쵸-닷따.
한때 공장 굴뚝의 연기는 근대화의 상징이었지.

□ 水 みず 미즈 물 mul

水道の水をそのまま飲んでもいいですか？
스이도-노 미즈오 소노마마 논데모 이-데스까.
수돗물을 그냥 먹어도 되나요?

관련 단어

□ 金(きん) 킹 금 geum

□ 力(ちから) 치까라 힘 him

□ 鉄(てつ) 테쯔 철

□ あかがね 아까가네 구리 guri

□ 真鍮(しんちゅう) 신쮸- 놋쇠 notsoe

□ 鉛(なまり) 나마리 납 nap

Unit 12

色 いろ 색 saek

□ 黒 くろ
검은색 geomjeong

□ 灰 はい
회색 hoesaek

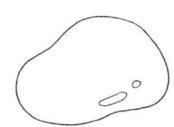
□ 白 しろ
흰색 huinsaek

□ 青 あお
파란색 paransaek

□ 赤 あか
빨간색 ppalgansaek

□ 黄 き
노란색 noransaek

□ 緑 みどり
녹색 choroksaek

□ 茶 ちゃ
갈색 galsaek

□ 紫 むらさき
보라색 borasaek

□ **ピンク**(pink) 핑꾸
분홍색 bunhongsaek

□ **オレンジ**(orange) 오렌지
주황색 juhwangsaek

□ **紺**(こん) 콩
남색 namsaek

□ **ベージュ**(불 beige) 베-주
베이지색 beijisaek
ベージュ色のパンツをはいている
あの女の子はどう？
베-쥬이로노 판쯔오 하이떼이루 아노 온나노꼬와 도-?
베이지색 바지 입은 저 여자 어때?

□ **銀**(ぎん) 깅 은색 eunsaek
あの銀色の建物も新しく建てられたんだ。
아노 깅이로노 타떼모노모 아따라시꾸 타떼라레딴다.
저 은색 건물 새로 지었구나.

□ **アイボリー**(ivory) 아이보리
상아색 sangasaek

会話 かいわ

A: 何色(なにいろ)が好(す)きですか？
나니이로가 스끼데스까.
무슨 색을 좋아하세요?

B: 紫色(むらさきいろ)と青色(あおいろ)が好(す)きです。
무라사끼이로또 아오이로가 스끼데스.
보라색과 파란색을 좋아해요.

Unit 13

宇宙 うちゅう 우츄- **우주** uju

□ **太陽** たいよう 타이요-
태양 taeyang

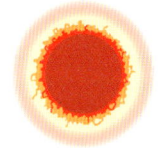
□ **三日月** みかづき 미카즈끼
초승달 choseungdal

□ **半月** はんげつ 항게쯔
반달 bandal

□ **満月** まんげつ 망게쯔
보름달 boreumdal

□ **月** つき 쯔끼
달 dal

□ **地球** ちきゅう 치큐-
지구 jigu

地球の未来はどうなるか？
치큐-노 미라이와 도-나루까.
지구의 미래는 어떻게 될까?

□ **惑星** わくせい 와꾸세-
혹성 hokseong

□ **星** ほし 호시
별 byeol

□ **流れ星** ながれぼし 나가레보시
유성 yuseong

264

관련 단어

- **金星**(きんせい) 킨세- 금성 geumseong
- **火星**(かせい) 카세- 화성 hwaseong
- **衛星**(えいせい) 에-세- 위성 wiseong
- **天川**(あまのがわ) 아마노가와 은하수 eunhasu
- **銀河系**(ぎんがけい) 깅가께- 은하계 eunhagye
- **日食**(にっしょく) 닛쇼꾸 일식 ilsik
- **月食**(げっしょく) 겟쇼꾸 월식 wolsik
- **天文学**(てんもんがく) 템몽가꾸 천문학 cheonmunhak
- **観測**(かんそく) 칸소꾸 관측 gwancheuk
- **星座**(せいざ) 세-자 성좌 seongjwa
- **北極星**(ほっきょくせい) 혹꾜꾸세- 북극성 bukgeukseong
- **北斗七星**(ほくとしちせい) 호꾸또시찌세- 북두칠성 bukduchilseong
- **宇宙飛行士**(うちゅうひこうし) 우쮸-히꼬-시 우주비행사 ujubihaengsa
- **スペースシャトル**(space shuttle) 스페-스샤또루 우주왕복선 ujuwangbokseon

会話 かいわ

A: 本当にUFOは存在するのか？あなたはどう思う？
혼또-니 유-에후오-와 손자이 스루노까. 아나따와 도- 오모우?
정말 UFO가 있을까? 넌 어떻게 생각해?

B: さあ、あるような気もするし…。よくわからない。
사-, 아루요-나 키모 스루시. 요꾸 와까라나이.
글쎄. 있을 것 같기도 하고…. 잘 모르겠어.

A: 私はあると思う。様々な証拠もあるでしょう。
와따시와 아루또 오모우. 사마자마나 쇼-꼬모 아루데쇼-.
난 있을 거 같아. 여러 가지 증거들도 있잖아.

Unit 14

地球 치큐- **지구** jigu

□ **陸地** 리꾸찌
육지, 땅 yukji, ttang

□ **大洋** 타이요-
대양 daeyang

□ **海** 우미
바다 bada

□ **大陸** 타이리꾸
대륙 daeryuk

□ **島** 시마
섬 seom

□ **山脈** 삼먀꾸
산맥 sanmaek

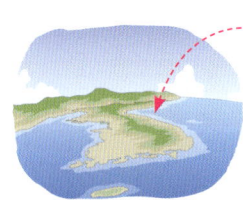
□ **半島** 한또-
반도 bando

□ **湾** 완
만 man

□ **北極** 혹꾜꾸
북극 bukgeuk

□ **南極** 낭꾜꾸
남극 namgeuk

□ 緯度 이도
위도 wido

□ 経度 케―도
경도 gyeongdo

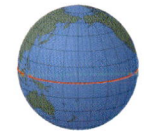

□ 赤道 세끼도―
적도 jeokdo

□ 砂漠 사바꾸
사막 samak

□ 大気 타이끼
대기 daegi

□ 海峡 카이꾜―
해협 haehyeop

会話 かいわ

A: 最近、地球のあらゆる場所で天変地異が発生している。心配だよね。
사이낑, 치큐―노 아라유루 바쇼데 템펜찌이가 핫세― 시떼이루. 심빠이 다요네.
최근 지구 곳곳에서 천재지변이 발생하잖아. 심각한 일이야.

B: そうだな。異常気温、洪水、地震、火山爆発…、本当に恐ろしい。
소―네. 이죠―끼온, 코―즈이, 지신, 카산바꾸하쯔, 혼또―니 오소로시―.
그러게 말이야. 이상 기온, 홍수, 지진, 화산 폭발…, 정말 무섭지.

A: 本当に地球の未来が心配になる。
혼또―니 치큐―노 미라이가 심빠이니 나루.
정말 지구의 미래가 걱정된다.

Unit 15

位置 이치 위치 witch

□ 外 소또
박 bak

□ 中 나까
안 an

彼女は夫を家の中で見送った。
카노죠와 옷또오 이에노 나까데 미오꿋따.
그녀는 남편을 집 안에서 배웅했다.

□ 真ん中 만나까
가운데 gaunde

矢が飛んできて的の真ん中に当たった。
야가 톤데 키떼 마또노 만나까니 아땃따.
화살이 날아와 과녁 가운데 박혔다.

□ 左 히다리 ⇔ □ 右 미기
왼쪽 oenjjok   오른쪽 oreunjjok

□ 横 요꼬 옆 yeop

犬小屋のそばで犬が居眠りしている。
이누고야노 소바데 이누가 이네무리 시떼이루.
개집 옆에서 개가 졸고 있다.

□ 前 마에 ⇔ □ 後ろ 우시로
앞 ap   뒤 dwi

□ 家から 駅まで 우치까라 에끼마데
집에서부터 역까지 jibeseobuteo yeokkkaji

□ 上 우에 위 wi ↔ □ 下 시따 아래 arae

□ 向う 무꼬-
건너편 geonneopyeon

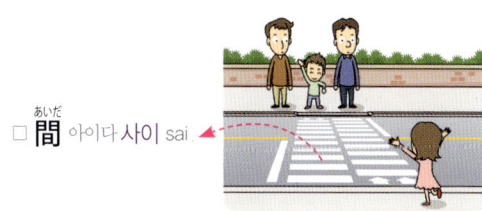

□ 間 아이다 사이 sai

관련 단어

□ 隣(となり) 토나리 이웃 iut

□ 近(ちか)い 치까이 가깝다 gakkapda ↔ 遠(とお)い 토오이 멀다 meolda

Unit 16

反対語 한따이고 반대말 bandaemal

□ **大きい** 오―끼이 ↔ □ **小さい** 치―사이
크다 keuda　　　　　　　작다 jakda

□ **明るい** 아까루이 ↔ □ **暗い** 쿠라이
밝다 bakda　　　　　　　어둡다 eodupda

□ **高い** 높다 nopda ↔ □ **低い** 낮다 natda
타까이　　　　　　　　　히꾸이

□ **新しい** 아타라시― ↔ □ **古い** 후루이
새로운 saeroun　　　　　낡은 nalgeun

古い物が新しい物より悪いわけではない。
후루이 모노가 아따라시― 모노요리 와루이 와케데와 나이.
낡은 것이 새로운 것보다 나쁜 것은 아니다.

□ **軽い** 카루이 ⟷ □ **重い** 오모이
가볍다 gabyeopda　　무겁다 mugeopda

□ **広い** 히로이 ⟷ □ **狭い** 세마이
넓다 neolda　　좁다 jopda

□ **速い** 하야이 ⟷ □ **遅い** 오소이
빠르다 ppareuda　　느리다 neurida

少し遅くても速くても、自分のやるべきことをすればいいだろう。
스꼬시 오소꾸떼모 하야꾸떼모 지분노 야루베끼 코또오 스레바 이-다로-.
좀 느리든 빠르든 자기 할 일을 하면 되겠지.

 　　□ **いい** 이- ⟷ □ **悪い** 와루이
　　　　　　　　　　　　좋다 jota　　나쁘다 nappeuda

Unit 16 反対語 ▶▶▶

□ 美しい 우쯔꾸시-
아름답다 areumdapda

⇔

□ 醜い 미니꾸이
추하다 chuhada

花を見て。美しいものもいつかは醜くなるものだ。
하나오 미떼. 우쯔꾸시이 모노모 이쯔까와 미니꾸구 나루 모노다.
꽃을 봐. 아름다운 것도 언젠가는 추해지는 거야.

□ きつい 키쯔이
팽팽하다 paengpaenghada

⇔

□ ゆるい 유루이
느슨하다 neuseunhada

□ 鋭い 스루도이
예리하다 yerihada

⇔

□ 鈍い 니부이
둔하다 dunhada

□ 奇麗だ 키레-다
깨끗하다 kkaekkeutada

⇔

□ 汚い 키따나이
더럽다 deoreopda

- 開<ruby>ける</ruby> 아께루
  열다 yeolda
- 閉める 시메루
  닫다 datda

どうして窓を開けたり閉めたりするの？気になるよ。
도-시떼 마도오 아께따리 시메따리 스루노? 키니 나루요.
창문을 왜 자꾸 열었다 닫았다 하는 거니? 신경쓰이게.

- 乾く 카와꾸
  마르다 mareuda
- 濡れる 누레루
  젖다 jeotda

- 一杯 잇빠이
  가득히 gadeukhi
- 空いた 아이따
  텅 빈 teong bin

- 昼間 히루마
  낮 nat
- 夜 요루
  밤 bam

今日は、夜と昼の長さが等しい秋分だ。
쿄-와 요루또 히루노 나가사가 히또시이 슈-분다.
오늘은 밤과 낮의 길이가 같은 추분이야.

Unit 16 反対語 ▶▶▶

□ **勤勉だ** キンベンだ
부지런하다 bujireonhada

□ **怠けている** なまけている
게으르다 geeureuda

□ **攻撃** コーゲキ
공격 gonggyeok

□ **防御** ボーギョ
방어 bangeo

彼は、攻撃する槍と防御する盾を両方持っている人だ。
카레와 코-게끼스루 야리또 보-교스루 타떼오 료-호- 못떼이루 히또다.
그는 공격하는 창과 방어하는 방패를 둘 다 가진 사람이다.

□ **金持ち** カネモチ
부자 buja

□ **貧乏人** ビンボーニン
가난뱅이 gananbaengi

□ **既婚** キコン
기혼 gihon

□ **未婚** ミコン
미혼 mihon

관련 단어

- 太(ふと)る 후또루
  살찌다 saljjida
  ↔
- やせる 야세루
  마르다 mareuda

- 寒(さむ)い 사무이
  춥다 chupda
  ↔
- 暑(あつ)い 아쯔이
  덥다 deopda

- 嬉(うれ)しい 우레시ー
  기쁘다 gippeuda
  ↔
- 悲(かな)しい 카나시ー
  슬프다 seulpeuda

- 好(す)きだ 스끼다
  좋아하다 joahada
  ↔
- 嫌(きら)いだ 키라이다
  싫어하다 sireohada

- 多(おお)い 오ー이
  많다 manta
  ↔
- 少(すく)ない 스꾸나이
  적다 jeokda

- 長(なが)い 나가이
  길다 gilda
  ↔
- 短(みじか)い 미지까이
  짧다 jjalda

- 派手(はで)だ 하데다
  화려하다 hwaryeohada
  ↔
- 地味(じみ)だ 지미다
  수수하다 susuhada

- 強(つよ)い 쯔요이
  강하다 ganghada
  ↔
- 弱(よわ)い 요와이
  약하다 yakhada

会話 かいわ

A : あの人は太りすぎて大変でしょうね。なぜあんなに太ったのかな。
아노 히또와 후또리스기떼 타이헨데쇼ー네.
저 사람 너무 뚱뚱해서 괴롭겠다. 왜 저렇게 살이 많이 쪘을까?

B : 医者によると、肥満も病気だそうよ。
이샤니 요루또 히맘모 뵤ー끼다 소ー요.
의사들이 하는 말이, 비만도 병이라더라.

Unit 17

나라 이름 · 수도 이름 및 인구

아시아 アジア

	□ 네팔 ネパール 　　□ 카트만두 カトマンズ	2,474만
	□ 대만 台湾 　　□ 타이베이 台北	2,268만
	□ 라오스 ラオス 　　□ 비엔티안 ビエンチャン	560만
	□ 레바논 レバノン 　　□ 베이루트 ベイルート	440만
	□ 말레이시아 マレーシア 　　□ 쿠알라룸푸르 クアラルンプール	2,500만
	□ 몽골 モンゴル 　　□ 울란바토르 ウランバートル	250만
	□ 미얀마 ミャンマー 　　□ 네피도 ネピドー	5,217만
	□ 방글라데시 バングラデシュ 　　□ 다카 ダッカ	1억3,810만
	□ 베트남 ベトナム 　　□ 하노이 ハノイ	8,206만
	□ 북한 北朝鮮 　　□ 평양 平壌	2,250만

🇸🇦	□ 사우디아라비아 サウジアラビア 　□ 리야드 リヤド	2,400만
🇱🇰	□ 스리랑카 スリランカ 　□ 콜롬보 コロンボ	1,990만
🇸🇾	□ 시리아 シリア 　□ 다마스쿠스 ダマスカス	1,820만
🇸🇬	□ 싱가포르 シンガポール 　□ 싱가포르 シンガポール	420만
🇦🇫	□ 아프가니스탄 アフガニスタン 　□ 카불 カブール	2,510만
🇾🇪	□ 예멘 イエメン 　□ 사나 サヌア	1,970만
🇺🇿	□ 우즈베키스탄 ウズベキスタン 　□ 타슈켄트 タシケント	2,560만
🇮🇶	□ 이라크 イラク 　□ 바그다드 バグダット	2000만
🇮🇷	□ 이란 イラン 　□ 테헤란 テヘラン	6,000만
🇮🇱	□ 이스라엘 イスラエル 　□ 예루살렘 エルサレム	688만
🇮🇳	□ 인도 インド 　□ 뉴델리 ニューデリー	10억2,700만
🇮🇩	□ 인도네시아 インドネシア 　□ 자카르타 ジャカルタ	2억1천만

Unit 17 각국의 수도와 인구 ▶▶▶

- 일본 日本国(ニホンコク)
  - 도쿄 東京(トウキョウ)
  1억2천만

- 중국 中国(ちゅうごく)
  - 베이징 北京(ペキン)
  12억9천만

- 카자흐스탄 カザフスタン
  - 아스타나 アスタナ
  1,490만

- 캄보디아 カンボジア
  - 프놈펜 プノンペン
  1,300만

- 태국 タイ
  - 방콕 バンコク
  6,197만

- 터키 トルコ
  - 앙카라 アンカラ
  6,700만

- 파키스탄 パキスタン
  - 이슬라마바드 イスラマバード
  1억4,872만

- 필리핀 フィリピン
  - 마닐라 マニラ
  8,150만

- 한국 韓国(かんこく)
  - 서울 ソウル
  4,850만

유럽 ヨーロッパ

- 그리스 ギリシャ
  - 아테네 アテネ
  1,094만

- 네덜란드 オランダ
  - 암스테르담 アムステルダム — 1,620만

- 노르웨이 ノルウェー
  - 오슬로 オスロ — 457만

- 덴마크 デンマーク
  - 코펜하겐 コペンハーゲン — 540만

- 독일 ドイツ
  - 베를린 ベルリン — 8,250만

- 러시아 ロシア
  - 모스크바 モスクワ — 1억4,350만

- 루마니아 ルーマニア
  - 부쿠레슈티 ブカレスト — 2,190만

- 룩셈부르크 ルクセンブルク
  - 룩셈부르크 ルクセンブルク — 45만

- 벨기에 ベルギー
  - 브뤼셀 ブリュッセル — 1,030만

- 스웨덴 スウェーデン
  - 스톡홀름 ストックホルム — 901만

- 스위스 スイス
  - 베른 ベルン — 739만

- 스페인 スペイン
  - 마드리드 マドリード — 4,269만

- 아일랜드 アイルランド
  - 더블린 ダブリン — 392만

Unit 17 각국의 수도와 인구 ▶▶▶

- 영국 イギリス — 5,923만
  - 런던 ロンドン

- 오스트리아 オーストリア — 810만
  - 빈 ウィーン

- 우크라이나 ウクライナ — 4,660만
  - 키예프 キエフ

- 이탈리아 イタリア — 5,700만
  - 로마 ローマ

- 체코 チェコ — 1,000만
  - 프라하 プラハ

- 포르투갈 ポルトガル — 1,053만
  - 리스본 リスボン

- 폴란드 ポーランド — 3,830만
  - 바르샤바 ワルシャワ

- 프랑스 フランス — 6,168만
  - 파리 パリ

- 핀란드 フィンランド — 524만
  - 헬싱키 ヘルシンキ

- 헝가리 ハンガリー — 1,009만
  - 부다페스트 ブダペスト

아프리카 アフリカ

- 가나 ガーナ — 2,090만
  - 아크라 アクラ
- 나이지리아 ナイジェリア — 1억3500만
  - 아부자 アブジャ
- 남아프리카공화국 南アフリカ — 4,483만
  - 프리토리아 プレトリア
- 모로코 モロッコ — 3,008만
  - 라바트 ラバト
- 수단 スーダン — 3,361만
  - 하르툼 ハルツーム
- 알제리 アルジェリア — 3,180만
  - 알제 アルジェ
- 에티오피아 エチオピア — 7,000만
  - 아디스아바바 アディスアベバ
- 우간다 ウガンダ — 2,590만
  - 캄팔라 カンパラ
- 이집트 エジプト — 6,920만
  - 카이로 カイロ
- 케냐 ケニア — 3,240만
  - 나이로비 ナイロビ
- 탄자니아 タンザニア — 3,520만
  - 도도마 ドドマ

Unit 17 각국의 수도와 인구 ▶▶▶

오세아니아 オセアニア

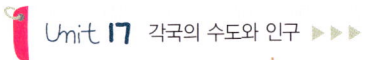	□ 뉴질랜드 ニュージーランド 　□ 웰링턴 ウェリントン	403만
	□ 호주 オーストラリア 　□ 캔버라 キャンベラ	1,900만

아메리카 アメリカ

	□ 멕시코 メキシコ 　□ 멕시코시티 メキシコ・シティー	1억350만
	□ 미국 アメリカ 　□ 워싱턴 ワシントン	3억1백만
	□ 베네수엘라 ベネズエラ 　□ 카라카스 カラカス	2,500만
	□ 브라질 ブラジル 　□ 브라질리아 ブラジリア	1억8천만
	□ 아르헨티나 アルゼンチン 　□ 부에노스아이레스 ブエノスアイレス	3,810만
	□ 칠레 チリ 　□ 산티아고 サンティアゴ	1,596만
	□ 캐나다 カナダ 　□ 오타와 オタワ	3,000만

- 콜롬비아 コロンビア 4,400만
  - 보고타 ボゴタ

- 쿠바 キューバ 1,100만
  - 아바나 ハバナ

- 페루 ペルー 2,700만
  - 리마 リマ

관련 단어

- 国(くに) 쿠니・国家(こっか) 콕까 나라, 국가 nara, gukga
- 首都(しゅと) 슈또 수도 sudo
- 都市(とし) 토시 도시 dosi
- 文化(ぶんか) 붕까 문화 munhwa
- 人口(じんこう) 징꼬− 인구 ingu
- 村(むら) 무라 마을 maeul
- 故郷(こきょう) 코꾜− 고향 gohyang (=ふるさと)
- 世界(せかい) 세까이 세계 segye
- 国民(こくみん) 코꾸민 국민 gungmin
- 独立国(どくりつこく) 도꾸리쯔코꾸 독립국 dongnipguk
- 共和国(きょうわこく) 쿄−와코꾸 공화국 gonghwaguk
- 王国(おうこく) 오−코꾸 왕국 wangguk
- 先進国(せんしんこく) 센신코꾸 선진국 seonjinguk
- 開発途上国(かいはつとじょうこく) 카이하쯔토죠−코꾸 개발도상국 gaebaldosangguk
- 後進国(こうしんこく) 코−신코꾸 후진국 hujinguk

복습문제

1 다음 단어를 일본어 혹은 우리말로 바꾸세요.

a) とら _____   여우 _____   코끼리 _____
   おおかみ _____   うさぎ _____   뱀 _____

b) からす _____   제비 _____   かもめ _____
   학 _____   にわとり _____   かも _____

c) 잠자리 _____   さそり _____   개똥벌레 _____
   모기 _____   ばった _____   거미 _____

d) まぐろ _____   광어 _____   さば _____
   연어 _____   いか _____   게 _____

2 다음 빈칸에 맞는 단어를 넣으세요.

a) 씨 없는 수박   たねなしの _____

b) 신선한 과일   しんせんな _____

c) 달콤한 귤   あまい _____

d) 건조시킨 감   かんそうさせた _____

e) 부드러운 복숭아   やわらかい _____

3 다음 그림을 단어와 연결시키세요.

ね　　　　は　　　　みき　　　　えだ　　　　このみ

4 다음 단어를 일본어 혹은 우리말로 바꾸세요.

a) 장미 _____　　해바라기 _____　　たんぽぽ _____
　 きく _____　　잡초 _____　　コスモス _____

b) だいこん _____　　きゅうり _____　　감자 _____
　 호박 _____　　とうがらし _____　　가지 _____

c) 호수 _____　　たに _____　　사막 _____
　 のはら _____　　숲 _____　　いわ _____

d) 구름 _____　　にじ _____　　눈 _____
　 いなずま _____　　맑음 _____　　こおり _____

e) 검은색 _____　　파란색 _____　　녹색 _____
　 보라색 _____　　빨간색 _____

복습문제

5 다음 그림을 단어와 연결시키세요.

あぶら　　きんぞく　　ひ　　けむり　　ひかり

6 다음 단어를 일본어 혹은 우리말로 바꾸세요.

a) 태양 _____　　みかづき _____　　보름달 _____
　 ほし _____　　금성 _____　　あまのがわ _____

b) 육지 _____　　바다 _____　　しま _____
　 남극 _____　　さんみゃく _____　　かいきょう _____

7 다음 빈칸에 맞는 단어를 넣으세요.

a) 밖은 비가 옵니다.　_____は あめです。

b) 히로시마에서 코베까지　ひろしま____ こうべ_____

c) 한국은 중국과 일본의 가운데에 있습니다.
　 韓国は 中国と 日本の _____に あります。

d) 뒷모습이 아름다운 사람.　_____すがたが うつくしい ひと。

e) 학생들 사이에 인기가 있다.　学生たちの _____ にんきが ある。

8 다음 빈칸에 맞는 단어를 넣으세요.

a) かるい 가볍다 ⇔ _____ 무겁다

b) ひろい 넓다 ⇔ _____ 좁다

c) _____ 깨끗하다 ⇔ きたない 더럽다

d) うつくしい 아름답다 ⇔ _____ 추하다

e) _____ 좋아하다 ⇔ きらいだ 싫어하다

f) つよい 강하다 ⇔ _____ 약하다

9 다음을 우리말로 바꾸세요.

a) ベトナム _____ ちゅうごく _____ フィリピン _____
   ドイツ _____ イギリス _____ フランス _____

b) エジプト _____ エチオピア _____ オーストラリア _____
   アルゼンチン _____ チリ _____

c) しゅと _____ こきょう _____ きょうわこく _____
   おうこく _____ せんしんこく _____

10 다음 단어를 한자로 적어 보세요.

ぶた (돼지) _____   たか (매) _____   はち (벌) _____
えび (새우) _____   みかん (귤) _____   もみじ (단풍) _____
あさがお (나팔꽃) _____ れんこん (연근) _____ ひがし (동쪽) _____
ふぶき (눈보라) _____ じょうき (증기) _____ こん (남색) _____
ちきゅう (지구) _____ かいきょう (해협) _____

정답

1. a) 호랑이   きつね   ぞう   늑대   토끼   へび
   b) 까마귀   つばめ   갈매기   つる   닭   오리
   c) とんぼ   전갈   ほたる   か   메뚜기   くも
   d) 참치   ひらめ   고등어   さけ   오징어   かに

2. a) すいか   b) くだもの   c) みかん   d) かき   e) もも

3. 잎-は   가지-えだ   열매-このみ   뿌리-ね   몸통-みき

4. a) ばら   ひまわり   민들레   국화   ざっそう   コスモス
   b) 무   오이   じゃがいも   かぼちゃ   고추   なす
   c) みずうみ   골짜기   さばく   들판   もり   바위
   d) くも   무지개   ゆき   번개   はれ   얼음
   e) くろ   あお   みどり   むらさき   あか

5. 금속-きんぞく   기름-あぶら   빛-ひかり   연기-けむり   불-ひ

6. a) たいよう   초승달   まんげつ   별   きんせい   은하수
   b) りくち   うみ   섬   なんきょく   산맥   해협

7. a) そと   b) から, まで   c) まんなか   d) うしろ   e) あいだに

8. a) おもい   b) せまい   c) きれいだ   d) みにくい   e) すきだ   f) よわい

9. a) 베트남   중국   필리핀   독일   영국   프랑스
   b) 이집트   에티오피아   호주   아르헨티나   칠레
   c) 수도   고향   공화국   왕국   선진국

10. 豚   鷹   蜂
    海老   蜜柑   紅葉
    朝顔   蓮根   東
    吹雪   蒸気   紺
    地球   海峡

Index

한글 색인

일본어 색인

● Theme 9의 unit 17 나라 이름·수도 이름 및 인구 부분과 회화 부분 등은 색인에서 제외하였습니다.

한글 색인

수

0 … 66
1 … 66
10 … 66
100 … 67
1,000 (1천) … 67
10,000 (1만) … 67
100,000 (십만) … 67
1,000,000 (백만) … 67
10,000,000 (천만) … 67
100,000,000 (1억) … 67
10월 … 75
11월 … 75
12 … 67
12월 … 75
13 … 67
14 … 67
15 … 67
16 … 67
17 … 67
18 … 67
19 … 67
1월 … 75
1인실 … 111
1인용 침대 … 57
1차선 … 138
2 … 66
20 … 67
2시 10분 … 81
2월 … 75
2인실 … 111
2인용 침대 … 57
2차선 … 138
3 … 66
30 … 67
3시 13분 … 81
3시 15분 … 81
3월 … 75
3차선 … 138
4 … 66
40 … 67
4월 … 75
5 … 66
50 … 67
5시 47분 … 81
5월 … 75
6 … 66
60 … 67
6월 … 75
7 … 66
70 … 67
7시 반 … 81
7월 … 75
8 … 66
80 … 67
8월 … 75
9 … 66
90 … 67
9시 5분 … 81
9월 … 75

B형간염 … 98
CD플레이어 … 198
CPU … 168
PC방 … 172
TV … 197
TV를 보다 … 29
TV만화 … 224

ㄱ

가게 … 86
가격 … 181
가구 … 51, 183
가깝다 … 269
가끔 … 80
가난뱅이 … 274
가드레일 … 138
가득히 … 273
가렵다 … 99
가로 … 70
가로등 … 140
가로수 … 87
가루약 … 95
가뭄 … 259
가볍다 … 271
가속페달 … 135
가수 … 156, 225
가스 … 47
가스레인지 … 198
가슴 … 14
가습기 … 57, 199
가운데 … 268
가위 … 60
가을 … 74
가전제품 … 197
가족 … 20
가지 … 250, 255

가짜 … 201
각뿔 … 73
각자부담, 더치페이 … 105
간장(肝) … 18
간장 … 185
간판 … 86
간호사 … 91
갈대, 억새 … 253
갈매기 … 239
갈비뼈 … 19
갈비뼈, 늑골 … 15
갈색 … 262
갈색머리 … 37
(옷을) 갈아입다 … 30
감 … 248
감각 … 30
감기 … 96
감기약 … 95
감독 … 227
감사 … 41
감자 … 254
감자튀김 … 102
감정 … 38
갑판 … 146
갓길 … 138
강 … 256
강당 … 115
강도 … 121
강하다 … 275
개 … 237
개그맨 … 225
개나리 … 253
개똥벌레 … 243
개미 … 242
개발도상국 … 283
개봉 … 227

개울 … 256
개인정보 … 172
개인코치 … 214
개찰구 … 144
개헤엄 … 213
객실 … 148
객실 청소 … 113
객실승무원 … 156
객차 … 142
거리 … 70
거미 … 242
거북 … 245
거실 … 50
거울 … 54
거즈 … 94
거품 … 55
걱정 … 41
건강진단 … 92
건너다 … 141
건너편 … 269
건물 … 47
건반 … 228
건배 … 109
건포도 … 249
걸레 … 61
검사 … 151
검역 … 152
검은색 … 262
검표원 … 143
겁이 많다 … 35
게 … 245
게시판 … 114
게으르다 … 274
게임하다 … 30
겨울 … 74
겨자 … 185

견인 … 137
결근 … 163
결석 … 117
결혼 … 23, 25
결혼하다 … 26
경기 … 211
경도 … 267
경련 … 213
경비 … 100
경비행기 … 129
경유 … 137
경적, 클랙슨 … 135
경제학 … 119
경찰관 … 120, 156
경찰서 … 86, 120
계기판 … 135
계단 … 49
계란 … 184
계란 … 70
계산 … 70
계산대 … 180
계산원 … 180
계약 … 175
계약사원 … 163
계절 … 74
계좌 … 101
계좌이체 … 101
고가도로 … 138
고구마 … 254
고드름 … 258
고등어 … 244
고등학교 … 115
고래 … 245
고릴라 … 238
고무밴드 … 167
고무샌들 … 192

고문 … 161
고물, 선미 … 146
고백 … 174
고백하다 … 24
고양이 … 237
고원 … 256
고장 … 136
고체 … 260
고추 … 255
고추장 … 185
고층 아파트 … 46, 86
고층건물 … 87
고통 … 40
고향 … 283
곡괭이 … 61
골목 … 139
골뱅이 … 172
골절 … 98
골짜기 … 256
골프 … 208
곰 … 236
곱셈 … 71
곱슬머리 … 37
곱하다 … 69
공격 … 274
공격하다 … 211
공기주입구 … 131
공기필터 … 136
공무원 … 159
공부하다 … 30
공예 … 217
공을 던지다 … 211
공을 잡다 … 211
공을 차다 … 211
공을 치다 … 211
공장 … 87

공학 … 119
공항 … 150
공항건물 … 151
공항카운터 … 150
공화국 … 283
과거 … 79
과목 … 118
과일 … 184, 247
과자 … 185
과장 … 161
과학 … 118
관객 … 226
관계 … 175
관광 … 220
관광객 … 220
관람차 … 230
관절 … 19
관제탑 … 151
관측 … 265
광고 … 224
광고성 우편 … 89
광어 … 244
광열비 … 47
교과서 … 114
교사 … 114, 157
교수 … 157
교시 … 116
교실 … 114
교육 … 115
교통 … 127
교통비 … 144
교통체증 … 141
교통표지판 … 140
교향곡 … 229
교회 … 122
구 … 73

구급약품상자 … 99
구급차 … 92
구두 … 192
구두끈 … 192
구두주걱 … 192
구레나룻 … 13
구름 … 258
구리 … 261
구명보트 … 147
구명조끼 … 149
구역질 … 96
구조요원 … 92
구조조정 … 164
구토 … 96
국경일 … 77
국내선 … 152
국민 … 283
국사 … 118
국어 … 119
국자 … 53
국제선 … 152
국화 … 253
군인 … 157
굴 … 245
권총 … 120
권투 … 208
귀 … 13
귀금속 … 200
귀뚜라미 … 242
귀신의 집 … 231
귀엽다 … 36
귀중품 … 112
귤 … 247
그네 … 58, 231
그네를 타다 … 31
그라탱 … 105

그램 … 71
그림 … 51, 217
그저께 … 79
근무 … 162, 163
근무시간 … 163
근육 … 19
근육통 … 98
긁힌 상처 … 98
금 … 201, 261
금고 … 113
금도금 … 201
금방 … 80
금붕어 … 244
금성 … 265
금속 … 260
금속 탐지기 … 152
금요일 … 77
급우, 반 친구 … 116
급행 … 144
긍정적 … 175
기구 … 129
기내식 … 149
기념일 … 77
기념품 … 220
기도 … 123
기독교 … 122
기둥 … 51
기러기 … 241
기름 … 260
기린 … 236
기쁘다 … 39, 275
기숙사 … 47, 115
기어 … 131, 135
기저귀 … 59
기지개를 켜다 … 57
기차 … 144

기체 … 260
기침 … 32, 96
기타 … 229
기타리스트 … 229
기혼 … 274
긴장 … 41
길다 … 275
길이 … 71
김 … 246
깁스 … 91
깃털 … 241
깊이 … 70
까마귀 … 239
까치 … 241
깨끗하다 … 272
(잠에서) 깨다 … 28
껌 … 203
꼬리 … 238, 241
꼬리날개 … 148
꼬리지느러미 … 246
꽃 … 252
꽃가루 … 253
꽃가루 알레르기 … 99
꽃말 … 253
꽃잎 … 253
꿈 … 33
끄다 … 199

나누다 … 69
나눗셈 … 71
나라, 국가 … 283
나무 … 250
나무 몸통 … 250
나무껍질 … 250
나무에 오르다 … 31

나무열매 … 250
나방 … 242
나비 … 242
나비넥타이 … 193
나쁘다 … 271
나이테 … 250
나이프 … 53
나중에 … 80
나팔꽃 … 252
낙타 … 236
낚시 … 209
난초 … 252
날개 … 148, 241
날씨 … 258
날짜 … 79
날짜변경선 … 149
낡은 … 270
남극 … 266
남동생 … 21
남방 … 188
남색 … 263
남성복 … 182, 186
남자 종업원 … 111
남자형제 … 21
남자친구 … 26
남자친구에게 차이다 … 26
남쪽 … 257
납 … 261
납부, 지불 … 101
낫또 … 107
낮 … 78, 273
낮다 … 270
낮잠 … 30
낮잠 자다 … 30
내과 … 92
내기 … 219

내일 … 79
내정을 받다 … 164
냄비 … 52
냉각장치 … 136
냉동식품 … 185
냉장고 … 52, 197
넉넉하다 … 188
넓다 … 271
넓이 … 70
넥타이 … 193
노 … 147
노란색 … 262
노래방 … 225
노래자랑 … 225
노선 … 144
노선도 … 143
노약자석 … 144
노인 … 22
노트북컴퓨터 … 168
녹색 … 262
놀라다 … 39
놀이공원 … 230
놋쇠 … 261
농구 … 210
농부 … 158
높다 … 270
높이 … 70
뇌 … 19
뇌물 … 121
누나, 언니 … 21
누에 … 243
눈(目) … 12
눈(雪) … 258
눈꺼풀 … 13
눈동자 … 12
눈물 … 32

눈보라 … 259
눈빛, 눈초리 … 37
눈썹 … 12
느끼하다, 기름지다 … 103
느낌 … 40
느리다 … 271
느슨하다 … 272
늑대 … 237
니트족 … 164

다다미 … 57
다리미 … 198
다림질하다 … 30
다운되다 … 169
다운로드 … 170
다음주 … 80
다이빙하다 … 212
다이아몬드 … 200, 218
다이어리 … 166
다코야키 … 107
단독주택 … 46
단련 … 215
단무지 … 107
단발머리 … 37
단체여행 … 221
단추 … 188
단풍 … 251
닫다 … 273
달 … 264
달래다 … 59
달력 … 74, 166
달콤하다 … 103
담요 … 57
담임 … 116
담장, 울타리 … 49

당구 … 208
당근 … 255
당뇨병 … 98
당일치기여행 … 221
당황하다 … 39
닻 … 146
대걸레 … 61
대기 … 267
대나무 … 251
대륙 … 266
대머리 … 37
대변 … 33
대양 … 266
대장 … 18
대추 … 249
대학교 … 115
대학원 … 115
대합실 … 143
대화 … 174
댓글 … 172
더듬이 … 243
더럽다 … 272
더블클릭 … 169
더빙 … 227
더하다 … 69
덜렁거리다 … 34
덥다 … 38, 275
덧셈 … 71
덮는 이불 … 57
덮밥 … 107
도끼 … 60
도넛 … 102
도둑 … 120
도로 … 138
도로요금징수소 … 138
도마 … 53

도서관 … 86
도시 … 283
도예 … 216
도장 … 101
도착 … 151
도큐멘터리 … 225
도형 … 72
독감 … 96
독립국 … 283
독서 … 216
독수리 … 239
돈까스 … 106
동굴 … 256
동료 … 160
동물 … 236
동물원 … 230
동성 … 26
동아리 … 117
동영상 … 172
동전 … 100, 181
동쪽 … 257
돼지 … 237
된장 … 185
된장국 … 107
두개골 … 13
두께 … 70
두려움 … 40
두통 … 96
둔하다 … 272
뒤 … 268
뒤꿈치 … 17
뒷갑판 … 146
뒷모습 … 17
뒷자리 … 136
드라마 … 225
드라이버 … 60

297

드라이어로 머리를 말리다 … 196
드래그앤드롭 … 169
드러머 … 229
드럼 … 229
드레스 … 190
득점 … 211
듣다, 묻다 … 30
들판 … 256
등 … 17
등교 … 117
등기 … 89
등대 … 147
등뼈 … 19
등산화 … 192
디자이너 … 159
디저트, 후식 … 105
딱따구리 … 241
딱맞다 … 188
딸 … 21
딸기 … 247
딸꾹질 … 33
딸랑이 … 58
땀 … 32
땅콩 … 248
때 … 33
때때로 … 80
떡갈나무 … 251
뚱뚱하다 … 36
뜨개질 … 216

ㄹ

라면 … 106
라운지, 휴게실 … 113
란제리 … 191
래프팅 … 210
랜카드 … 169

램프 … 56
러닝머신 … 214
런닝셔츠 … 188
럼 … 109
레몬 … 247
레스토랑 … 104
레이더 … 146
로그아웃 … 172
로그인 … 172
로비 … 110
로션 … 194
로터리 … 139
롤러코스터 … 230
루비 … 200
룸서비스 … 113
리모델링 … 47
리모컨 … 51
리터 … 71
리포터 … 225
리포트, 보고서 … 116
린스 … 54
립글로스 … 196
립스틱 … 195
립싱크 … 225
링거 … 92

마늘 … 254
마당 … 49
마더보드 … 168
마루 … 50
마르다 … 273, 275
마름모 … 72
마스카라 … 195
마우스 … 168
마을 … 283

마지막 … 80
막차 … 144
만(灣) … 266
만원전철 … 145
만지다 … 30
많다 … 275
말 … 236
말랐다 … 36
말싸움, 다툼 … 174
말투 … 175
맑음 … 258
맛 … 30
맛있다 … 103
망치 … 60
맞벌이 … 164
매 … 239
매년 … 80
매니큐어 … 195
매력 … 26
매력적이다 … 36
매실절임 … 107
매실주 … 109
매월 … 80
매월납부통지서 … 101
매일 … 80
매점 … 226, 231
매수 … 80
매직펜 … 167
매표소 … 226
맥주 … 109
맥킨토시 … 169
맹장 … 18
머리 … 12
머리띠 … 196
머리를 빗다 … 28, 195
머리카락 … 12

머리핀 … 196
머핀 … 202
멀다 … 269
멋쟁이 … 188
멋지다 … 37
메뉴 … 105
메뚜기 … 242
메모리 … 169
메모지 … 167
메밀국수 … 107
메인디쉬, 주요리 … 105
멜론 … 249
며느리 … 21
면도칼 … 55
면도하다 … 28
면세점 … 152
면접 … 163
면접관 … 160
모기 … 243
모니터 … 168
모닝콜 … 111
모란 … 253
모래 … 223
모레 … 79
모임 … 175
모자 … 193
모조품 … 201
모포 … 149
모형제작 … 216
목 … 14
목격자 … 121
목마르다 … 38
목발 … 91
목사 … 123
목소리 … 30
목수 … 158

목요일 … 77
목욕 매트 … 55
목적지 … 152
몸 … 12
몸매가 좋다 … 37
몸무게 … 36
못 … 60
무 … 254
무겁다 … 271
무게 … 70
무당벌레 … 243
무덤 … 22
무례하다 … 34
무릎 … 15
무선전화 … 165
무섭다 … 39
무스 … 196
무승부 … 211
무지개 … 258
무직 … 164
무화과 … 249
묶다 … 113
문 … 48
문방구 … 182
문어 … 245
문패 … 49
문화 … 283
물 … 261
물갈퀴 … 246
물개쇼 … 231
물고기 … 244
물리학 … 119
물수건 … 105
물안경 … 212
물약 … 94
물장구치다 … 213

물질 … 260
물집 … 97
미끄럼틀 … 231
미끄럼틀에서 놀다 … 30
미등 … 132, 134
미래 … 79
미사 … 123
미술 … 118
미술관 … 87
미식축구 … 211
미움 … 41
미터(m) … 71
미혼 … 274
믹서 … 53, 198
민들레 … 252
민박 … 112
밀가루 … 185
밀리미터(mm) … 71

바게뜨 … 203
바나나 … 248
바늘 … 61
바다 … 147, 223, 266
바닷가재 … 245
바둑 … 217
바람 … 258
바비큐 … 105
바위 … 257
바이러스 … 99
바이올린 … 228
바인더 … 167
바지 … 186
바코드 … 181
바퀴벌레 … 243
바퀴살 … 131

바퀴축 ··· 131
바퀴테(금속부분) ··· 131
바텐더 ··· 108
박물관 ··· 87
박쥐 ··· 240
박하사탕 ··· 203
밖 ··· 268
반 ··· 116
반달 ··· 264
반대 ··· 175
반대말 ··· 270
반도 ··· 266
반바지 ··· 186
반장 ··· 116
반창고 ··· 94
받는 사람, 수신인 ··· 89
받은 편지함 ··· 171
발 또는 다리 ··· 15
발가락 ··· 17
발굽 ··· 238
발렌타인데이 ··· 76
발목 ··· 15
발열 ··· 96
발차기 ··· 213
발톱 ··· 241
밝다 ··· 270
밤(栗) ··· 248
밤(夜) ··· 78, 273
밤나무 ··· 251
밤늦게까지 깨어 있다 ··· 30
밥 ··· 106
밥그릇 ··· 53
방 ··· 112
방귀 ··· 32
방석 ··· 51
방어 ··· 274

방파제 ··· 147
방학 ··· 117
방향 ··· 141
방향등 ··· 134
배(船) ··· 129, 147
배(腹) ··· 14
배(梨) ··· 247
배고프다 ··· 39
배구 ··· 210
배기구 ··· 133
배꼽 ··· 14
배너광고 ··· 170
배부르다 ··· 39
배분하다 ··· 219
배수구 ··· 55
배영 ··· 213
배우 ··· 158, 226
배우자 ··· 26
배터리 ··· 136
백미러 ··· 132, 135
백수 ··· 164
백업 ··· 169
백조 ··· 239
백합 ··· 252
백화점 ··· 86, 180
뱀 ··· 237
뱃머리 ··· 146
뱃멀미 ··· 221
버드나무 ··· 251
버섯 ··· 255
버스 ··· 128
버스정류소 ··· 140
번개 ··· 258
번데기 ··· 243
번지점프 ··· 231
번호판 ··· 134

번화가 … 87
벌 … 242
범인 … 121
범죄 … 121
베개 … 56
베란다 … 49
베이지색 … 263
베인 상처 … 98
벨트 … 193
벽 … 48
변기 … 55
변비 … 98
변비약 … 95
변호사 … 157
별 … 264
별관 … 110
별장 … 112
별채 … 49
병결 … 163
병원 … 87, 90
보내는 사람, 발신인 … 89
보낸 편지함 … 172
보닛 … 134
보너스 … 163
보다 … 30
보드카 … 109
보라색 … 262
보름달 … 264
보석 … 183, 201
보안 … 152, 172
보조개 … 13
보증금 … 47
보트 … 147
보행기 … 58
복도 … 115
복사기 … 165

복사용지 … 167
복숭아 … 247
복습 … 116
본관 … 110
본드, 접착제 … 61
본사 … 161
볼, 뺨 … 12
볼 것 … 231
볼링 … 208
볼터치 … 196
볼펜 … 167
봄 … 74
봉투 … 88
부끄럽다 … 39
부동산업소 … 47
부두 … 147
부리 … 241
부상 … 98
부엉이 … 240
부엌 … 52
부엌칼 … 53
부자 … 274
부작용 … 95
부장 … 161
부정적 … 175
부지런하다 … 274
부처님 … 123
부츠 … 192
부팅 … 169
부피 … 70
부하 … 160
북극 … 266
북극성 … 265
북두칠성 … 265
북쪽 … 257
분(分) … 78

분가루 … 196
분수 … 71
분유 … 59
분홍색 … 263
불 … 261
불경 … 123
불교 … 122
불단 … 123
불상 … 123
붓꽃 … 252
붓다 … 99
붕대 … 95
붙박이장 … 57
붙이기 … 169
뷔페 … 105
브래지어 … 190
브레이크 … 132, 135
브레이크레버 … 130
브로콜리 … 255
블라우스 … 190
블로그 … 172
비 … 258
비겁하다 … 35
비극 … 227
비뇨기과 … 92
비누 … 54
비늘 … 246
비닐봉지 … 61
비둘기 … 239
비만 … 98
비밀 번호 … 101, 172
비상구 … 113, 149
비상등 … 136
비서 … 160
비스킷 … 202
비즈니스 클래스, 고급석 … 149

비즈니스호텔 … 112
비치볼 … 223
비치파라솔 … 222
비키니 … 222
비타민제 … 95
비포장도로 … 139
비프커틀릿 … 104
비행기 … 129, 148
빈자리 … 144
빈혈 … 99
빌딩 … 47, 87
빗자루 … 61
빛 … 261
빠르다 … 271
빨간색 … 262
빨대 … 102
빨래, 세탁물 … 55
빨래집게 … 55
빨래하다 … 30
빵 … 184
빵집 … 202
빼다 … 69
뺄셈 … 71
뼈 … 19
뿌리 … 250
뿔 … 238

사각팬티 … 188
사계절 … 74
사과(謝過) … 174
사과(沙果) … 247
사귀다 … 24
사극 … 227
사다리 … 60
사랑 … 40

사례금 … 47
사마귀 … 243
사막 … 267
사무실 … 165
사슴 … 236
사슴벌레 … 242
사용 중 … 148
사위 … 21
사이 … 269
사이드 메뉴 … 103
사이드미러 … 134
사이드브레이크 … 135
사자 … 238
사장, 대표 … 161
사전 … 115
사증 … 152
사직 … 162
사진 … 51
사진촬영 … 217
사촌 … 21
사탕 … 202
사투리 … 175
사파이어 … 200
사표를 내다 … 164
사회 … 119
산 … 257
산맥 … 266
산부인과 … 90
산악용자전거 … 131
산호 … 201
살, 피부 … 19
살구 … 248
살다 … 23
살인 … 121
살찌다 … 275
삼각관계 … 24

삼각팬티 … 188
삼각형 … 72
삼촌, 아저씨 … 20
삽 … 60
상냥하다 … 35
상무 … 161
상사 … 160
상아색 … 263
상어 … 244
상처 … 13, 97
새 … 239
새끼손가락 … 15
새로운 … 270
새벽 … 78
새우 … 245
색 … 262
색소폰 … 229
색연필 … 114
샌드위치 … 102
샐러드 … 104
생강 … 255
생리현상 … 32
생맥주 … 108
생물 … 119
생방송 … 224
생선구이 … 107
생선회 … 106
생일 … 76
생일케이크 … 203
생일케이크 초 … 203
샤브샤브 … 106
샤워 … 55
샤워하다 … 29
샤프펜슬 … 167
샴페인 … 109
샴푸 … 54

서랍 … 56
서리 … 259
서명 … 101
서양장기 … 217
서예 … 217
서점 … 87
서쪽 … 257
서클 활동, 동아리 활동 … 117
서행 … 141
석탄 … 260
섞다 … 219
선글라스 … 222
선로 … 144
선박여행 … 221
선불 집세 … 47
선술집 … 109
선실 … 146
선인장 … 253
선진국 … 283
선체 … 146
선탠 로션 … 222
선편 … 89
선풍기 … 50, 199
섣달그믐날 … 77
설날(구정) … 76
설사 … 98
설사약 … 95
설탕 … 185
섬 … 266
섬세하다 … 35
섬유 유연제 … 55
성격 … 34
성경 … 123
성당 … 122
성대모사 … 225
성실하다, 착실하다 … 34

성인 … 22
성적 … 116
성좌 … 265
성질이 급하다 … 35
성탄절 … 76
성형외과 … 92
세계 … 283
세계사 … 119
세관신고 … 152
세기 … 79
세다, 계산하다 … 69
세로 … 70
세숫대야 … 55
세입자 … 46
세제 … 55
세차 … 137
세탁기 … 55, 197
세트 메뉴 … 103
세포 … 19
섹시하다 … 36
센티미터 … 71
셰이크 … 103
소개 … 175
소금 … 185
소나기 … 259
소나무 … 251
소녀 … 22
소년 … 22
소다수 … 108
소독 … 92
소라 … 246
소리 … 30
소매 … 191
소매치기 … 121
소변 … 32
소비세 … 181

소설가 … 159
소아과 … 90
소염제 … 95
소인 … 89
소장 … 18
소주 … 109
소지, 새끼손가락 … 15
소파 … 50
소포 … 89
소프트볼 … 211
소화불량 … 98
속눈썹 … 12
속달 … 89
속도 … 70
속도계 … 135
손 … 14
손가락 … 14
손금을 보다 … 16
손님 … 180
손등 … 15
손목 … 16
손바닥 … 15
손수건 … 193
손수레, 카트 … 150
손톱 … 16
손톱을 기르다 … 16
손톱을 깎다 … 16
솜사탕 … 231
송금 … 101
송어 … 244
쇠고기 덮밥 … 103
쇼핑 … 179
쇼핑센터 … 87
쇼핑카트 … 180
수 … 65
수갑 … 121

수건 … 54
수녀 … 123
수다스럽다 … 34
수당 … 163
수도(水道) … 47
수도(首都) … 283
수도꼭지 … 55
수면제 … 95
수박 … 247
수비하다 … 211
수수료 … 101
수수하다 … 275
수술 … 92
수신인 주소 … 89
수업 … 116
수염 … 13
수영 … 212
수영모자 … 213
수영복 … 212
수영장 … 212
수요일 … 77
수정 … 200
수정액 … 167
수줍어하다 … 34
수탉 … 240
수평꼬리날개 … 148
수표 … 100
수프 … 104
수하물 … 151
수하물 선반 … 142
수하물 취급소 … 152
수학 … 119
수학여행 … 117
숙박 … 112
숙박료 … 112
숙제 … 116

순간 … 80
순진하다, 순수하다 … 35
숟가락 … 53
술에 물을 탄 것 … 108
술집 … 108, 109
숨, 호흡 … 33
숫자 … 66
숲 … 256
쉬는 시간 … 116
스노보드 … 209
스님 … 123
스웨터 … 186
스위트룸 … 112
스카이다이빙 … 209
스카치테이프 … 167
스카프 … 193
스캐너 … 168, 181
스커트, 치마 … 190
스케이트보드 … 209
스쿠버다이빙 … 209
스쿠터 … 129
스크린 … 226
스키 … 209
스킨 … 194
스테이크 … 104
스텝 … 133
스텝머신 … 215
스토커 … 121
스튜 … 105
스트레칭 … 212
스트로크 … 213
스팸메일 … 172
스펀지 … 194
스페이드(♠) … 218
스포츠/취미 … 207
스포츠 … 208

스프링보드 … 212
슬프다 … 38, 275
슬픔 … 40
승강장 … 144
승마 … 209
승진 … 162
승차권 … 144
승차권판매기 … 143
시 … 78
시간 … 78
시간표 … 116, 143
시계 … 51
시금치 … 254
시내 … 86
시아버지, 장인 … 21
시어머니, 장모 … 21
시차 … 149
시청자 … 225
시트 … 132
시험 … 116
식기세척기 … 199
식당차 … 144
식물원 … 231
식중독 … 98
식초 … 185
식품 … 184
식품매장 … 183
신 … 123
신간선 … 128
신경 … 19
신도 … 123
신랑 … 23
신발장 … 192
신부(新婦) … 23
신부(神父) … 123
신사 … 123

신용카드 … 100, 181
신입사원 … 161
신장 … 18
신장, 키 … 36
신정 … 77
신중하다 … 34
신호등 … 140
신혼부부 … 26
신혼여행 … 25
실 … 61
실망하다 … 39
실직 … 164
싫어하다 … 275
심리학 … 119
심장 … 18
심판 … 211
십자가 … 123
십자드라이버 … 61
싱크대 … 52
싸우다, 언쟁을 벌이다 … 25
싸이클론 … 214
싹 … 250
쌀 … 184
썰매 … 209
쓰레기 … 61
쓰레기통 … 50
쓰레받기 … 61
쓸쓸하다 … 39

아가미 … 246
아기 … 22
아기 방 … 58
아기 침대 … 59
아들 … 21
아래 … 269

아령 … 214
아르바이트 … 163
아름답다 … 272
아몬드 … 249
아버지 … 20
아버지의 날 … 77
아이 … 22
아이섀도 … 196
아이스크림 … 184
아이콘 … 169
아침 … 78
아침식사 포함 … 112
악보 … 228
악어 … 237
안 … 268
안감 … 188
안개 … 258
안개꽃 … 252
안과 … 92
안내 … 151
안내소 … 143
안장 … 130
안전벨트 … 136
안주 … 108
알 … 243
알람시계 … 57
알레르기 … 97
알리바이 … 121
알약 … 94
암 … 98
암벽등반 … 209
암탉 … 240
압정 … 166
앞 … 268
앞모습 … 14
앞유리 … 134

애벌레 … 243
애인 … 25
액세서리 … 183
액션영화 … 227
액수 … 100
액자 … 166
액정화면 … 168
액체 … 260
앵무새 … 240
앵커 … 225
야간관광 … 220
야구 … 210
야구모자 … 193
야자수 … 251
야채 … 184, 254
야회복 … 190
약 … 95
약국 … 87, 94
약사 … 95
약지 … 15
약하다 … 275
약혼 … 23
약혼하다 … 26
얌전하다, 점잖다 … 35
양다리 걸치다 … 26
양동이 … 61
양말 … 192
양상추 … 255
양파 … 254
양호실, 보건실 … 115
어깨 … 14
어깨결림 … 98
어둡다 … 270
어리석다 … 35
어린이 메뉴 … 105
어린이날 … 77

어머니 … 20
어머니날 … 77
어선 … 147
어제 … 79
억울하다 … 39
언덕 … 256
언제나 … 80
얼굴을 씻다 … 28
얼룩말 … 236
얼음 … 259
엄지 … 15
업그레이드 … 169
업다 … 59
업무 … 155
엉덩이 … 17
에메랄드 … 200
에어로빅 … 215
에어백 … 136
에어컨 … 197
에이스(A) … 218
에피타이저, 전채 … 105
엑셀 … 169
엑스트라 침대 … 112
엔진 … 133, 136
엔진 과열 … 137
엔진오일 … 137
엘리베이터 … 112
여객기 … 150
여객선 … 146
여관 … 112
여권 … 150
여동생 … 21
여드름 … 13
여러 가지 도구 … 60
여름 … 74
여벌열쇠 … 112

여성복 … 182, 190
여우 … 236
여자배우 … 226
여자용 샌들 … 192
여자 종업원 … 111
여자친구 … 26
여행 … 220
여행사 … 221
역 … 142, 143
역기 … 214
역사유적지 … 221
연고 … 94
연골, 물렁뼈 … 19
연근 … 255
연금 … 162
연기 … 261
연꽃 … 253
연락선 … 129
연료탱크 … 132
연봉제 … 163
연수입 … 163
연애와 결혼 … 24
연어 … 244
연예인 … 156, 225
연주자 … 229
연주회 … 228
연필 … 114
연하장 … 89
열 … 261
열다 … 273
열쇠 … 112
열차 … 144
염좌 … 99
엽서 … 89
영리하다 … 35
영수증 … 181

영어 … 118
영화 … 226
영화감독 … 158
영화관 … 86, 227
영화광 … 227
옆 … 268
예금 인출 … 101
예리하다 … 272
예배 … 123
예비 타이어 … 136
예쁘다 … 36
예수 그리스도 … 123
예술품 … 220
예습 … 116
예약 … 112, 221
예의바르다 … 35
예전 남자친구 … 26
예전 여자친구 … 26
오각형 … 73
오늘 … 79
오디오시스템 … 197
오렌지 … 248
오려두기 … 169
오른손잡이 … 16
오른쪽 … 268
오리 … 241
오목 … 217
오므라이스 … 105
오븐 … 53
오이 … 254
오징어 … 245
오전 4시 … 81
오케스트라 … 228
오코노미야키 … 107
오토바이 … 129, 132
오픈카 … 128

오한 … 96
오후 … 78
옥 … 200
옷 입다 … 28
옷깃 … 191
옷장 … 57
와이셔츠 … 187
와이퍼 … 134
와인 … 108
완충장치 … 133
완행 … 144
왕국 … 283
왕복 … 144
외과 … 90
외국어 … 119
외모 … 36
왼손잡이 … 16
왼쪽 … 268
요 … 57
요람 … 59
요리 … 217
요리사 … 156
요일 … 77
요통 … 99
요트 … 129
욕실 … 54
욕조 … 55
용기 … 40
용기 있다 … 35
용의자 … 121
우동 … 107
우박 … 259
우유 … 184
우주 … 264
우주비행사 … 265
우주왕복선 … 265

우체국 … 87, 88
우체국 직원 … 88
우체통 … 88
우편번호 … 88
우편함 … 49
우표 … 88
우표수집 … 217
우회도로 … 141
우회전 … 141
운동복 … 187
운동선수 … 156
운동장 … 115
운동화 … 192
운동회 … 117
워드 … 169
원, 동그라미 … 72
원기둥 … 73
원숭이 … 237
원예사 … 158
원추형 … 73
원피스 … 190
원형 컨베이어 … 151
월급 … 163
월급날 … 163
월급쟁이 … 159
월식 … 265
월요일 … 77
웨이터 … 105
웨이트리스 … 105
웨이트트레이닝 … 215
웹사이트 … 170
위(上) … 269
위도 … 267
위성 … 265
위스키 … 109
위치 … 268

위험 … 141
윈도우즈 … 169
윈드서핑 … 208
윗몸일으키기 … 215
유괴 … 121
유대교 … 123
유람선 … 147
유모차 … 59
유산소운동 … 215
유성 … 264
유실물 센터 … 145
유아용 변기 … 58
유언 … 22
유치원 … 115
유카타 … 190
유혹 … 41
육각형 … 73
육교 … 87, 141
육면체 … 73
육아 … 26
육지, 땅 … 266
윤리 … 119
은 … 201
은색 … 263
은하계 … 265
은하수 … 265
은행 … 100
은행나무 … 251
은행원 … 159
은행직원 … 100
음료 … 103
음료수 … 105
음악 … 118
음악가 … 159
음악을 듣다 … 29
응급 처치 … 92

의견 … 175
의사 … 90, 156
의자 … 56 114
이, 치아 … 13
이기다 … 219
이력서 … 163
이륙 … 149
이를 닦다 … 28
이마 … 12
이메일 … 171
이모, 고모, 아줌마 … 20
이모티콘 … 172
이번 주 … 80
이불 … 56
이비인후과 … 90
이사 … 47, 161
이상 … 41
이성 … 26
이슬 … 259
이슬람교 … 123
이웃 … 269
이유식 … 59
이제부터 … 80
이코노미 클래스 … 149
이혼 … 23
인간관계 … 174
인구 … 283
인도, 보도 … 139
인라인스케이트 … 209
인사 … 174
인상 … 37
인생 … 22, 23
인지, 집게 손가락 … 15
인체기관 … 18
인터넷 중독 … 171
인터넷뱅킹 … 172

인터넷쇼핑 … 172
인터넷익스플로러 … 170
인형 … 59
일광욕 … 222
일류호텔 … 112
일반 자전거 … 131
일방통행로 … 139
일본식 볶음면 … 107
일본요리 … 106
일상생활 … 28
일식 … 265
일어나다 … 28
일요일 … 77
일출 … 223
임대 … 46
임신하다 … 25
입 … 13
입구 … 143, 231
입금 … 101
입술 … 13
입어보다 … 188
입원 … 92
잉꼬 … 241
잉어 … 244
잎 … 250

자 … 114
자다 … 29
자동이체 … 101
자동차 … 128, 134
자두 … 249
자라다, 성장하다 … 23
자막 … 227
자매 … 21
자수 … 216
자연 … 235
자유 … 41
자유석 … 144
자유시간 … 221
자유여행 … 221
자유형 … 213
자장가 … 59
자전거 … 129, 130
자전거전용도로 … 131
자존심 … 41
작다 … 270
작문 … 119
작업복 … 191
잔돈 … 180
잔디밭 … 48
잔업 … 163
잘생겼다 … 37
잠금장치 … 136
잠꼬대 … 33
잠옷 … 191
잠자리 … 242
잡초 … 253
잣 … 249
장갑 … 193
장기 … 217
장난감 … 58, 182
장례식 … 23
장미 … 252
장식 … 203
장어 … 246
장학금 … 116
장화 … 192
재미있다 … 39
재방송 … 225
재부팅 … 169
재채기 … 32, 98

재킷 … 186
잭(J) … 218
저금 … 101
저녁 … 78
저울 … 89
저장 … 169
적다 … 275
적도 … 267
전갈 … 243
전기 … 47, 260
전기밥솥 … 52, 198
전기톱 … 60
전등 … 51
전망대 … 220
전무 … 161
전문대 … 115
전자계산기 … 166
전자레인지 … 52
전자제품 … 183
전철 … 128
첫차 … 145
전화걸다 … 30
전화기 … 165, 198
절 … 122
절망 … 40
절벽 … 256
점 … 13
점심 먹다 … 29
점심시간 … 116
점원 … 180
점퍼 … 186
접시 … 53
접영 … 213
접이식 자전거 … 131
젓가락 … 53
정기권 … 144

정리, 정돈하다 … 30
정보검색 … 170
정사각형 … 72
정사원 … 163
정산 … 144
정신과의사 … 91
정어리 … 244
정오 … 78
정원 … 49
정장 … 187
정종 … 109
정지 … 141
정직 … 41
정직하다 … 35
젖꼭지 … 59
젖다 … 273
젖병 … 59
제복 … 117
제비 … 239
제비꽃 … 252
제빵사 … 156
제습기 … 57
제어장치 … 133
제어판 … 169
제한속도 … 141
조각퍼즐 … 217
조개 … 222, 246
조깅 … 209
조끼 … 188
조미료 … 185
조상 … 21
조연 … 227
조종실 … 148
조커(JOKER) … 218
조퇴 … 117, 163
좁다 … 271

종교 … 122
종달새 … 239
종아리 … 17
종이접기 … 216
종점 … 145
종합검진 … 92
좋다 … 271
좋아하다 … 275
좌석 … 142, 226
좌약 … 95
좌회전 … 141
주걱 … 53
주름 … 13
주말 … 79
주먹 … 16
주먹밥 … 106
주문하다 … 105
주방용품 … 183
주부 … 159
주사 … 91
주소 … 47
주스 … 184
주연 … 227
주유소 … 137
주임 … 161
주전자 … 52
주차위반 … 137
주차장 … 140
주택 … 48
주행기록계 … 135
주황색 … 263
죽다 … 23
준비운동 … 215
줄 … 61
줄기 … 250
줄넘기 … 215

줄자 … 61
중개수수료 … 47
중국식 만두 … 103
중앙분리대 … 141
중역 … 161
중지, 가운뎃손가락 … 15
중학교 … 115
쥐 … 238
즐거움 … 40
즐겁다 … 39
즐겨찾기 … 172
증거 … 120
지각 … 117, 163
지구 … 264, 266
지구본 … 114
지금 … 80
지난 주 … 80
지느러미 … 246
지다 … 219
지도 … 115
지렁이 … 243
지리 … 119
지문 … 16
지불하다 … 181
지붕 … 48
지사 … 161
지옥 … 123
지우개 … 114
지정석 … 144
지치다 … 38
지퍼 … 191
지폐 … 100, 181
지하도 … 138
지하상가 … 87
지하실 … 49
지하철 … 128

지혜 … 40
지휘봉 … 228
지휘자 … 228
직불카드 … 101
직사각형 … 72
직업 … 156
직위 … 160
진눈깨비 … 259
진달래 … 253
진실 … 41
진입금지 … 141
진정제 … 95
진주 … 200
진짜 … 201
진토닉 … 109
진통제 … 95
진행자, 사회자 … 224
질병 … 96
짐 … 221
짐받이 … 133
집 … 45, 46
집배원 … 88, 159
집세 … 46
집에서부터 역까지 … 269
집주인 … 46
짝사랑 … 24
짝수 … 69
짧다 … 275

ㅊ

차고 … 49
차도 … 141
차례 … 219
착륙 … 149
찬성 … 175
찬송가 … 123

찬장 … 52
참새 … 239
참을성이 있다 … 34
참치 … 244
창고 … 49
창구 … 89
창문 … 48
채널 … 224
채소 절임 … 107
채용 … 163
채팅 … 172
책상 … 56, 114, 165
책을 읽다 … 30
책장 … 51
처방전 … 95
천국 … 123
천둥 … 259
천문학 … 265
천장 … 51
천주교 … 122
천체관측 … 216
철 … 261
철도 … 142
철사 … 61
철새 … 241
철학 … 119
첨부파일 … 171
첫눈에 반하다 … 24
첫사랑 … 26
첫차 … 144
청년 … 22
청바지 … 186
청소기 … 50, 199
청진기 … 92
청첩장 … 26
청혼 … 23

체온계 … 91
체육 … 118
체육관 … 115
체인 … 131
체지방비율 … 215
체크아웃 … 110
체크인 … 110
체포 … 120
첼로 … 228
초 … 78
초겨울의 찬바람 … 259
초대 … 175
초등학교 … 115
초록 … 262
초밥 … 106
초승달 … 264
초인종 … 48
초콜릿 … 202
최초, 처음 … 80
추가하다 … 105
추석 … 76
추하다 … 272
축구 … 210
춘하추동 … 74
출구 … 145, 231
출근 … 163
출근하다 … 29
출발 … 151
출석 … 117
출입국심사 … 152
출입국카드 … 152
출장 … 162
출혈 … 98
춥다 … 38, 275
충치 … 97
취급주의 … 88

취미 … 216
취소 … 112
취소대기 … 152
취소하다 … 105
취직하다 … 164
취하다 … 109
치과의사 … 91
치료 … 92
치수 … 191
치약 … 54
친구 … 25
친밀한 친구 … 174
친절 … 41
친절하다 … 35
친척 … 21
침, 타액 … 33
침(곤충) … 243
침대 … 56
침대보 … 56
침대차 … 142
침실 … 56
칫솔 … 54

ㅋ

카 네비게이션 … 136
카 오디오 … 136
카드 한 벌 … 219
카레라이스 … 104
카메라맨 … 225
카세트플레이어 … 199
카스텔라 … 203
카펫 … 50
칵테일 … 108
캐러멜 … 202
캐미솔 … 191
캡슐 … 94

캡슐호텔 … 112
커리큘럼, 교과과정 … 115
커서 … 169
커튼 … 50
컴퓨터 … 168
컵 … 53
케이블카 … 231
케첩 … 185
켜다 … 199
코 … 12
코고는 소리 … 33
코끼리 … 236
코미디 … 227
코미디언 … 224
코미디 프로 … 225
코스모스 … 252
코피 … 97
콘도 … 112
콘센트 … 61
콜라 … 102
콤팩트 … 194
콧물 … 98
콩 … 254
콩나물 … 255
쾌속 … 144
퀵서비스 … 89
퀸(Q) … 218
크기 … 71
크다 … 270
크림 … 194
클라리넷 … 229
클러치 … 136
클렌저 … 196
클로버(♣) … 219
클리닝, 세탁 … 113
클릭 … 169

키(선박) … 147
키가 작다 … 36
키가 크다 … 36
키보드 … 168
키위 … 249
킬로미터 … 71
킹(K) … 218

ㅌ

타박상 … 98
타원형 … 72
타이어 … 133, 134
타이어의 접지면 … 131
타이트하다 … 188
타조 … 240
탁구 … 211
탁구 치다 … 30
탄산음료 … 103, 184
탄생 … 22
탄생석 … 201
탈것 … 128, 231
탑승구 … 150
탑승권 … 150
탑승대기실 … 150
태도 … 175
태양 … 264
택배 … 89
택시운전사 … 157
탤런트 … 157
탬버린 … 229
턱 … 13
턱걸이 … 214
턱받이 … 59
턱시도 … 187
텅 빈 … 273
테니스 … 208

테이블 … 50
텔레비전 … 51, 224
토끼 … 237
토마토 … 255
토스터 … 52
토양 … 260
토요일 … 77
토파즈, 황옥 … 201
톤 … 71
톱 … 60
통로 … 149
통역가 … 158
통장 … 100
통조림 … 184
통증 … 98
통지표 … 116
퇴근 … 163
퇴원 … 92
퇴직금 … 164
튀김 … 106
튜브 … 212
튤립 … 253
트럭 … 128
트럼펫 … 228
트럼프 … 218
트렁크 … 134
트롬본 … 228
트림 … 33
특급 … 144
특별한 날 … 76
티셔츠 … 186
팁 … 111

파 … 254
파견직 … 163
파도 … 222
파도타기 … 209
파란색 … 262
파리 … 242
파스타 … 104
파운데이션 … 194
파울, 반칙 … 211
파인애플 … 248
파일 … 167
파출소 … 121
파트타이머 … 164
팔 … 14
팔굽혀펴기 … 215
팔꿈치 … 17
팝콘 … 226
패밀리 레스토랑 … 105
패스트푸드 … 102
팩스 … 165
팬벨트 … 136
팬티 … 187, 191
팬티스타킹 … 191
팸플릿 … 221
팽팽하다 … 272
퍼스트 클래스, 일등석 … 149
펀치 … 167
펑크 … 136
페달 … 131
페이스트리 … 203
펜션 … 112
펜치 … 60
펭귄 … 240
편도 … 144

편두통 … 98
편지 … 88
편지를 쓰다 … 31
평균 … 71
평방미터, 제곱미터 … 71
평범하다 … 35
평사원 … 161
평상복 … 191
평영 … 213
평일 … 79
평행사변형 … 72
평화 … 41
폐 … 18
포도 … 247
포스트잇 … 167
포크 … 53
포털 사이트 … 172
포테이토칩 … 202
포토샵 … 169
폭포 … 256
폭풍우 … 259
폰트, 글꼴 … 171
폴로셔츠 … 187
표 파는 곳 … 144
표정 … 37
푹 자다 … 57
풍선 … 230
프라이드치킨 … 102
프라이팬 … 52
프런트 … 110
프레임 … 130
프로그래머 … 159
프로그램 … 169, 225
프로펠러 … 147
프리랜서, 자유직 종사자 … 164
프리터 … 164

프린터 … 168
플라타너스 … 251
플루트 … 229
피 … 19
피망 … 255
피부가 검다 … 37
피부가 희다 … 37
피부과 … 90
피아노 … 228
피아노를 치다 … 30
피에로, 어릿광대 … 230
피자 … 103
피해자 … 120
필통 … 114

ㅎ

하교 … 117
하늘 … 259
하드디스크 … 168
하오리 … 187
하이힐 … 192
하카마 … 190
하키 … 211
하트() … 219
하품 … 33
하프 … 229
학 … 240
학교 … 86, 114
학교생활 … 116
학교축제 … 117
학기 … 116
학년 … 116
학비 … 115
학생 … 114
한국어 … 119
한밤중 … 78

한숨 … 32
한턱내다 … 109
할머니 … 20
할아버지 … 20
할인 … 181
핫도그 … 102
항공편 … 89
항공편명 … 152
항구 … 146
해고되다 … 164
해물요리 … 104
해바라기 … 252
해설자 … 224
해수욕 … 223
해안 … 223
해안경비대 … 147
해외여행 … 221
해협 … 267
핸들 … 130, 132
핸들, 운전대 … 135
햄버거 … 102
햄버그스테이크 … 105
행글라이딩 … 209
행복하다 … 38
행주 … 53
향수 … 195
허벅지 … 17
험한 길 … 256
헝겊인형 … 58
헤드라이트 … 132, 134
헤어드라이어 … 54
헬리콥터 … 129
헬멧 … 132
헬스바이크 … 215
혀 … 13
현관 … 48

현금 … 180
현금자동인출기 … 100
현기증 … 99
현수막 … 87
현재 … 79
혈관 … 19
혈압 … 97
형, 오빠 … 21
형사 … 121
호두 … 248
호랑이 … 236
호박(琥珀) … 201
호박(야채) … 255
호치키스 … 166
호텔 … 110
혹성 … 264
홀수 … 69
홈씨어터 … 199
홈페이지 … 170
홍수 … 258
화내다 … 38
화려하다 … 275
화물 … 147
화물선 … 147
화산 … 257
화상 … 97
화성 … 265
화요일 … 77
화장실 … 55, 145, 148
화장지 … 55
화장품 … 182, 194
화장하다 … 195
화제 … 175
화학 … 118
화해하다 … 26
환갑 … 77

환자 … 92	훔치다 … 121
활주로 … 151	휘발유 … 137
회계사 … 159	휠체어 … 92
회사원 … 159	휴가 … 162, 221
회색 … 262	휴대폰 … 165
회의 … 162	휴지통 … 169
회장 … 160	흐림 … 259
회전 … 213	흙받이 … 133
회전목마 … 230	희망 … 41
횡단보도 … 139	흰머리 … 37
후진국 … 283	흰색 … 262
후회 … 41	힌두교 … 123
훌륭하다 … 35	힘 … 261

일본어 색인

愛(あい) … 40

合(あ)い鍵(かぎ) … 112
アイコン … 169

挨拶(あいさつ) … 174
アイシャドー … 196
アイスクリーム … 184

空(あ)いた … 273

間(あいだ) … 269
アイボリー … 263
アイロン … 198
アイロンをかける … 30

あおむし (青虫) … 243

青(あお) … 262

垢(あか) … 33

赤(あか) … 262
あかがね … 261

赤(あか)ちゃんの部屋(へや) … 58

明(あか)るい … 270

秋(あき) … 74

アクション映画 … 227
アクセサリー … 183
アクセル … 135
あくび … 33

明け方(あけがた) … 78

開(あ)ける … 273

顎(あご) … 13

朝(あさ) … 78

朝顔 (あさがお) … 252

明後日(あさって) … 79

葦(あし) … 253
あしかショー … 231

足首(あしくび) … 15

足(あし)・脚(あし) … 15

明日(あした) … 79
アットマーク … 172

足(あし)の指(ゆび) … 17

味(あじ) … 30

汗(あせ) … 32

頭(あたま) … 12

新(あたら)しい … 270

暑(あつ)い … 38, 275

厚(あつ)さ … 70

集(あつ)まり … 175

宛先(あてさき) … 89

後(あと)で … 80

兄(あに) … 21

姉(あね) … 21
アップグレード … 169
アニメ … 224

あばら骨(ぼね) … 19

油(あぶら) … 260

脂(あぶら)っこい … 103

甘 (あま) い … 103

天川(あまのがわ) … 265

編(あ)み物(もの) 216

網棚(あみだな) … 142
あめ … 202

雨(あめ) … 258
アメリカンドッグ … 102
アメリカンフットボール … 211
アーモンド … 249
あやす … 59

菖蒲 (あやめ) … 252

嵐(あらし) … 259

あり(蟻) … 242
アリバイ … 121
アルバイト … 163

アレルギー … 97
泡(あわ) … 55
慌(あわ)てる … 39
暗証番号(あんしょうばんごう) … 101
杏子(あんず) … 248
案内(あんない) … 151
案内所(あんないじょ) … 143
胃(い) … 18
いい … 271
言(い)い方(かた) … 175
家(いえ) … 45, 46
イエスキリスト … 123
いか(烏賊) … 245
いかり … 146
息(いき) … 33
生(い)きる … 23
意見(いけん) … 175
囲碁(いご) … 217
居酒屋(いざかや) … 109
遺失物(いしつぶつ)センター … 144
医者(いしゃ) … 90, 156
椅子(いす) … 56, 114
イスラム教(きょう) … 123
異性(いせい) … 26
痛(いた)み … 98
位置(いち) … 268
一(いち) … 66
一億(いちおく) … 67
一月(いちがつ) … 75
いちご(苺) … 247
いちじく(無花果) … 249
銀杏(いちょう) … 251
一流(いちりゅう)ホテル … 112
一戸建(いっこだ)て … 46
一杯(いっぱい) … 273
一方通行(いっぽうつうこう) … 139
いつも … 80

糸(いと) … 61
緯度(いど) … 267
稲妻(いなずま) … 258
犬(いぬ) … 237
犬(いぬ)かき … 213
祈(いの)り … 123
いびき … 33
今(いま) … 80
イミテーション … 201
妹(いもうと) … 21
入(い)リ口(ぐち) … 143, 231
色(いろ) … 262
色々(いろいろ)な道具(どうぐ) … 60
色鉛筆(いろえんぴつ) … 114
色黒(いろぐろ)だ … 37
色白(いろじろ)だ … 37
いわ (岩) … 257
いわし(鰯) … 244
いんこ … 241
インターネット … 170
インターネット中毒 … 171
インターネットエクスプローラ … 170
インフルエンザ … 96
インライン・スケート … 209
ウイスキー … 109
ウイルス … 99
ウインカー … 134
ウィンドウズ … 169
ウインドサーフィン … 208
上(うえ) … 269
ウエーター … 105
ウエートトレーニング … 215
ウエートレス … 105, 111
ウエートレス … 105
ウェブサイト … 170
ウォッカ … 109
ウォミングアップ … 215
浮(う)き輪(わ) … 212
受取人(うけとりにん) … 89
兎(うさぎ) … 237
後(うし)ろ … 268
後(うしろ)の体 … 17

右折(うせつ) … 141
家(うち)から 駅(えき)まで … 269
宇宙 (うちゅう) … 264
宇宙飛行士(うちゅうひこうし) … 265
美(うつく)しい … 272
腕(うで) … 14
腕立(うでた)て伏(ふ)せ … 215
うどん … 107
鰻(うなぎ) … 245
馬(うま) … 236
海(うみ) … 147, 223, 266
梅酒(うめしゅ) … 109
梅干(うめぼ)し … 107
裏地(うらじ) … 188
嬉(うれ)しい … 39, 275
嬉(うれ)しい … 39
鱗(うろこ) … 245
運動会(うんどうかい) … 117
運動靴(うんどうぐつ) … 192
運動場(うんどうじょう) … 115
運動選手(うんどうせんしゅ) … 156
絵(え) … 51, 217
エアコン … 197
エアバッグ … 136
エアフィルター … 136
エアロビクス … 215
映画(えいが) … 226
映画館(えいがかん) … 86, 227
映画監督(えいがかんとく) … 158
映画(えいが)マニア … 227
英語(えいご) … 118
衛星(えいせい) … 265
駅(えき) … 142, 143
駅員(えきいん) … 143
液晶画面(えきしょうがめん) … 168
液体(えきたい) … 260
エース … 218
エキストラベッド … 112

エクササイズバイク … 215
エクセル … 169
えくぼ … 13
エコノミークフス … 149
枝(えだ) … 250
えび(海老) … 245
エメラルド … 200
えら … 245
襟(えり) … 191
エレベーター … 112
円(えん) … 72
沿岸警備隊(えんがんけいびたい) … 147
エンジン … 132, 136
エンジンオイル … 137
円錐(えんすい) … 73
演奏者(えんそうしゃ) … 229
円柱(えんちゅう) … 73
鉛筆(えんぴつ) … 114
尾(お) … 241
おいしい … 103
お笑(わら)いタレント … 224
応急処置(おうきゅうしょち) … 92
王国(おうこく) … 283
横断歩道(おうだんほどう) … 139
嘔吐(おうと) … 96
往復(おうふく) … 144
おうむ(鸚鵡) … 240
多(おお)い … 275
狼(おおかみ) … 237
大(おお)きい … 270
大晦日(おおみそか) … 77
大家(おおや) … 46
丘(おか) … 256
お母(かあ)さん … 20
お義母(かあ)さん … 21
お菓子(かし) … 185
おかっぱ … 37
小川(おがわ) … 256
悪寒(おかん) … 96

325

お気(き)に入(い)り … 172
起(お)きる … 28
臆病(おくびょう)だ … 35
オーケストラ … 228
お子様(こさま)メニュー … 105
お好(この)み焼(や)き … 107
怒(おこ)る … 38
おごる … 109
押(お)し入(い)れ … 57
お祖父(じい)さん … 20
おじさん … 20
おしぼり … 105
おしゃべりだ … 34
おしゃれ … 188
おしり … 17
おしろい … 196
遅(おそ)い … 271
恐(おそ)れ … 40
おたま … 53
お手洗(てあら)い … 144
音(おと) … 30
お父(とう)さん … 20
お義父(とう)さん … 21
弟(おとうと) … 21
一昨日(おととい) … 79
大人(おとな) … 22
おとなしい … 35
オドメーター … 135
オートバイ … 132
驚(おどろ)く … 39
お腹(なか)/腹(はら) … 14
お腹(なか)が 空(す)く/腹(はら)が 減(へ)る … 39
お腹(なか)が いっぱいだ … 39
おなら … 32
お兄(にい)さん … 21
お握(にぎ)り … 106
お姉(ねえ)さん … 21
斧(おの) … 60
おば … 20
お祖母(ばあ)さん … 20

お化(ば)け屋敷(やしき) … 231
おばさん … 20
オーバーヒート … 137
尾(お)びれ … 245
お風呂(ふろ) … 54
オフロード … 139
オーブン … 53
オープンカー … 128
お坊(ぼう)さん … 123
お盆(ぼん) … 76
おむつ … 59
オムライス … 105
重(おも)い … 271
重(おも)さ … 70
面白(おもしろ)い … 39
おもちゃ … 58, 182
お休(やす)み … 221
親指(おやゆび) … 15
折(お)り紙(がみ) … 216
折(お)り畳(たた)み自転車(じてんしゃ) … 131
愚(おろ)かだ … 35
オレンジ … 248, 263
お詫(わ)び … 174
お笑(わら)い番組(ばんぐみ) … 225
音楽(おんがく) … 118
音楽家(おんがくか) … 159
音楽(おんがく)を 聞(き)く … 29
雄(おん)どり … 240
おんぶする … 59

カ

か(蚊) … 243
が(蛾) … 242
ガーゼ … 94
カーソル … 169
ガーデナー … 158
カーテン … 50
カート … 150, 180
ガードレール … 138
カーナビ … 136
カーペット … 50
貝(かい) … 222, 245

海岸(かいがん) … 223
海外旅行(かいがいりょこう) … 221
会議(かいぎ) … 162
海峡(かいきょう) … 267
開襟(かいきん)シャツ … 188
会計係 かいけいがかり … 180
会計士(かいけいし) … 159
外見(がいけん) … 36
蚕(かいこ) … 243
外国語(がいこくご) … 119
改札口(かいさつぐち) … 144
会社員(かいしゃいん) … 159
海水浴(かいすいよく) … 223
快速(かいそく) … 144
階段(かいだん) … 49
会長(かいちょう) … 160
開発途上国(かいはつとじょうこく) … 283
買(か)い物(もの) … 179
街路灯(がいろとう) … 140
会話(かいわ) … 174
カーオーディオ … 136
顔文字(かおもじ) … 172
価格(かかく) … 181
科学(かがく) … 118
化学(かがく) … 118
かかと … 17
鏡(かがみ) … 54
柿(かき) … 248
かき(牡蠣) … 245
鍵(かぎ) … 112
書留(かきとめ) … 89
垣根(かきね) … 49
家具(かぐ) … 51, 183
各駅停車(かくえきていしゃ) … 144
学園祭(がくえんさい) … 117
学生(がくせい) … 114

角錐(かくすい) … 73
カクテル … 108
学年(がくねん) … 116
楽譜(がくふ) … 228
額縁(がくぶち) … 166
学費(がくひ) … 115
がけ(崖) … 256
賭(か)け … 219
掛(か)け算(ざん) … 71
掛(か)け布団(ぶとん) … 57
掛(か)ける … 69
過去(かこ) … 79
かささぎ(鵲) … 241
飾(かざ)り … 203
かざん(火山) … 257
舵(かじ) … 147
賢(かしこ)い … 35
加湿器 (かしつき) … 57, 199
歌手(かしゅ) … 156, 225
栢(かしわ) … 251
数(かず) … 65
ガス … 47
カステラ … 203
かすみそう (霞草) … 252
ガスレンジ … 198
風(かぜ) … 258
風邪(かぜ)　96
火星(かせい) … 265
風邪薬(かぜぐすり) … 95
数(かぞ)える … 69
家族(かぞく) … 20
肩(かた) … 14
肩凝(かたこ)り … 98
かたづける … 30
片道(かたみち) … 144
片想(かたおも)い … 24
課長(かちょう) … 161

勝(か)つ … 219
格好(かっこう)いい … 37
悲(かな)しい … 38, 275
悲(かな)しみ … 40
月(がつ) … 75
がっかりする … 39
学期(がっき) … 116
学級委員(がっきゅういいん) … 116
学校(がっこう) … 86, 114
学校生活(がっこうせいかつ) … 116
滑走路(かっそうろ) … 151
カトリック … 122
蟹(かに) … 245
金持(かねも)ち … 274
彼女(かのじょ) … 26
画(が)びょう … 166
カプセル … 94
カプセルホテル … 112
かぶとむし(兜虫) … 242
花粉(かふん) … 253
花粉症(かふんしょう) … 99
壁(かべ) … 48
かぼちゃ(南瓜) … 255
かまきり … 243
がまん強(づよ)い … 34
神(かみ) … 123
雷(かみなり) … 259
髪(かみ)の毛(け) … 12
髪(かみ)をとかす … 28
カミソリ … 55
カムコーダー … 197
亀(かめ) … 245
カメラマン … 225
鴨(かも) … 241
科目(かもく) … 118
貨物(かもつ) … 147
貨物船(かもつせん) … 147
かもめ(鴎) … 239
かゆい … 99

火曜日(かようび) … 77
カラオケボックス … 225
がらがら … 58
からし … 185
烏(からす) … 239
体(からだ) … 11
カリキュラム … 115
軽(かる)い … 271
彼氏(かれし) … 26
彼氏(かれし)に 振(ふ)られる … 26
カレーライス … 104
カレンダー … 74, 166
かわ (川) … 256
可愛(かわい)い … 36
乾(かわ)く … 273
革靴(かわぐつ) … 192
雁(がん) … 241
癌(がん) … 98
眼科(がんか) … 92
感覚(かんかく) … 30
観客(かんきゃく) … 226
関係(かんけい) … 175
観光(かんこう) … 220
観光客(かんこうきゃく) … 220
韓国語(かんこくご) … 119
看護師(かんごし) … 91
感謝(かんしゃ) … 41
患者(かんじゃ) … 92
感情(かんじょう) … 38
管制塔(かんせいとう) … 151
関節(かんせつ) … 19
肝臓(かんぞう) … 18
観測(かんそく) … 265
缶詰(かんづ)め … 184
監督(かんとく) … 227
乾杯(かんぱい) … 109
看板(かんばん) … 86
甲板(かんぱん) … 146

観覧車 (かんらんしゃ) … 230
ガソリン … 137
ガソリンスタンド … 137
還暦(かんれき) … 77
木(き) … 250
黄(き) … 262
キーボード … 168
ギア … 131, 135
キウイ … 249
着替(きが)える … 30
機関室(きかんしつ) … 147
気球(ききゅう) … 129
貴金属(ききんぞく) … 200
聞(き)く … 30
菊(きく) … 253
危険(きけん) … 141
既婚(きこん) … 274
汽車(きしゃ) … 144
傷(きず) … 13, 97
奇数(きすう) … 69
季節(きせつ) … 74
北(きた) … 257
ギター … 229
気体(きたい) … 260
汚(きたな)い … 272
ギタリスト … 229
貴重品(きちょうひん) … 112
きつい … 272
キック … 213
キッチン … 52
きつつき … 241
切手(きって) … 88
切手収集(きってしゅうしゅう) … 217
狐(きつね) … 236
切符売(きっぷう)り場(ば) … 144, 226
起動(きどう) … 169
機内食(きないしょく) … 149
木(き)に 登(のぼ)る … 30
記念日(きねんび) … 77

記念品(きねんひん) … 220
昨日(きのう) … 79
木(き)の皮(かわ) … 250
茸(きのこ) … 255
ギブス … 91
希望(きぼう) … 41
気持(きもち) … 40
客(きゃく) … 180
客室(きゃくしつ) … 148
客車(きゃくしゃ) … 142
客室乗務員(きゃくしつじょうむいん) … 156
客船(きゃくせん) … 147
キャッシュカード … 101
キャミソール … 191
キャラメル … 202
キャリア … 132
キャンセル … 112
キャンセル待(ま)ち … 152
球(きゅう) … 73
九(きゅう/く) … 66
教育(きょういく)) … 115
休暇(きゅうか) … 162
きゅうり(胡瓜) … 254
教会(きょうかい) … 122
教科書(きょうかしょ) … 114
救急車(きゅうきゅうしゃ) … 92
救急隊(きゅうきゅうたい) … 92
救急箱(きゅうきゅうばこ) 99
急行(きゅうこう) … 144
教師(きょうし) … 157
教室(きょうしつ) … 114
教授(きょうじゅ) … 157
九十(きゅうじゅう) … 67
旧正月(きゅうしょうがつ) … 76
兄弟(きょうだい) 牛丼 (ぎゅうどん) … 103
牛乳(ぎゅうにゅう) … 184
救命胴衣(きゅうめいどうい) … 149
救命(きゅうめい)ボート … 147

給料日(きゅうりょうび) … 163
今日(きょう) … 79
餃子(ぎょうざ) … 103
共和国(きょうわこく) … 283
漁船(ぎょせん) … 147
距離(きょり) … 70
嫌(きら)いだ … 275
霧(きり) … 258
切傷(きりきず) … 98
キリスト教(きょう) … 122
切取(きりと)り … 169
きりん(麒麟) … 236
切(き)る … 219
奇麗(きれい)だ … 36, 272
キロ … 71
金(きん) … 201, 261
銀(ぎん) … 201, 263
金額(きんがく) … 100
銀河系(ぎんがけい) … 265
金魚(きんぎょ) … 244
キング … 218
金庫(きんこ) … 113
銀行(ぎんこう) … 100
銀行員(ぎんこういん) … 100, 159
金星(きんせい) … 265
金属(きんぞく) … 260
金属探知機(きんぞくたんちき) … 152
緊張(きんちょう) … 41
筋肉痛(きんにくつう) … 98
勤勉(きんべん)だ … 274
勤務(きんむ) … 162, 163
勤務時間(きんむじかん) … 163
きんめっき … 201
金曜日(きんようび) … 77
クイーン … 218
空港(くうこう) … 150
空港(くうこう)カウンター … 150

偶数(ぐうすう) … 69
空席(くうせき) … 144
九月(くがつ) … 75
釘(くぎ) … 60
茎(くき) … 250
くしで とかす … 195
くしゃみ … 32, 98
鯨(くじら) … 245
薬(くすり) … 95
薬指(くすりゆび) … 15
果物(くだもの) … 184, 247
口(くち) … 13
くちばし … 241
唇(くちびる) … 13
口(くち)パク … 225
口紅(くちべに) … 195
クッキー … 202
靴下(くつした) … 192
ぐっすり 寝(ね)る … 57
靴(くつ)べら … 192
国(くに), 国家(こっか) … 283
配(くば)る … 219
首(くび) … 14
くびに なる … 164
熊(くま) … 236
組(くみ) … 116
雲(くも) … 258
くも(蜘蛛) … 242
曇(くも)り … 259
悔(くや)しい … 39
暗(くら)い … 270
クラクション … 135
グラタン … 105
クラッチ … 136
クラブ … 219
グラム … 71
クラリネット … 229
栗(くり) … 248
栗(くり)の木(き) … 251
クリーニング … 113

330

クリーム … 194
クリスマス … 76
クリック … 169
苦(くる)しみ … 40
クルーズ … 221
車(くるま) … 128, 134
車椅子(くるまいす) … 92
胡桃(くるみ) … 248
クレジットカード … 100, 181
黒(くろ) … 262
クロール … 213
クロストレーナ … 214
軍人(ぐんじん) … 157
経済学(けいざいがく) … 119
刑事(けいじ) … 121
芸術品(げいじゅつひん) … 220
携帯電話(けいたいでんわ) … 165
経度(けいど) … 267
掲示板(けいじばん) … 114
芸能人(げいのうじん) … 157, 225
軽飛行機(けいひこうき) … 129
軽油(けいゆ) … 137
外科(げか) … 90
怪我(けが) … 98
警察官(けいさつかん) … 120, 156
警察署(けいさつしょ) … 86, 120
計算(けいさん) … 70
警備員(けいびいん) … 100
契約社員(けいやくしゃいん) … 163
痙攣(けいれん) … 213
下校(げこう) … 117
消(けし)ゴム … 114
消印(けしいん) … 89
化粧水(けしょうすい) … 194
化粧(けしょう)する … 195
化粧品(けしょうひん) … 182, 194
消(け)す 下駄箱(げたばこ) … 192
ケチャップ … 185

血圧(けつあつ) … 97
血管(けっかん) … 19
月給(げっきゅう) … 163
欠勤(けっきん) … 163
結婚(けっこん) … 23, 25
結婚(けっこん)する … 26
月食(げっしょく) … 265
欠席(けっせき) … 117
月曜日(げつようび) … 77
げっぷ … 33
ゲーム … 211
ゲームをする … 30
煙(けむり) … 261
下痢(げり) … 98
下痢止(げりど)め … 95
険(けわ)しい道(みち) … 256
牽引(けんいん) … 137
検疫(けんえき) … 152
喧嘩(けんか) … 174
けんかする … 25
玄関(げんかん) … 48
現金 げんきん … 180
健康診断(けんこうしんだん) … 92
検査(けんさ) … 152
現在(げんざい) … 79
拳銃(けんじゅう) … 120
懸垂 (けんすい) … 214
鍵盤(けんばん) … 228
五(ご) … 66
こい(鯉) … 244
恋人(こいびと) … 25
硬貨(こうか) … 181
後悔(こうかい) … 41
工学(こうがく) … 119
高架道路(こうかどうろ) … 138
後甲板(こうかんぱん) … 146
航空便(こうくうびん) … 89

331

工芸(こうげい) … 217
攻撃(こうげき) … 274
高原(こうげん) … 256
高校(こうこう) … 115
口座 (こうざ) … 101
交差点(こうさてん) … 139
口座振替(こうざふりかえ) … 101
工場(こうじょう) … 87
後進国(こうしんこく) … 283
香水(こうすい) … 195
洪水(こうずい) … 258
高層(こうそう)ビル … 87
交通(こうつう) … 127
交通費(こうつうひ) … 144
交通標識(こうつうひょうしき) … 140
肯定的(こうていてき) … 175
高度(こうど) … 149
講堂(こうどう) … 115
強盗(ごうとう) … 121
光熱費(こうねつひ) … 47
交番(こうばん) … 121
後部座席(こうぶざせき) … 136
公務員(こうむいん) … 159
こうもり(蝙蝠) … 237
声(こえ) … 30
氷(こおり) … 259
こおろぎ (蟋蟀) … 242
五角形(ごかくけい) … 73
五月(ごがつ) … 75
木枯(こが)らし … 259
小切手(こぎって) … 100
ごきぶり … 243
故郷(こきょう) … 283
国語(こくご) … 119
国史(こくし) … 118
国際線(こくさいせん) … 152

国内線(こくないせん) … 152
告白(こくはく) … 174
告白(こくはく)する … 24
国民(こくみん) … 283
ゴーグル … 212
午後(ごご) … 78
午後 3時 15分(ごごさんじじゅうごふん) … 81
五十(ごじゅう) … 67
午前 4時(ごぜんよじ) … 81
コスモス … 252
骨折(こっせつ) … 98
骨盤(こつばん) … 15
コップ … 53
故障(こしょう) … 136
個人情報(こじんじょうほう) … 172
号数(ごうすう) … 191
小銭(こぜに) … 100, 180
子育(こそだ)て … 26
固体(こたい) … 260
小包(こづつみ) … 89
子供(こども) … 22
こどもの日(ひ) … 77
コードレス電話 … 165
粉薬(こなぐすり) … 95
粉(こな)ミルク … 59
木(こ)の実(み) … 250
琥珀(こはく) … 201
ご飯(はん) … 106
コピー機(き) … 165
コピー用紙(ようし) … 167
拳(こぶし) … 16
コマーシャル … 224
ごみ … 61
ゴミ箱(ばこ) … 50, 169
コメディー … 227
小麦粉(こむぎこ) … 185
米(こめ) … 184
五目(ごもく)ならべ … 217

子守歌(こもりうた) … 59

顧問(こもん) … 161

小指(こゆび) … 15

コーラ … 102

ゴリラ … 238

ゴルフ … 208

これから … 80

怖(こわ)い … 39

紺(こん) … 263

コンサート … 228

今週(こんしゅう) … 80

コンセント … 61

コンドミニアム … 112

ゴンドラ … 231

コントロールパネル … 169

コンパクト … 194

コンピューター … 168

婚約(こんやく) … 23

婚約(こんやく)する … 26

再起動(さいきどう) … 169

さ

最後(さいご) … 80

最初(さいしょ) … 80

差出人(さしだしにん) … 89

サイズ … 71

サイドブレーキ … 135

サイドミラー … 134

サイドメニュー … 103

細胞(さいぼう) … 19

再放送(さいほうそう) … 225

採用(さいよう) … 163

サイン … 101

魚(さかな) … 244

詐欺(さぎ) … 121

作業着(さぎょうぎ) … 191

サクソホーン … 229

作文(さくぶん) … 119

サークル … 117

さけ(鮭) … 244

さざえ … 245

刺身(さしみ) … 106

サスペンション … 132

座席(ざせき) … 142, 226

左折(させつ) … 141

さそり … 243

サッカー … 210

殺人(さつじん) … 121

雑草(ざっそう) … 253

さつまいも(薩摩芋) … 254

砂糖(さとう) … 185

サドル … 130

さなぎ … 243

さば(鯖) … 244

砂漠(さばく) … 267

サファイア … 200

サーフィン … 209

座布団(ざぶとん) … 51

寂(さび)しい … 39

サボテン … 253

寒(さむ)い … 38, 275

さめ(鮫) … 244

座薬(ざやく) … 95

皿(さら) … 53

サラダ … 104

サラリーマン … 159

猿(さる) … 237

触(さわ)る … 30

三(さん) … 66

三角形(さんかくけい) … 72

三角関係(さんかくかんけい) … 24

三月(さんがつ) … 75

残業(ざんぎょう) … 163

サングラス … 222

珊瑚(さんご) … 201

三十(さんじゅう) … 67

賛成(さんせい) … 175

サンダル … 192

サンドイッチ … 102

賛美歌(さんびか) … 123

産婦人科(さんふじんか) … 90

山脈(さんみゃく) … 266

四(しよん) … 66

時(じ) … 78
シーツ … 56
シート … 132
シートベルト … 136
ジーパン … 186
シーフード … 104

幸(しあわ)せだ … 38
シェーク … 103

塩(しお) … 185

鹿(しか) … 236

歯科医(しかい) … 91

司会者(しかいしゃ) … 224

四月(しがつ) … 75

時間(じかん) … 78

時間割(じかんわり) … 116

四季(しき) … 74

指揮者(しきしゃ) … 228

手荷物引(てにもつひ)き渡(わた)しコンベヤー
 … 151

敷(し)き布団(ぶとん) … 57

指揮棒(しきぼう) … 228
ジグソーパズル … 217

試験(しけん) … 116

~時限目(じげんめ) … 116

地獄(じごく) … 123

時刻表(じこくひょう) … 143

仕事(しごと) … 155

時差(じさ) … 149

支社(ししゃ) … 161

刺繍(ししゅう) … 216

辞書(じしょ) … 115

辞職(じしょく) … 162
シスター … 123

システム手帳 … 166

自然(しぜん) … 235

自尊心(じそんしん) … 41

下(した) … 269

時代劇(じだいげき) … 227

七(しち/なな) … 66

七月(しちがつ) … 75

試着(しちゃく)する … 188

視聴者(しちょうしゃ) … 225
シチュー … 105
シットアップ … 215
シティサイクル) … 131

指定席(していせき) … 144

自転車(じてんしゃ) … 129, 130

自転車専用道路(じてんしゃせんようどうろ)
 … 131

自動券売機(じどうけんばいき) … 143

自動引(じどうひ)き落(お)とし … 101

失職(しっしょく) … 164

尻尾(しっぽ) … 238

死(し)ぬ … 23

芝生(しばふ) … 48

支払(しはら)う … 181

耳鼻咽喉科(じびいんこうか) … 90

辞表(じひょう)を 出(だ)す … 164

紙幣(しへい) … 100, 181

島(しま) … 266

しまうま(縞馬) … 236

字幕(じまく) … 227

姉妹(しまい) … 21

地味(じみ)だ … 275
ジム … 214

事務室(じむしつ) … 165

閉(し)める … 273

霜(しも) … 259

指紋(しもん) … 16

社会(しゃかい) … 119

じゃが芋(いも) … 254
ジャケット … 186

車庫(しゃこ) … 49

蛇口(じゃぐち) … 55
ジャージー … 187

写真(しゃしん) … 51

写真撮影(しゃしんさつえい) … 217

社長(しゃちょう) … 161
ジャック … 218
しゃっくり … 33

車道(しゃどう) … 141
しゃぶしゃぶ … 106
シャープペンシル … 167
シャベル … 60
しゃもじ … 53
シャワー … 55

シャワーを 浴(あ)びる … 29
ジャンパー … 186
シャンパン … 109
シャンプー … 54
ジュース … 184

自由(じゆう) … 41

十(じゅう) … 66

十一(じゅういち) … 67

十一月(じゅういちがつ) … 75

修学旅行(しゅうがくりょこう) … 117

十月(じゅうがつ) … 75

十九(じゅうきゅう) … 67

十五(じゅうご) … 67

十三(じゅうさん) … 67

十字架(じゅうじか) … 123

十七(じゅうしち) … 67

住所(じゅうしょ) … 47

就職(しゅうしょく)する … 164

修正液(しゅうせいえき) … 167

自由席(じゆうせき) … 144

渋滞(じゅうたい) … 141

住宅(じゅうたく) … 48

終電(しゅうでん) … 144

終点(しゅうてん) … 144

柔軟剤(じゅうなんざい) … 55

十二(じゅうに) … 67

十二月(じゅうにがつ) … 75

十八(じゅうはち) … 67

週末(しゅうまつ) … 79

十万(じゅうまん) … 67

重役(じゅうやく) … 161

十四(じゅうよん) … 67

自由旅行(じゆうりょこう) … 221

十六(じゅうろく) … 67

授業(じゅぎょう) … 116

宿題(しゅくだい) … 116

宿泊(しゅくはく) … 112

祝日(しゅくじつ) … 77

宿泊料(しゅくはくりょう) … 112

手術(しゅじゅつ) … 92

受信トレイ(じゅしんtray) … 171

出勤(しゅっきん) … 163

出勤(しゅっきん)する … 29

出血(しゅっけつ) … 98

出席(しゅっせき) … 117

出張(しゅっちょう) … 162

出入国(しゅつにゅうこく)カード … 152

出入国審査(しゅつにゅうこくしんさ) … 152

出発(しゅっぱつ) … 151

首都(しゅと) … 283

主任(しゅにん) … 161

主婦(しゅふ) … 159

趣味(しゅみ) … 216

主役(しゅやく) … 227

春夏秋冬(しゅんかしゅうとう) … 74

瞬間(しゅんかん) … 80

消炎剤(しょうえんざい) … 95

生姜(しょうが) … 255

紹介(しょうかい) … 175

奨学金(しょうがくきん) … 116

正月(しょうがつ) … 77

小学校(しょうがっこう) … 115

消化不良(しょうかふりょう) … 98

将棋(しょうぎ) … 217

定規(じょうぎ) … 114

宗教(しゅうきょう) … 122

証拠(しょうこ) … 120
正午(しょうご) … 78
錠剤(じょうざい) … 94
上司(じょうし) … 160
正直(しょうじき) … 41
正直(しょうじき)だ … 35
乗車券(じょうしゃけん) … 144
少女(しょうじょ) … 22
昇進(しょうしん) … 162
小説家(しょうせつか) … 159
招待(しょうたい) … 175
招待状(しょうたいじょう) … 26
焼酎(しょうちゅ) … 109
使用中(しようちゅう) … 148
小腸(しょうちょう) … 18
消毒(しょうどく) … 92
小児科(しょうにか) … 90
少年(しょうねん) … 22
乗馬(じょうば) … 209
消費税(しょうひぜい) … 181
小便(しょうべん) … 32
情報検索(じょうほうけんさく) … 170
常務(じょうむ) … 161
醤油(しょうゆ) … 185
ジョーカー … 218
ジョギング … 209
職位(しょくい) … 160
職業(しょくぎょう) … 156
食中毒(しょくちゅうどく) … 98
食堂車(しょくどうしゃ) … 144
食品(しょくひん) … 184
食品売場(しょくひんうりば) … 183
植物園(しょくぶつえん) … 231
徐行(じょこう) … 141
除湿器(じょしつき) … 57
食器洗浄機 (しょっきせんじょうき) … 199

しょっかく(触角) … 243
ショッピングセンター … 87
食器棚(しょっきだな) … 52
初電(しょでん) … 144
書道(しょどう) … 217
処方箋 (しょほうせん) … 95
女優(じょゆう) … 226
白髪(しらが) … 37
白(しろ) … 262
しわ[皺] … 13
ジン … 109
新幹線(しんかんせん) … 128
シングルベッド … 57
シングルルーム … 111
神経(しんけい) … 19
人口(じんこう) … 283
信号機(しんごうき) … 140
新婚夫婦(しんこんふうふ) … 26
進入禁止(しんにゅうきんし) … 141
寝室(しんしつ) … 56
真実(しんじつ) … 41
紳士服(しんしふく) … 182, 186
神社(じんじゃ) … 123
真珠(しんじゅ) … 200
人生(じんせい) … 22, 23
親戚(しんせき) … 21
親切(しんせつ) … 41
親切(しんせつ)だ … 35
心臓(しんぞう) … 18
腎臓(じんぞう) … 18
人体器官(じんたいきかん) … 18
寝台車(しんだいしゃ) … 142
真鍮(しんちゅう) … 261
身長(しんちょう) … 36
慎重(しんちょう)だ … 34
神道(しんとう) … 123
ジントニック … 109

心配(しんぱい) … 41
審判員(しんぱんいん) … 211
神父(しんぷ) … 123
シンフォニー … 229
新入社員(しんにゅうしゃいん) … 161
心理学(しんりがく) … 119
親友(しんゆう) … 174
酢(す) … 185
水泳(すいえい) … 212
すいか (西瓜) … 247
水晶(すいしょう) … 200
水道(すいどう) … 47
スイートルーム … 112
水平尾翼(すいへいびよく) … 148
睡眠薬(すいみんやく) … 95
炊飯器 (すいはんき) … 52, 198
スイミングキャップ … 213
水曜日(すいようび) … 77
数学(すうがく) … 119
数字(すうじ) … 66
頭蓋骨(ずがいこつ) … 13
スカート … 190
スカーフ … 193
スカイダイビング … 209
スキー … 209
好(す)きだ … 275
スキャナー … 168, 181
スキューバダイビング … 209
すぐ … 80
スクーター … 129
少(すく)ない … 275
スクリーン … 226
寿司(すし) … 106
雀(すずめ) … 239
図形(ずけい) … 72
スケートボード … 209
スタイルがいい … 37
頭痛(ずつう) … 96
ステーキ … 104
ステップマシン … 215
ステレオシステム … 197
ストーカー … 121

ストレッチ … 212
ストロー … 102
ストローク … 213
砂(すな) … 223
素直(すなお)だ … 35
スノーボード … 209
スピードメーター … 135
スープ … 104
スプーン … 53
スペアタイヤ … 136
スペード … 218
スペースシャトル … 265
滑(すべ)り台(だい) … 231
スポーク … 131
スポーツ … 208
ズボン … 186
すみれ (菫) … 252
すもも(李) … 249
スリ … 121
すり傷(きず) … 98
鋭(するど)い … 272
スレ … 172
性格(せいかく) … 34
税関申告(ぜいかんしんこく) … 152
世紀(せいき) … 79
制御装置(せいぎょそうち) … 132
成形外科(せいけいげか) … 92
制限速度(せいげんそくど) … 141
星座(せいざ) … 265
精算(せいさん) … 144
正社員(せいしゃいん) … 163
聖書(せいしょ) … 123
精神科医(せいしんかい) … 91
成績(せいせき) … 116
聖堂(せいどう) … 122
青年(せいねん) … 22
制服(せいふく) … 117
生物(せいぶつ) … 119
正方形(せいほうけい) … 72
生理現象(せいりげんしょう) … 32
背泳(せおよ)ぎ … 213

世界(せかい) … 283
世界史(せかいし) … 119
背(せ)が 高(たか)い … 36
背(せ)が 低(ひく)い … 36
咳 (せき) … 32, 98
石炭(せきたん) … 260
赤道(せきどう) … 267
セキュリティー … 172
セクシーだ … 36
セーター … 186
せっけん(石鹸) … 54
接着剤(せっちゃくざい) … 61
セットメニュー … 103
絶望(ぜつぼう) … 40
背中(せなか) … 17
攻(せ)める … 211
背広(せびろ) … 187
背骨(せぼね) … 19
狭(せま)い … 271
セロテープ … 167
千(せん) … 67
センチ … 71
千万(せんまん) … 67
専務(せんむ) … 161
洗顔液(せんがんえき) … 196
洗剤(せんざい) … 55
前菜(ぜんさい) … 105
繊細(せんさい)だ … 35
船室(せんしつ) … 146
洗車(せんしゃ) … 137
船首(せんしゅ) … 146
先週(せんしゅう) … 80
先進国(せんしんこく) … 283
先生(せんせい) … 114
先祖(せんぞ) … 21
船体(せんたい) … 146
洗濯機(せんたくき) … 55, 197
洗濯物(せんたくもの) … 55

洗濯(せんたく)ばさみ … 55
洗濯(せんたく)をする … 30
船尾(せんび) … 146
扇風機(せんぷうき) … 50, 199
線路(せんろ) … 144
象(ぞう) … 236
送金(そうきん) … 101
雑巾(ぞうきん) … 61
倉庫(そうこ) … 49
掃除機(そうじき) … 50, 199
操縦席(そうじゅうせき) … 148
送信(そうしん)トレイ … 172
早退(そうたい) … 117, 163
速達(そくたつ) … 89
速度(そくど) … 70
そそっかしい … 34
ソーダ水(すい) … 108
育(そだ)つ … 23
袖(そで) … 191
外(そと) … 268
そば … 107
祖父(そふ) … 20
ソファー … 50
ソフトボール … 211
祖母(そぼ) … 20
空(そら) … 259
そり … 209

体育(たいいく) … 118
体育館(たいいくかん) … 115
退院(たいいん) … 92
体温計(たいおんけい) … 91
大学(だいがく) … 115
大学院(だいがくいん) … 115
大気(たいき) … 267
大工(だいく) … 158

大根 (だいこん)254
体脂肪率(たいしぼうりつ) … 215
体重(たいじゅう) … 36
退社(たいしゃ) … 163
退職金(たいしょくきん) … 164
体積(たいせき) … 70
大腸(だいちょう) … 18
態度(たいど) … 175
台所用品(だいどころようひん) … 183
大便(だいべん) … 33
逮捕(たいほ) … 120
タイヤ … 132, 134, 218
ダイヤモンド … 200
大洋(たいよう) … 266
太陽(たいよう) … 264
大陸(たいりく) … 266
ダイレクトメール … 89
ダウンロード … 170
楕円形(だえんけい) … 72
タオル … 54
鷹(たか) … 239
高(たか)い … 270
高(たか)さ … 70
滝(たき) … 256
タキシード … 187
たくあん … 107
タクシー運転手(うんてんしゅ) … 157
宅配便(たくはいびん) … 89
竹(たけ) … 251
たこ(蛸) … 245
たこ焼(や)き … 107
タコメーター … 135
足(た)し算(ざん) … 71
足(た)す … 69
畳(たたみ) … 57
だちょう(駝鳥) … 240
卓球(たっきゅう) … 211
卓球(たっきゅう)をする … 30
だっこする … 59

ダッシュボード … 135
縦(たて) … 70
建物(たてもの) … 47
店子(たなこ) … 46
谷(たに) … 256
種(たね) … 250
楽(たの)しい … 39
楽(たの)しみ … 40
ダブルクリック … 169
ダブルベッド … 57
食(た)べ放題(ほうだい) … 105
打撲傷(だぼくしょう) … 98
玉(たま) … 200
卵(たまご) … 184, 243
たまに … 80
たまねぎ(玉葱) … 254
ターミナルビル … 151
溜息(ためいき) … 32
たらい … 55
垂(た)れ幕(まく) … 87
タレント … 157
ターン … 213
短気(たんき)だ … 35
炭酸飲料 (たんさんいんりょう) … 103, 184
誕生 … 22
誕生石(たんじょうせき) … 201
誕生日(たんじょうび) … 76
誕生日(たんじょうび)のろうそく … 203
たんす … 57
短大(たんだい) … 115
団体旅行(だんたいりょこう) … 221
担任(たんにん) … 116
タンバリン … 229
ダンベル … 214
たんぽぽ (蒲公英) … 252
血(ち) … 19
小(ちい)さい … 270
知恵(ちえ) … 40
チェーン … 131
チェーンソー … 60

チェス … 217
チェックアウト … 110
チェックイン … 110
チェロ … 228

近(ちか)い … 269

地下街(ちかがい) … 87

地下室(ちかしつ) … 49

地下鉄(ちかてつ) … 128

地下道(ちかどう) … 138

力(ちから) … 261

地球(ちきゅう) … 264, 266

地球儀(ちきゅうぎ) … 114

乳首(ちくび) … 59

遅刻(ちこく) … 117, 163

地図(ちず) … 115

父(ちち) … 20
チップ … 111

茶(ちゃ) … 262

着陸(ちゃくりく) … 149
チャット … 172

茶髪(ちゃぱつ) … 37

茶碗(ちゃわん) … 53

赤(あか)ちゃん … 22
チャンネル … 224
チューインガム … 203

中央分離帯(ちゅうおうぶんりたい) … 141

仲介手数料(ちゅうかい てすうりょう) … 47

中学校(ちゅうがっこう) … 115

聴診器(ちょうしんき) … 92

貯金(ちょきん) … 101

注射(ちゅうしゃ) … 91

駐車違反(ちゅうしゃいはん) … 137

駐車場(ちゅうしゃじょう) … 140

朝食付(ちょうしょくつ)き … 112

蝶(ちょう)ネクタイ … 193

調味料(ちょうみりょう) … 185

注文(ちゅうもん)する … 105
チューリップ … 253

ちょう(蝶) … 242
チョコレート … 202

地理(ちり) … 119
ちりとり … 61

治療(ちりょう) … 92

賃貸(ちんたい) … 46

鎮痛剤(ちんつうざい) … 95

追加(ついか)する … 105
ツインルーム … 111

通知票(つうちひょう) … 116

通帳(つうちょう) … 100

通訳家(つうやくか) … 158

通路(つうろ) … 149

疲(つか)れる … 38

月(つき) … 264

付(つ)き合(あ)う … 24

机(つくえ) … 56, 114

漬(つ)け物(もの) … 107
つける …

つつじ (躑躅) … 253

角(つの) … 238

唾(つば) … 33

翼(つばさ) … 148, 241

燕(つばめ) … 239
つまみ … 108

爪(つめ) … 16, 241

爪(つめ)を切(き)る … 16

爪(つめ)を伸(の)ばす … 16

露(つゆ) … 259

強(つよ)い … 275
つらら … 258

釣(つ)り … 209

鶴(つる) … 240
つるはし … 61

手(て) … 14

手当(てあて) … 163

庭園(ていえん) … 49

定期券(ていきけん) … 144

手紙(てがみ) … 88
手紙(てがみ)を 書(か)く … 30
出口(でぐち) … 144, 231
手首(てくび) … 16
デザート … 105
デザイナー … 159
手錠(てじょう) … 121
手数料(てすうりょう) … 101
デスク … 165
手相(てそう)を見(み)る … 16
鉄(てつ) … 261
哲学(てつがく) … 119
鉄道(てつどう) … 142
テニス … 208
手荷物(てにもつ) … 151
手荷物取(てにもつと)り扱(あつか)い所(しょ) … 152
手(て)の甲(こう) … 15
手(て)の平(ひら) … 15
デパート … 86, 180
手袋(てぶくろ) … 193
テーブル … 50
テーマパーク) … 230
寺(てら) … 122
テールライト … 132, 134
テレビ … 51, 197, 224
テレビを見(み)る … 29
天気 (てんき) … 258
天国(てんごく) … 123
天井(てんじょう) … 51
天体観測(てんたいかんそく) … 216
てんとうむし(天道虫) … 243
天然(てんねん)パーマ … 37
天(てん)ぷら … 106
展望台(てんぼうだい) … 220
天文学(てんもんがく) … 265
電子(でんし)レンジ … 52
電灯(でんとう) … 51
店員(てんいん) … 180

電車(でんしゃ) … 128
電化製品(でんか せいひん) … 183, 197
電気(でんき) … 47, 260
電卓(でんたく) … 166
添付(てんぷ)ファイル … 171
電話(でんわ)を かける(する) … 30
電話機(でんわき) … 165, 198
ドア … 48
ドアロック) … 136
トイレ … 55, 148
トイレットペーパー … 55
動画(どうが) … 172
唐辛子(とうがらし) … 255
唐辛子(とうがらし)みそ … 185
同級生(どうきゅうせい) … 116
洞窟(どうくつ) … 256
陶芸(とうげい) … 216
登校(とうこう) … 117
搭乗口(とうじょうぐち) … 150
搭乗券(とうじょうけん) … 150
搭乗待合室(とうじょうまちあいしつ) … 150
止(と)まれ … 141
同性(どうせい) … 26
灯台(とうだい) … 147
到着(とうちゃく) … 151
糖尿病(とうにょうびょう) … 98
動物(どうぶつ) … 236
動物園(どうぶつえん) … 230
同僚(どうりょう) … 160
道路(どうろ) … 138
遠(とお)い … 269
時々(ときどき) … 80
ドキュメンタリ … 225
読書(どくしょ) … 216
得点(とくてん) … 211
特別(とくべつ)な日(ひ) … 76
独立国(どくりつこく) … 283

時計(とけい) … 51
登山靴(とざんぐつ) … 192
都市(とし) … 85, 283
図書館(としょかん) … 86
土壌(どじょう) … 260
トースター … 52
特急(とっきゅう) … 144
ドーナツ … 102
隣(となり) … 269
トパーズ … 201
飛(と)び板(いた) … 212
飛(と)び込(こ)む … 212
トマト … 255
泊(と)まる … 112
友達(ともだち) … 25
共働(ともばたら)き … 164
土曜日(どようび) … 77
虎(とら) … 236
ドライバー … 60
ドライヤーで乾(かわ)かす … 196
トラック … 128
ドラッグ＆ドロップ … 169
ドラマ … 225, 229
ドラム … 229
トランク … 134
トランクス … 188
トランプ … 218
トランプ一組(ひとくみ) … 219
トランペット … 228
鳥(とり)) … 239
取扱注意(とりあつかいちゅうい) … 88
取(と)り消(け)す … 105
取締役(とりしまりやく) … 161
ドリンク … 103
トレーナ … 214
トレーニング … 215
ドレス … 190
トレッド … 131
どろぼう … 120
トロンボーン … 228
トン … 71
丼物(どんもの) … 107
豚(とん)カツ … 106

とんぼ(蜻蛉) … 242

内科(ないか) … 92
内定(ないてい)をもらう … 164
ナイフ … 53
中(なか) … 268
長(なが)い … 275
長靴(ながぐつ) … 192
長(なが)さ … 71
流(なが)し台(だい) … 52
仲直(なかなお)りする … 26
中指(なかゆび) … 15
流(なが)れ星(ぼし) … 264
梨(なし) … 247
なす(茄子) … 255
夏(なつ) … 74
納豆(なっとう) … 107
なつめ … 249
七十(ななじゅう) … 67
鍋(なべ) … 52
怠(なま)けている … 274
生(なま)ビール … 108
生放送(なまほうそう) … 224
鉛(なまり) … 261
なまり … 175
波(なみ) … 222
並木(なみき) … 87
ナレーター … 224
縄跳(なわと)び … 215
南極(なんきょく) … 266
軟膏(なんこう) … 94
軟骨(なんこつ) … 19
ナンバープレート … 134
二(に) … 66
二月(にがつ) … 75
にきび[面皰] … 13

憎(にく)しみ … 41

西(にし) … 257

虹(にじ) … 258

二十(にじゅう) … 67

偽物(にせもの) … 201

日常生活(にちじょうせいかつ) … 28

日曜日(にちようび) … 77

日光浴(にっこうよく) … 222

日食(にっしょく) … 265
ニート … 164

鈍(にぶ)い … 272

日本酒(にほんしゅ) … 109

日本料理(にほんりょうり) … 106

荷物(にもつ) … 221

乳液(にゅうえき)194

入院(にゅういん) … 92

入金(にゅうきん) … 101
ニュースキャスター … 225

庭(にわ) … 49

にわか雨(あめ) … 259

人形(にんぎょう) … 59

人間(にんげん) … 11

人間関係(にんげんかんけい) … 174

人間(にんげん)ドック … 92

にんじん(人参) … 255

妊娠(にんしん)する … 25

人相(にんそう) … 37

にんにく(大蒜) … 254

盗(ぬす)む … 121

濡(ぬ)れる … 273

根(ね) … 250
ぬいぐるみ … 58

ねぎ(葱) … 254
ネクタイ … 193

猫(ねこ) … 237

寝言(ねごと) … 33

ねずみ(鼠) … 238

熱(ねつ) … 96, 261
ネット・カフェ … 172
ネットショッピング … 172
ネットバンキング … 172

値引(ねび)き … 181

寝巻(ねま)き … 191

寝(ね)る … 29

年賀状(ねんがじょう) … 89

年金(ねんきん) … 162
ねんざ … 98

年収(ねんしゅう) … 163

年俸制(ねんぽうせい) … 163

燃料計(ねんりょうけい) … 135

燃料(ねんりょう)タンク … 132

年輪(ねんりん) … 250

脳(のう) … 19

農夫(のうふ) … 158
のこぎり … 60
ノートパソコン … 168

のど自慢(じまん) … 225

のどが 乾(かわ)く … 38

野原(のはら) … 256

伸(の)びをする … 57

飲(の)み物(もの)) … 105

飲(の)み屋(や) … 108

海苔(のり) … 245

乗(の)り物(もの) … 128, 231

葉(は) … 250

歯(は) … 13
バー … 109

灰(はい) … 262

肺(はい) … 18
バイオリン … 228
バイキング … 105
バイク … 128

配偶者(はいぐうしゃ) … 26

バイク便(びん) … 89

排水溝(はいすいこう) … 55
売店 (ばいてん) … 226, 231
パイナップル … 248
バイパス道路(どうろ) … 141
ハイヒール … 192
俳優(はいゆう) … 158, 226
バインダー … 167
はえ(蠅) … 242
羽織 はおり … 187
墓(はか) … 23
葉書(はがき) … 89
袴(はかま) … 190
秤(はかり) … 89
吐(は)き気(け) … 96
はき物(もの) … 192
白鳥(はくちょう) … 239
博物館(はくぶつかん) … 87
はげ … 37
バケツ … 61
派遣社員(はけんしゃいん) … 163
バゲット … 203
バーコード(barcode) … 181
ハザードランプ … 136
はさみ … 60
箸(はし) … 53
はしご … 60
柱(はしら) … 51
バス … 128
蓮(はす) … 253
恥(は)ずかしい … 39
恥(は)ずかしがる … 34
バスケットボール … 210
バス停(てい) … 140
パスタ … 104
バースデーケーキ … 203
パスポート … 150
バスマット … 55
パスワード … 172
肌(はだ) … 19
ばた足(あし)をする … 213
バタフライ … 213
蜂(はち) … 242

八(はち) … 66
八十(はちじゅう) … 67
八月(はちがつ) … 75
はっかあめ … 203
バックアップ … 169
バックミラー … 132, 135
初恋(はつこい) … 26
ばった(飛蝗) … 242
バッテリー … 136
パティシエ … 156
派手(はで)だ … 275
バーテンダー … 108
鳩(はと) … 239
ハート … 164, 219
ハードディスク … 168
鼻(はな) … 12
花 (はな) … 252
バナー広告(bannerこうこく) … 170
花言葉(はなことば) … 253
鼻血(はなぢ) … 97
バナナ … 248
花(はな)びら … 253
鼻水(はなみず) … 98
花婿(はなむこ) … 23
花嫁(はなよめ) … 23
離(はな)れ … 49
羽(はね) … 241
母(はは) … 20
母 (はは) の日 (ひ) … 77
歯(は)ブラシ … 54
ハブ … 131
ハーブ … 229
バーベキュー … 105
バーベル … 214
パフ … 194
歯磨(はみが)き粉(こ) … 54
涙(なみだ) … 32
速(はや)い … 271
薔薇 (ばら) … 252
払(はら)い込(こ)み … 101
払込用紙(はらいこみようし) … 101

344

針(はり) … 61, 243

針金(はりがね) … 61
バルブ … 131

春(はる) … 74

晴(は)れ … 258

腫(は)れる … 99
バレーボール … 210
バレンタインデー … 76

歯(は)を 磨(みが)く … 28

番(ばん) … 219
パン … 184

繁華街(はんかがい) … 87
ハンカチ … 193
パンク … 136
ハンググライディング … 209

番組(ばんぐみ) … 225

半月(はんげつ) … 264
はんこ … 101

犯罪(はんざい) … 121
ハンサムだ … 37
バンジージャンプ … 231

半(はん)ズボン … 186

絆創膏(ばんそうこう) … 94

反対(はんたい) … 175

反対語(はんたいご) … 270
パンチ … 167
パンツ … 187
パンティー … 191
パンティーストッキング … 191

半島(はんとう) … 266
ハンドル … 130, 132, 135

犯人(はんにん) … 121
ハンバーガー … 102
ハンバーグ(ステーキ) … 105
パンフレット … 221
ハンマー … 60

パン屋(や) … 202

火(ひ) … 261
ピアノ … 228

ピアノを 弾(ひ)く … 30
ピエロ … 230

被害者(ひがいしゃ) … 120

日帰(ひがえ)り旅行(りょこう) … 221

東(ひがし) … 257

光(ひかり) … 261

引(ひ)き算(ざん) … 71

引(ひ)き出(だ)し … 101

引(ひ)き出(だ)し … 56
ビキニ … 222

卑怯(ひきょう)だ … 35

引(ひ)き分(わ)け … 211

引(ひ)く … 69

低(ひく)い … 270
ひげ … 13

悲劇(ひげき) … 227

ひげを 剃(そ)る … 28

飛行機(ひこうき) … 129, 148

膝(ひざ) … 15
ピザ … 103
ビザ(visa) … 152

肘(ひじ) … 17

菱形(ひしがた) … 72
ビジネスクラス … 149
ビジネスホテル … 112

美術(びじゅつ) … 118

美術館(びじゅつかん) … 87

非常口(ひじょうぐち) … 113, 149

秘書(ひしょ) … 160

額(ひたい) … 12

ビタミン剤 … 95

左(ひだり) … 268

左利(ひだりき)き … 16
ピッタリだ … 188
ビーチサンダル … 192
ビーチパラソル … 222
ビーチボール … 223

日付(ひづけ) … 79

引(ひ)っ越(こ)し … 47
ひづめ … 238

否定的(ひていてき) … 175

日照(ひで)り … 259

人指し指(ひとさしゆび) … 15

瞳(ひとみ) … 12
一目惚(ひとめぼ)れ … 24
ピーナッツ … 248
泌尿器科(ひにょうきか) … 92
ビニール袋(ぶくろ) … 61
ひばり … 239
日(ひ)の出(で) … 223
皮膚科(ひふか) … 90
ビーフカツ … 104
ひまわり (向日葵) … 252
肥満(ひまん) … 98
ピーマン … 255
ひも … 192
百(ひゃく) … 67
百万(ひゃくまん) … 67
日焼(ひや)けローション … 222
ひょう … 259
病院(びょういん) … 87, 90
病気(びょうき) … 96
病欠(びょうけつ) … 163
尾翼(びよく) … 148
秒(びょう) … 78
表情(ひょうじょう) … 37
表札(ひょうさつ) … 49
平社員(ひらしゃいん) … 161
平泳(ひらおよ)ぎ … 213
ひらめ(平目) … 244
ビリヤード … 208
ビル … 47, 87
昼(ひる) … 78
ビール … 109
昼(ひる)ごはんを 食(た)べる … 29
昼寝(ひるね) … 30
昼寝(ひるね)をする … 30
昼間(ひるま) … 273
昼休(ひるやす)み … 116
ひれ … 245
広(ひろ)い … 271
広(ひろ)さ … 70

ピンク … 263
貧血(ひんけつ) … 99
ヒンズー教(きょう) … 123
貧乏人(びんぼうにん) … 274
便名(びんめい) … 152
ファースト・フード … 102
ファーストクラス … 149
ファール … 211
ファイル … 167
ファスナー … 191
ファックス … 165
ファミリーレストラン … 105
ファンデーション … 194
ファンベルト … 136
封切(ふうぎ)り … 227
風景 (ふうけい) … 256
風船(ふうせん) … 230
封筒(ふうとう) … 88
フェリー … 129
フェンダー … 132
フォーク … 53
フォトショップ … 169
フォント … 171
部下(ぶか) … 160
深(ふか)さ … 70
部活(ぶかつ) … 117
吹(ふ)き替(か)え … 227
服(ふく)を 着(き)る … 28
復習(ふくしゅう) … 116
副作用(ふくさよう) … 95
ふくらはぎ … 17
ふくろう(梟) … 240
婦人服 ふじんふく … 182, 190
豚(ぶた) … 237
二股(ふたまた)を かける … 26
プータロー … 164
普段着(ふだんぎ) … 191
部長(ぶちょう) … 161
ブーツ … 192
仏教(ぶっきょう) … 122
仏経(ぶっきょう) … 123
物質 (ぶっしつ) … 260

仏像(ぶつぞう) … 123
仏壇(ぶつだん) … 123
フットレスト … 132

物理学(ぶつりがく) … 119

筆箱(ふでばこ) … 114

葡萄(ぶどう) … 247

埠頭(ふとう) … 147

不動産屋(ふどうさんや) … 47

太(ふと)っている … 36

太股(ふともも) … 17

太(ふと)る … 275

布団(ふとん) … 56

船(ふね) … 147, 129

船便(ふなびん) … 89

船酔(ふなよ)い … 221

吹雪(ふぶき) … 259

冬(ふゆ) … 74
フライドチキン … 102
フライドポテト … 102
フライパン … 52
ブラウス … 190
ブラジャー … 191
プラスドライバー … 61
プラタナス … 251
ぶらんこ … 58, 231

ブランコに 乗(の)る … 30
フリーズする … 169
フリーター … 164
フリータイム … 221
ブリーフ … 188
フリーランサー … 164
プリンター … 168
フルート … 229
プール … 212

古(ふる)い … 270

無礼(ぶれい)だ … 34
ブレーキ … 132
ブレーキレバー … 130
ブレーク … 135
フレーム … 130
ブログ … 172
プログラマー … 159
プログラム … 169
ブロッコリー … 255
プロペラ … 147

プロポーズ … 23
フロント … 110
フロントガラス … 134

分(ふん/ぶん/ぷん) … 78

文化(ぶんか) … 283

分数(ぶんすう) … 71

文房具(ぶんぼうぐ) … 182
ヘアードライヤー … 54
ヘアバンド … 196
ヘアピン … 196

平均(へいきん) … 71

平行四辺形(へいこうしへんけい) … 72

平日(へいじつ) … 79

平方(へいほう)メートル … 71

平凡(へいぼん)だ … 35

平和(へいわ) … 41
ベージュ … 263
ペースト … 169
ペーストリー … 203
ベスト … 188
へそ … 14
ペダル … 131

別館(べっかん) … 110

別荘(べっそう) … 112
ベッド … 56
ヘッドライト … 132, 134

蛇(へび) … 237
ベビーカー … 59
ベビーベッド … 59

部屋(へや) … 112

部屋(へや)の掃除(そうじ) … 113
ベランダ … 49
ヘリコプター … 129
ベル … 48
ベルト … 193
ベルボーイ … 111
ヘルメット … 132
ペンギン … 240

便器(べんき) … 55

勉強(べんきょう)する … 30

弁護士(べんごし) … 157
ペンション … 112

偏頭痛(へんずつう) … 98
ペンチ … 60

便秘(べんぴ) … 98
便秘薬(べんぴやく) … 95
ほうき … 61
包帯(ほうたい) … 95
包丁(ほうちょう) … 53
暴力(ぼうりょく) … 120
ほうれんそう(菠薐草) … 254
ほお紅(べに) … 196
ボールを 捕(と)る … 211
牧師(ぼくし) … 123
星(ほし) … 264
干(ほ)しぶどう … 249
保安(ほあん) … 152
帽子(ぼうし) … 193
防御(ぼうぎょ) … 274
宝石(ほうせき) … 183, 201
防波堤(ぼうはてい) … 147
方向(ほうこう) … 141
頬(ほお) … 12
ボクシング … 208
北斗七星(ほくとしちせい) … 265
ほくろ … 13
ポストイット … 167
保健室(ほけんしつ) … 115
歩行器(ほこうき) … 58
保証金(ほしょうきん) … 47
保存(ほぞん) … 169
ほたる(蛍) … 243
ポータル・サイト … 172
牡丹(ぼたん) … 253
ボタン … 188
ホチキス … 166
北極(ほっきょく) … 266
北極星(ほっきょくせい) … 265
ホッケー … 211
ホットドッグ … 102
ポップコーン … 226
ポテト チップス … 202
ホテル … 110
ボート … 147

歩道(ほどう) … 139
歩道橋(ほどうきょう) … 87, 141
仏様(ほとけさま) … 123
ボーナス … 163
哺乳瓶(ほにゅうびん) … 59
骨(ほね) … 19
ホーム … 144
ホームシアター … 199
ホームページ … 170
ボーリング … 208
ボールペン … 167
ボールを 打(う)つ … 211
ボールを 蹴(け)る … 211
ボールを 投(な)げる … 211
ポロシャツ … 187
本館(ほんかん) … 110
本社(ほんしゃ) … 161
本棚(ほんだな) … 51
ボンネット … 134
本物(ほんもの) … 201
本屋(ほんや) … 87
本(ほん)を 読(よ)む … 30

ま

毎月(まいげつ) … 80
毎週(まいしゅう) … 80
毎日(まいにち) … 80
毎年(まいねん) … 80
マウス … 168
マウンテン・バイク … 131
前(まえ) … 268
前(まえ)の体 … 14
前払(まえばら)い家賃(やちん) … 47
巻(ま)き尺(じゃく) … 61
枕(まくら) … 56
まぐろ(鮪) … 244
負(ま)ける … 219
マザーボード … 168
マジックインキ … 167
真面目(まじめ)だ … 34

ます … 244
マスカラ … 195
町(まち) … 86
待合室(まちあいしつ) … 143
マッキントッシュ … 169
まつげ … 12
松(まつ) … 251
松葉杖(まつばづえ) … 91
松(まつ)の実(み) … 249
窓(まど) … 48
窓口(まどぐち) … 89
まな板(いた) … 53
マニキュア … 195
マフィン … 202
まぶた … 13
マフラー … 132
豆(まめ) … 254
守(まも)る … 211
眉(まゆ) … 12
真夜中(まよなか) … 78
万(まん) … 67
満員電車(まんいんでんしゃ) … 144
満月(まんげつ) … 264
漫才師(まんざいし) … 225
マンション … 46, 86
真(まん)ん中(なか) … 268
三日月(みかづき) … 264
みかん(蜜柑) … 247
幹(みき) … 250
右(みぎ) … 268
右利(みぎき)き … 16
ミキサー … 53, 198
未婚(みこん) … 274
ミサ … 123
短(みじか)い … 275
水(みず) … 261
湖(みずうみ) … 256
みずかき … 245
水着(みずぎ) … 212

水薬(みずぐすり) … 94
水膨(みずぶく)れ … 97
水割(みずわ)り … 108
店(みせ) … 86
味噌(みそ) … 185
味噌汁(みそしる) … 107
みぞれ … 259
緑(みどり) … 262
港(みなと) … 146
南(みなみ) … 257
醜(みにく)い … 272
耳(みみ) … 13
みみず … 243
見物(みもの) … 231
未来(みらい) … 79
魅力(みりょく) … 26
魅力的(みりょくてき)だ … 36
見(み)る … 30
ミリ … 71
民宿(みんしゅく) … 112
婿(むこ) … 21
向(むこ)う … 269
虫(むし) … 242
虫歯(むしば) … 97
無職(むしょく) … 164
ムース … 196
息子(むすこ) … 21
胸(むね) … 14
村(むら) … 283
紫(むらさき) … 262
芽(め) … 250
目(め) … 12
迷惑(めいわく)メールル … 172
メインディッシュ … 105
目覚(めざ)まし時計(どけい) … 57
目覚(めざ)める … 28
目付(めつ)き … 37
メートル … 71

メニュー … 105

目眩(めまい) … 99

メモ用紙(ようし) … 167
メモリー … 169
メリーゴーラウンド … 230
メロン … 249

免税店(めんぜいてん) … 152

面接(めんせつ) … 163

面接官(めんせつかん) … 160
めんどり … 240

盲腸(もうちょう) … 18

毛布(もうふ) … 57, 149

目撃者(もくげきしゃ) … 121

目的地(もくてきち) … 152

木曜日(もくようび) … 77

模型(もけい)づくり … 216
モップ … 61
モニター … 168
モーニングコール … 111

元(もと)カノ … 26

元(もと)カレ … 26
ものまね … 225
もみあげ … 13

紅葉(もみじ) … 251

桃(もも) … 247
もやし … 255

森(もり) … 256

夜会服 (やかいふく) … 190
やかん … 52

夜間観光(やかんかんこう) … 220

焼(や)き魚(ざかな) … 107

焼(や)きそば … 107

野球(やきゅう) … 210

野球帽(やきゅうぼう) … 193

薬剤師(やくざいし) … 95

火傷(やけど) … 97

野菜 (やさい) … 184, 254

優(やさ)しい … 35

椰子(やし) … 251

休(やす)み … 117

休(やす)み時間(じかん) … 116
やすり … 61
やせている … 36
やせる … 275

ユダヤ教(きょう) … 123

家賃(やちん) … 46

薬局(やっきょく) … 87, 94
ゆったりとしている … 188

柳(やなぎ) … 251

屋根(やね) … 48

山(やま) … 257

遺言(ゆいごん) … 23

誘拐(ゆうかい) … 121

夕方(ゆうがた) … 78

勇気(ゆうき) … 40

勇気(ゆうき)がある … 35

有酸素運動(ゆうさんそ うんどう) … 215

優先席(ゆうせんせき) … 144

郵便局(ゆうびんきょく) … 87, 88

郵便局員(ゆうびんきょくいん) … 88

郵便受(ゆうびんう)け … 49

郵便配達員(ゆうびんはいたついん) … 88, 159

郵便番号(ゆうびんばんごう) … 88

郵便(ゆうびん)ポスト … 88

遊覧船(ゆうらんせん) … 147

誘惑(ゆうわく) … 41

床(ゆか) … 50

浴衣(ゆかた) … 190

雪(ゆき) … 258

指(ゆび) … 14

湯船(ゆぶね) … 55

夢(ゆめ) … 33

百合 (ゆり) … 252

揺(ゆ)りかご … 59

ゆるい … 272
酔(よ)う … 109
容疑者(ようぎしゃ) … 121
幼児用便器(ようじようべんき) … 58
幼稚園(ようちえん) … 115
腰痛(ようつう) … 99
曜日(ようび) … 77
横(よこ) … 70, 268
予習(よしゅう) … 116
よだれ掛(か)け … 59
ヨット … 129
嫁(よめ) … 21
夜更(よふ)かしする … 30
予約(よやく) … 112, 221
夜(よる) … 78, 273
弱(よわ)い … 275
四十(よんじゅう) … 67

ら

ライオン … 238
来週(らいしゅう) … 80
ラウンジ … 113
らくだ … 236
ラジエーター … 136
ラジカセ … 199
ラフティング … 210
ラム … 109
ラーメン … 106
蘭(らん) … 252
ランカード … 169
ランジェリー … 191
ランニングシャツ … 188
ランニングマシン … 214
ランプ … 56
陸地(りくち) … 266
離婚(りこん) … 23
リストラ … 164
理想(りそう) … 41
リットル … 71
立派(りっぱ)だ … 35
リップグロス … 196

立方体(りっぽうたい) … 73
離乳食(りにゅうしょく) … 59
リビング … 50
リフォーム … 47
リポーター … 225
リム … 131
ルームサービス … 113
リモコン … 51
旅客機(りょかくき) … 150
旅館(りょかん) … 112
旅行(りょこう) … 220
寮(りょう) … 47, 115
料金所(りょうきんじょ) … 138
旅行代理店(りょこうだいりてん) … 221
料理(りょうり) … 217
料理人(りょうりにん) … 156
離陸(りりく) … 149
履歴書(りれきしょ) … 163
リンゲル … 92
りんご (林檎) … 247
リンス … 54
ルビー … 200
倫理(りんり) … 119
零(れい)/ゼロ … 66
礼金(れいきん) … 47
礼儀正(れいぎただ)しい … 35
冷蔵庫(れいぞうこ) … 52, 197
冷凍食品(れいとうしょくひん) … 185
礼拝(れいはい) … 123
歴史遺跡地 (れきしいせきち) … 221
レジ … 180
レシート … 181
レストラン … 104
レーダー … 146
レタス … 255
列車(れっしゃ) … 144
レポート … 116
レモン … 247
連(れん)ぎょう … 253
蓮根(れんこん) … 255

櫓(ろ) … 147
廊下(ろうか) … 115
老人(ろうじん) … 22
路肩(ろかた) … 138
六(ろく) … 66
ログアウト … 172
ログイン … 172
六月(ろくがつ) … 75
六十(ろくじゅう) … 67
路地(ろじ) … 139
路線(ろせん) … 144
路線図(ろせんず) … 143
六角形(ろっかくけい) … 73
ロッククライミング … 209
肋骨(ろっこつ) … 15
ロビー … 110
ロブスター … 245
ローラーコースター … 230

ワイシャツ … 187
ワイパー … 134
賄賂(わいろ) … 121

ワイン … 108
わがままだ … 35
脇役(わきやく) … 227
惑星(わくせい) … 264
わし(鷲) … 239
わたあめ(棉飴) … 231
話題(わだい) … 175
渡(わた)り鳥(どり) … 241
渡(わた)る … 141
ワード … 169
わに(鰐) … 237
割(わ)り勘(かん) … 105
割(わ)り算(ざん) … 71
割(わ)る … 69
悪(わる)い … 271
湾(わん) … 266
ワンピース … 190
ATM … 100
B型(がた)肝炎(かんえん) … 98
CDプレーヤー … 198
ＣＰＵ(シーピーユー) … 168
eメール … 171
Tシャツ … 186

한 번만 봐도 기억에 남는
테마별 회화 일본어 단어 2300

초판 14쇄 발행 | 2025년 5월 15일

엮은이 | 이화승
편 집 | 이말숙
디자인 | 이재민
그린이 | 김만영

제 작 | 선경프린테크
펴낸곳 | Vitamin Book
펴낸이 | 박영진

등 록 | 제318-2004-00072호
주 소 | 07250 서울특별시 영등포구 영등포로37길 18 리첸스타2차 206호
전 화 | 02) 2677-1064
팩 스 | 02) 2677-1026
이메일 | vitaminbooks@naver.com
웹하드 | ID vitaminbook   PW vitamin

© 2011 Vitamin Book

ISBN 978-89-92683-43-2 (13730)

잘못 만들어진 책은 바꿔드립니다.

웹하드에서 mp3 파일 다운 받는 방법

🗨 다운 방법

| STEP 01 | 웹하드 (www.webhard.co.kr)에 접속
아이디 (vitaminbook) 비밀번호 (vitamin) 로그인 클릭 |

| STEP 02 | 내리기전용 클릭 |

| STEP 03 | Mp3 자료실 클릭 |

| STEP 04 | 테마별 회화 일본어 단어 2300 클릭하여 다운 |